王铁梅◎编著

白领生存羊皮卷

白领生存宝典　精英塑造指南

天津科学技术出版社

图书在版编目(CIP)数据

白领生存羊皮卷 / 王铁梅编著.– 天津:天津科学技术出版社,2011.1
ISBN 978-7-5308-6183-7
Ⅰ.①白… Ⅱ.①王… Ⅲ.①中等资产阶级 – 研究 – 中国 Ⅳ.①D663.9
中国版本图书馆 CIP 数据核字(2011)第 000609 号

责任编辑:张　萍
责任印制:白彦生

天津科学技术出版社出版
出版人:蔡　颢
天津市西康路 35 号　　邮编 300051
电话(022)23332398(事业部) 23332697(发行)
网址:www.tjkjcbs.com.cn
新华书店经销
北京中兴印刷有限公司印刷

开本 710×1 000　1/16　印张 15.5　字数 183 000
2011 年 4 月第 1 版第 1 次印刷
定价:30.00 元

前 言

随着世界经济全球化发展趋势的不断深入和扩大，市场竞争压力也愈演愈烈，同时，职场白领生存也将面临着前所未有的巨大挑战。

白领是一种特殊的工薪阶层。他们有知识，有文化，在工作中主要依靠智慧和能力谋求生存和发展。最初，白领一词的出现，就是为了将之与体力劳动者区别开来。但是，残酷的市场竞争却使得从事脑力劳动的白领阶层与体力劳动者的差距越来越小。从某种意义上说，这就是对白领阶层的正式宣战。

在记忆中，白领是高贵而富有魅力的。他们在窗明几净的办公间中悠然工作；在客户面前侃侃而谈；在生活中，他们是时尚的缔造者、是美丽的传播者、是生活的享受者。他们光彩照人，才识卓绝，令人高山仰止。总之，他们无论行走在何处，都是一道不可抗拒的风景线。

然而，不知从何时起，白领已黯淡了往日的光彩。

一天晚上，吃完了饭，我和妻子携手在街上漫步。路过一家商场的时候，突然被一名穿着时尚的白领丽人拦住了去路。还没等我们发话，她便滔滔不绝地向我和妻子兜售起了运动健身的好处。妻子满怀歉意地微笑着说："对不起，我想现在散步对我来说，比运动健身更重要。"

就在我和妻子将要抽身离去的时候，她突然压低了声音说道："就当是帮帮我吧，好吗？"

听到这句话，妻子的心立刻软了下来。她扯了扯我的衣角，轻轻地说道："帮助别人乃快乐之本。"我会心地笑了。

妻子办妥了所有手续，她便连声向我们道谢。此时，我禁不住问了她一个很唐突的问题：

"看你的打扮，应该不是普通员工吧。怎么会落到这步田地？"

她似乎并没有生气，而是十分无奈地回答道："实在没办法。现在竞争压力大，公司要求每个主管，每月必须独立完成2万元的任务。"

也许，这就是生存的法则。为了在激烈的市场竞争中，勇敢地生存下去，他们不得不暂时忘记自己的身份——白领！

距离我家小区不远的地方，有一个小广场。每当太阳落山的时候，就簇拥着许多小摊主。他们开着各色不等的汽车，兴致勃勃地从后备厢里，拖出一大包零碎物品，然后，迅速脱去象征着白领地位的工作服，摇身一变成了地道的商贩。

看到此处，突然想起了著名诗人艾青在《悲悯之歌》中写下的诗句："请告诉我你是什么人？在这繁华的都市怎样生存？"那么，我们现在就可以回答说：他们是一群闪耀的白领，在这繁华的都市中，像崖缝中的小草，艰难地生存。

但是，生存绝不仅仅只有委曲求全这一种方法。生存是一门艺术，需要用智慧，才能打开通往艺术生存的大门。

《白领生存羊皮卷》是一本职场白领艺术生存的智慧全书。全书共计九章，分别就品牌形象、魅力修养、有效沟通、高效执行、职场减压等各方面，以质朴、流畅的语言文字，深入浅出地论证了白领赢得职场，赢得生存主动权的真谛所在。

此外，本书以时代脉搏为导向，生动翔实的故事为依据，以高屋建瓴的视角，抽丝剥茧般的分析，为职场白领所面临的窘迫局面传道解惑，为今后的生存发展贡献良策。

总之，我们真诚地希望，通过《白领生存羊皮卷》这本书能够为每一位在生存战线上拼搏的白领，乃至所有生存的困顿者，带去福音和帮助。并衷心地祝愿天下所有人，都能在自己的职场和人生的生存道路上，心想事成，高奏凯旋之歌！

谢谢！

编　者

目 录

第一章　玩转职场

职场恰如沙场，危机四伏，险象丛生，稍有不慎，便会“满盘皆输”。因此，在职场生涯中，有人屡屡受挫，前途一片黯淡；也有人像林黛玉初进贾府，步步留心，时时在意；亦有人宛若龙归大海，鹤鸣九天，好一派“指挥若定失萧曹”的气定神闲。其实，职场竞争纵然激烈，但是，只要准确把握其脉搏，就一定能稳操胜券，玩转职场！

不能改变，就应学会适应 …………………………………… 2
少了谁公司都照常运转 …………………………………… 6
揣着明白装糊涂 ……………………………………………… 10
我在公司最听话 ……………………………………………… 12
我的胸怀大过海洋 …………………………………………… 16
我反省所以我成功 …………………………………………… 19

第二章　职场交通员

白领就像职场中的一名交通指挥员，站立在十字路口的交叉点，每天忙于应付来自不同方向的车辆，以确保交通安全和一路畅通。在职场中我们需要处理好和上司、同事以及客户之间的关系。倘若一招不慎和任何一方发生冲突矛盾，轻者就会导致“交通堵塞”，重者则会造成“交通事故”，反之，就是出入平安，皆大欢喜！

如此亲密，我不要 …… 26
责任，赢得青睐 …… 30
转身是喜羊羊，还是灰太狼 …… 35
这次吃定你了 …… 38
只要服务，不要补偿 …… 43
做的比客户想的还要多 …… 46

第三章　品牌形象

品牌形象，就好似一贴商标，仅从外观上，便能区别你和别人的不同。在白领职场中，倾力打造属于自己的品牌形象，是一个人不断提高、发展，乃至迈向成功的重要保证。那么，什么样的形象才能称为“品牌形象”呢？顾名思义，就是见之不忘、非你莫属的经典形象。

品牌形象是成功的开始 …… 50
品牌形象是穿出来的 …… 53
不要让自己的行为出轨 …… 58

会说话的人招人疼 …………………………………………… 63
刚柔并济乃说话之大道 ………………………………………… 69
别让耳朵睡着了 ………………………………………………… 72

第四章　能力升级

人生如戏，戏如人生，而职场就像一个超大型的网络游戏。大家在同一个服务器，同一个区域里相互竞技、厮杀。谁的等级高，实力强，谁就能角逐最后的胜利。职场中也是如此，要想有所发展和提高，就必须不断地充实自己，充分地挖掘自身的潜能。只有这样，才能在职场中激流勇进，永保不败！

探秘剩余的85% ………………………………………………… 78
自信态度，铸就高度 …………………………………………… 82
掌握知识者，掌握未来 ………………………………………… 86
好知识是这样得来的 …………………………………………… 89
思考多多，机会多多 …………………………………………… 93
思考，成功的轨迹 ……………………………………………… 96

第五章　赢在执行

一位著名的成功企业家曾经说过："一个员工的能力无论有多么大，倘若不能具备很好的执行力，那么，我一定会毫不客气地把他从原来的岗位上拿掉。"这句话告诉我们，在职场中若要赢得上司的青睐和器重，就必须提高自身的执行力。然而，很多职员却错误地以为，有能力就等于有执行力。其实不然。历史告诉我们，无论是纸上谈兵的赵括，还是智慧过人的马谡，他们的命运注定了要以失败收场，究其原因就在于，他们缺乏有效而完美的执行力。那么，执行力究竟是什么呢？什么样的执行力才可以称得上有效而完美呢？

执行即是贯彻 …… 102
执行，就要执行到位 …… 105
聪明的白领爱方法 …… 109
差不多就是差得多 …… 114
小事件，大执行 …… 120
完美执行始于细节 …… 124

第六章　高效工作

当今职场竞争日益激烈，那么要想赢得上司的青睐，并巩固现有的职场地位不动摇，就必须不断地提高工作效率。兵法有云："兵贵神速。"意思就是说，要想取得战争的胜利，用兵贵在行动迅速。其实，简言之，就是快速而高效地作业。职场如同战场，无论是抢占市场，争夺客户，还是积极地表现自己，赢得职场同仁和上司的欣赏，都必须率先完成工作任务。诚如一位成功企业家所说：在工作中不能快速作业的员工，将被职场所抛弃。因此，能否高效工作是你能否赢得职场的关键！

工作有规划，胜利在眼下 …… 131
打一场漂亮的"信息战" …… 136
机遇是高效工作的保护神 …… 140
从思想上先走一步 …… 145
忽视时间是高效率的刽子手 …… 150
没有行动等于是零效率 …… 156

第七章 团队合作

表现个人英雄主义的时代早已逝去，而今的时代是强调团队合作精神的竞争时代。古希腊哲学家苏格拉底说:“不懂得合作真义的人常视工作为劳役,则其心身亦必多苦痛。”保罗·盖蒂说:“我宁可用100个人每人百分之一的努力来获得成功,也不要用我一个人百分之百的努力来获得成功。”张近东说:“如果我用个人的能力,可以赚一个亿,可能100%是我的;但我用十个人的时候,我们可能赚到十个亿,可能我只有10%,我同样是一个亿,但我们的事业变大了。”可见,在任何工作中,只有团结一切可以团结的力量,借助一切可以借助的力量,加强彼此间的合作,才能迅速赢得成功!

善合作者,善借力 …… 161
向足球场看齐 …… 164
大河有水小河满 …… 168
合作铸就奇迹 …… 172
积极融入到团队中去 …… 175

第八章 职场减压

高速的工作效率,激烈的职场竞争,严峻的生存状态,如同三座大山一般压在了职场白领的肩上。著名心理学家罗伯尔说:“压力如同一把刀,在不知不觉的工作中,不仅谋杀了一个人的身体,也埋葬了一个人的健康心理。”可见,压力已经成为职场白领生存的头号“杀手”。然而,可悲的是,许多职场白领对压力缺乏正确的认识。实际上,有些人所承受的压力强度已经非常之大了,但是他们对自己所能承受的压力却知之甚少,结果严重影响了身心健康。正如一名医学专家所说:“他们根本就不清楚自己身体垮了,生理机能严重枯竭,甚至发生烦躁、手抖、睡眠不好、食欲不振等都是和压力有着密切的关系。”那么,在面对巨大压力的时候,是该防“压”之“力”甚于防洪一般地堵填,还是像大禹治水,疏导发泄呢?其中的道理,是不言而喻的。

由跳楼事件引发的联想 …… 182
压力来自不适合 …… 188
工作不是压力包袱 …… 193
财富不是人生的全部 …… 198
逃避非良策,拒绝最上乘 …… 203
释放是最好的解压药 …… 208

第九章　永怀感恩

感恩是一种积极的心态,常怀感恩之心,则能达到“不以物喜,不以己悲”的境界。在工作中感恩将能深刻地感受工作的乐趣,并从此更加积极而努力地工作;感恩是迈向成功的重要保证,常怀感恩之心,则能在通往成功的道路上,撷取更多成功的机会。诗经曰:“投我以木桃,报之以琼瑶”,因此,在职场中,常以感恩之木桃,赠予身边的人,收获到的将是无价之琼瑶。

感恩照亮职场路 …… 215
像蜜蜂感恩花朵 …… 219
知遇之恩不可弃 …… 224
同事情义永相存 …… 227
不能忘却的感恩 …… 231

白领生存羊皮卷
BAILING SHENGCUN YANGPIJUAN

第一章 玩转职场

职场恰如沙场，危机四伏，险象丛生，稍有不慎，便会“满盘皆输”。因此，在职场生涯中，有人屡屡受挫，前途一片黯淡；也有人像林黛玉初进贾府，步步留心，时时在意；亦有人宛若龙归大海，鹤鸣九天，好一派“指挥若定失萧曹”的气定神闲。其实，职场竞争纵然激烈，但是，只要准确把握其脉搏，就一定能稳操胜券，玩转职场！

不能改变，就应学会适应

著名作家老舍在短篇小说《断魂枪》中，深刻而细致地描绘了沙子龙这一老者形象。沙子龙武功高强，然而却不知顺逆，最终只得被时代所淘汰，落得个“寂寞养残生”的悲惨下场。可以说，造成沙子龙悲剧命运的最重要原因，就是不懂得适应。

中国有句古话“识时务者为俊杰”堪称至理名言。一个人倘若一心只想改变坏境，而不思忖如何适应环境，那么最终只能被淘汰出局。英国著名进化论专家达尔文曾在《物种起源》一书中写道：“适者生存”，所以一个人要想在职场中有所进步、有所发展，就必须学会适应。

然而，很多白领阶层人士，仗着自己能力强、本领大，经常抱有不切实际的幻想。他们总是对职场环境挑三拣四，横挑眉毛竖挑眼，看什么都不顺眼，于是就今天提点意见，明天反映个情况。在他们的意识中，似乎只有想尽办法改变环境才是展示自我能力的表现，是忠于公司最有力的证明。殊不知，古人有云：好叫的鸟儿讨人嫌。意见提多了，便成为老板眼中的“多事鬼”了。

建安五年，曹操亲领大军东征。田丰看准时机，向袁绍进言：“天下可以和主公抗衡者唯有曹操，现在曹操率军东征刘备，其都城必然空虚，主公若趁此时机举军断其后方，进而图之，大势可定也。”

袁绍回答说：“幼子病逝，无心征战。”

田丰十分气愤地说道：“这是千载难逢的好机会，主公竟以爱子病逝为由，失去战机，实在可惜！”

袁绍闻此，虽然表面上不露声色，但是心中却恨透了他。果不其然，曹操东征之后，便立刻班师回朝，在黄河南岸设阵布防。此刻的袁绍感到了事态的严重性，便决意举兵南下。众将官见袁绍心意已决，就纷纷表态赞同。然而，田丰却不识时务地说道："先前，主公因爱子情深，贻误了战机。而现在情况发生了转变，对我军不利，所以不能出征。"

袁绍不以为然地说道："我军兵强马壮，粮草充沛。曹操岂能奈我何。"

众将官见此，免不了对袁绍一番吹捧。田丰又说道："曹操善于用兵，通晓变化，他的兵将虽少，但不可轻视。不如采取持久战的办法。主公据有险要的地势，又有众多的兵马，可以外结英雄，内修农事，然后以精锐的奇兵，不断骚扰曹操。他救右则击其左，救左则击其右，让他疲于奔命，民不安业，不出两年就可以打败他。现在主公不采取长胜之策，与曹操决胜败于一战，万一不如意，后悔就晚了。"

袁绍不但不听取建议，反而认为田丰是有意涣散军心，便下令将其囚禁起来。田丰面无惧色地断言道："此番必败。"

果然，官渡之战中袁绍大败而归。消息传到军中，有人对田丰说："先生真有远见。袁绍一定会对您加以重用。"

田丰从容地说道："袁绍心地狭窄，他如果取胜，我还能活；现在他打了败仗，证实了我对他错，我恐怕活不成了。"

袁绍回营之后，恐人讥讽他无能，便下令把田丰杀害了。

田丰的死，从某种意义上说是必然的，因为他不能适应生存的环境。他明明知道袁绍心地狭窄，而且妄自菲薄，刚愎自用，但是他却死守着自己那套不成文的规则，动辄就以"死谏"彰显自己的耿耿忠心。其实，这样的做法并不能从根本上改变既定的事实，反而是白白地丧失了性命。因此，从职场学的理论上说，田丰是一个失败者。而真正善于驾驭职场的人，往往都是适应性很强的人。大直若曲，如果时局难以改变，就应该积极地去适应它，伺机而动。无论是老子笔下的"上善若水"，还是孔子口中的"君子不器"，其实，他们都不约而同地向我们说明了一个共同的道理，那就是——适应！

叔孙通是秦汉之际的大儒，但是在很长一段时间里，他却背负着“阿谀奉承”的骂名。秦二世时，赵高野心勃勃，日夜盘算着要篡夺皇位。可朝中大臣有多少人能听他摆布，有多少人反对，他心中没底。于是，他想了一个办法，准备试一试自己的威信，同时也可以摸清敢于反对他的人。

一天上朝时，赵高让人牵来一只鹿，满脸堆笑地对秦二世说：“陛下，臣献给您一匹好马。”秦二世一看，心想：这哪里是马，这分明是一只鹿嘛！便笑着对赵高说：“丞相搞错了，此乃鹿也！”

赵高面不改色心不慌地说：“请陛下看清楚了，这的的确确是一匹千里好马。”秦二世又看了看那只鹿，将信将疑地说：“马的头上怎么会长角呢？”赵高一看时机到了，转过身，用手指着众大臣，大声说：“陛下如果不信我的话，可以问问众位大臣。”

一些正直敢言的人，都坚持说是鹿；一些胆小怕事的人，则犹豫不决，低着头不说话。就在此时，赵高走到叔孙通跟前，问道：“是鹿？是马？”

叔孙通是个聪明人，赵高的那点心思，他又岂能不知。但是，他深刻地明白，当今生杀大权都掌握在赵高手中，稍有不慎，便会遭他暗算，于是，他打定了主意回答说：“启禀丞相，堂下立着的，确实是一匹千里好马。”

赵高闻此，会心地笑了。事后，那些坚持说鹿的人，都被赵高用各种手段惩处了，唯有叔孙通平安无事。后来，陈胜起义的消息传到咸阳，秦二世征召所有儒生商讨对策。除了叔孙通外，其他人均据实回报。秦二世便把那些儒生处罚了，而叔孙通却被擢升为博士。

因为此事，叔孙通常常招人辱骂，但是他却并不放在心上。一日，他的弟子也看不惯他了，便说道：“孟子曰，杀身以成仁。师傅，你怎么能趋炎附势，颠倒黑白呢？”

叔孙通回答说：“如此乱世，唯有适其道，方可长保。”

是夜，叔孙通便收拾行李，带着一班弟子，逃离秦国了。公元前205

年，叔孙通向汉军投降。此后，他制定礼乐，历仕三朝，为儒学的发展，作出了积极的贡献。

从这个故事中，我们可以发现叔孙通的成功，在很大程度上得益于顺时而动，积极适应环境，在迂回委曲之中暗含忍耐和执著。倘若他也像一般儒生一样杀身成仁，试问，他如何能历仕秦汉两朝，辅佐汉室三帝，被尊称为鸿学大儒呢？

然而，在现实的职场中，很少有人能够做到游刃有余，其中最关键就是不能适应环境。他们自恃有学历、有能力、有智慧。甚至还有些白领，他们在很多家公司工作过，潜移默化之下，便被不同公司的企业文化和氛围所熏陶和感染，最后形成了自己独特的思想和方法。因此，他们会按照自己的一套逻辑和思想看问题，这样便很容易与职场环境产生矛盾和冲突。然而，面对这种对立，最常见的解决办法就是——改造。他们可以不惜一切代价地去改变周边环境，却忘记了，原来真正需要改变的是自己。只有让自己变得适应环境，才是最终成功之道。

曾听过这样一个故事：

在还没有发明鞋子以前，人们都赤着脚走路，不得不忍受着脚被扎被磨的痛苦。某个国家，有位大臣为了取悦国王，把国王所有的房间都铺上了牛皮，国王踩在牛皮地毯上，感觉双脚舒服极了。

为了让自己无论走到哪里都感到舒服，国王下令，把全国各地的路都铺上牛皮。众大臣听了国王的话都一筹莫展，这实在比登天还难。即使杀尽国内所有的牛，也凑不到足够的牛皮来铺路，而且由此花费的金钱、动用的人力更不知有多少。正在大臣们绞尽脑汁想劝说国王改变主意时，一个聪明的大臣建议说：大王可以试着用牛皮将脚包起来，再拴上一条绳子捆紧，大王的脚就不会忍受痛苦了。国王听了很惊讶，便收回命令，采纳了建议。于是，鞋子就这样发明了出来。

这个故事就告诉我们，企图改变环境的做法是愚蠢的，就像故事中的国王一样，为了减轻脚的痛苦，便不切实际地妄想把全国的街道都铺上牛皮，实在是愚蠢之极。通常在这种情况下，最好的办法就是改变自己以适应环境的需要。

当今的职场竞争越来越激烈，所以要想在职场中立于不败之地，就必须让自己适应环境，适应职场的一切。因为，一切妄想通过改变环境来适应自己的做法，都将是徒劳无功的！

少了谁公司都照常运转

古人云：人贵有自知之明。尤其在当今白领职场中，更是需要做到“自知之明”。因为不自知就会骄傲自大，就会恃才傲物，就会被职场淘汰。

有这样一个故事：

从前有只喜鹊，总是骄傲自大。一日，它飞到一个漂亮的宫殿附近，始终不停下来。此时，正在房檐上休憩的白鸽，便不解地问道：“我亲爱的朋友，为什么在天空中盘旋，而不肯落下来休息片刻呢？”

喜鹊闪动着翅膀，回答道：“我怕我一停下去，这个宫殿就塌陷下去了。”

恰巧，这话被一只老鹰听到了，为了教训一下这只妄自尊大的喜鹊，老鹰便冲着喜鹊直扑了过来。喜鹊顿时吓得不知所措，呆呆地僵在那里。老鹰抓过喜鹊，气愤得把它扔了下去。

喜鹊被重重地摔在地上，就在它以为自己快要死去的时候，一只乌龟爬了过来，关切地问道：“我亲爱的朋友，你为什么会从高空中摔落下来啊？”

喜鹊忍着疼痛，说道：“我怕我和老鹰打起来，一下子地动山摇，你们连安身的地方都没有了，所以才牺牲了自己，化解了争斗。”

乌龟听罢，狂笑不止地离开了。从此以后，再也没有谁把喜鹊的话当真了，只是觉得它像个小丑。

骄傲自大者，往往总是自以为自己很重要，普天之下，舍我其谁。其实，在别人的眼中，他就像那只落地的喜鹊一样，无足轻重。

张小姐是一家钢铁公司的部门经理。她大学一毕业就进入公司，从最基层的打字员开始做起，历经十余年的打拼，终于成为了公司的中层领导，掌管着公司的销售工作。

但是，随着职位的提升，她也变得越来越骄傲了。在她看来，公司的成绩都是由她一手创造的。因此她就不把任何人放在眼里了。

年底公司考评时，张小姐的支持率还不到20%，而且在竞选总经理时，也惨遭失败。于是，她不服气地冲到董事长办公室，说道："我来公司已经十余年了，为公司的发展立下了汗马功劳。我不是一定要做总经理的位子，只是这许多年的成绩，总还是需要得到印证的吧！"她说罢，就把一封装有辞职信的信封放在办公桌上，言道："等我离开时，您再批阅吧。"

就在张小姐欲转身离开的时候，董事长叫住了她。

"张小姐，你说的完全是实际情况。可是，在巨大的成绩面前，你太过于骄傲。全公司的所有人员，除了我之外，你不把任何人放在眼中。试问，公司又怎么敢给你与之相符的职位呢？"董事长边说边打开信封，继续说道："这份辞职信，我立刻签字。"

原本，张小姐心想："我为公司贡献了那么多年，即使没有功劳，也有苦劳。董事长一定不会批准我辞职的。这样我就可以合情合理地要求坐上总经理的宝座了。"

但是，张小姐的如意算盘打错了。董事长毫不犹豫地签了字。张小姐傻了眼，呆在那里，口中含混不清地说道："他真的签字了，真的签字了。"

事后，张小姐懊悔不已，曾打电话给董事长，希望再给她一次机会。但是她得到的回答是："我们公司不需要骄傲自大的员工。"

从这个故事中，我们可以发现，骄傲将使人丧失尊严，并且丧失赢得成功的机会。假如张小姐不是骄傲自大的话，她也不会在职场中众叛亲离，也不会最终落得个“被开除”的悲惨结局。总之，一言以蔽之，骄傲害死人啊！

其实，骄傲最大的弊端就是看不到别人的优点，这样就很容易造成自我迷失。就像故事中的张小姐一样，虽然她的成绩是巨大的，但是难道这些成绩就真的是她一人之功吗？倘若没有各个部门的通力合作，没有公司全体同仁的共同贡献，公司业绩会增长吗，公司会取得长足的发展吗？当然不能。

毛主席曾说过“骄傲使人落后”，实在是至理名言。尤其在职场生活中，谁不懂得这个道理，谁就将处于落后、挨打的局面。

在白领职场中，还有一些这样的人广泛存在，他们恃才傲物，总觉得自己是不可复制、不可替代的。因此便在办公室中耍酷、摆架子。给人一种只可远观，不可亲近的感觉。表面上是八面威风，殊不知自己已陷入危险境地了。

通常情况下，这些人都是因为“才”这个东西而极度自我膨胀，恍惚之间觉得“老子就是天下第一”“老子就是比任何人都强”，于是就犹如剑客高手一般，用剑气伤人于无形，同时，也为自己的惨败埋下了伏笔。

美国五星级上将麦克阿瑟也是一个恃才傲物的人物。他曾以最优秀的成绩毕业于西点军校，并在第二次世界大战中，赢得光辉的荣耀。

1950 年 6 月 25 日，朝鲜战争爆发。美军公然武装援助韩国，干涉朝鲜战争。1950 年 9 月美军在麦克阿瑟的率领下，成功在仁川登陆，朝鲜人民军后路被截断，朝鲜被迫转入战略防御。美军和韩军节节推进，9 月 28 日占领汉城，9 月 29 日进抵南北军事分界线——“三八线”。

当时，就要不要突破“三八线”，美国内部开始出现不同的意见。麦克阿瑟恃才傲物，在他看来，苏联和中国根本不具备加入朝鲜战争的实力，于是不久后，他就在东京宣布：“我已向朝鲜金日成发布劝降令。如果达不到预期效果，那么我的部队将越过‘三八线’，进抵鸭绿江，直至肃清朝鲜北部的任何抵抗。”

但是,美国白宫的高级顾问,根据所掌握的情报,经过认真分析后得出:美军越过“三八线”的任何行动都会引起苏联和中国的激烈反对。为了避免腹背受敌。9 月 27 日,美国总统杜鲁门向麦克阿瑟发出国家安全委员会 81–1 号文件,指示:“你在军事上的目标是摧毁朝鲜的武装力量……为实现这一目标,授权你实施军事行动,包括在‘三八线’以北进行两栖、空降或地面作战。实施这些行动的前提是,当进行这些行动时,苏联或中国未派遣大批军队进入,没有宣布打算进入朝鲜,也没有发出在朝鲜从军事上击败我军行动的威胁。”

麦克阿瑟却不顾上级的指令，仅凭借着他作为军人出色的指挥才能,毅然于 10 月 7 日越过“三八线”,并继续深入朝鲜境内,并迅速占领了元山、金川等地。被胜利冲昏头脑的麦克阿瑟竟全然不顾中国参战的可能,悍然命令美国军队长驱直入,直奔中朝边境。

为了捍卫领土主权的完整,11 月 1 日,中国人民志愿军对美骑兵第 1 师第 8 团及韩国军队一部,发起云山战役。11 月 24 日,麦克阿瑟宣布发起总攻,试图一举消灭中国人民志愿军。但是,事与愿违,中国人民志愿军经过三年的流血牺牲,终于取得了战争的胜利。

事后,麦克阿瑟被免去一切职务,老死在希尔顿饭店。

麦克阿瑟在第二次世界大战是一位富有传奇色彩的英雄人物,但是在朝鲜战争中,他却失败了。从某种意义上说,他的失败既是败给了战争本身的侵略性,也是败给了他的恃才逞强。

当然,有才华毕竟是一件好事,尤其在当今竞争日益激烈的职场中,有才华就能赢得发展,有才华就能创造美好的明天。但是,问题的关键是如何施展才华,是恃才傲物,目空一切,还是玉韫珠藏,用行舍藏。其中的道理,自然是不言而喻的。因为在任何公司中,每个人的作用价值都是相差无几的,并非少了某人公司就会垮掉。正如一句俗话所说:你没那么重要,少了你一人,地球照样转。同样的道理,少了你一人,公司还是照常运营。

揣着明白装糊涂

职场关系错综复杂，经纬交错，仿佛一张盘根错节的蛛网。如果在这是非之地中，经常口无遮拦，想说什么就说什么，想做什么就做什么，那么，无疑是将自己置于了危险境地。因为职场毕竟不同于大学生活。在学校，有同学的纯真情义，有老师的教导之谊，即使偶尔说错了话，做错了事，也只需鞠个躬，虔诚地说声“我错了”便可万事大吉。须知道，在职场中行事，就犹如林黛玉进了贾府，需要时时小心，步步留意。因为稍有不慎，则轻者降级罚俸，重者扫地出门。

刘小姐是一家公司的总经理秘书，虽然职位不高，但是背靠大树好乘凉，公司各部门的职员也都礼让她三分。正是因为如此，她便俨然一副公司元老的样子，闲庭信步般地行走在各部门之间，而且经常说话不经考量。殊不知她自己所说的任何一句话都会被传到四面八方，且变了味道。有一次，刘小姐说企划部的组长昨夜加班至十点真辛苦。下午该组长就听说刘小姐抨击他不会计划工作。刘小姐大呼冤枉，可是组长根本不给她解释的机会。刘小姐只好自认倒霉，从此闭上自己的嘴巴，缄口不言，并且就连中午吃饭的时候也不跟大家在一起了。

没过多久，公司纷纷传言说刘小姐要辞职了。她大吃一惊地问道：“我怎么不知道我要辞职啊？”旁边的一位同事故作神秘地伏在她耳边说：“我们看了你写的博客，文章写道你对公司颇有看法，结尾的时候，你写了‘不如归去’，这不就暗含了你要辞职的意思嘛。”

刘小姐百辞莫辩，当天，就被总经理开除了。

从这个故事中我们不难看出，刘小姐被开除的根本原因就是不会装糊涂。职场关系千头万绪，让人防不胜防。很多事情只要做到心中明白也就足够了,何必要捅破窗户纸说分明呢?

古人云:“苗而不秀者有之,秀而不实者亦有之。”职场中人员众多,试问你真的能分清楚彼此间暗含的利害关系吗?事实告诉我们,不能!所以既然分不清楚,倒不如做人糊涂点,岂不更好。

《红楼梦》中写道:“假亦真时真亦假,无为有处有还无。”可谓是一语中的,道破了职场中暗藏的玄机。

《红楼梦》中的王熙凤冰雪聪明,处世干练,可谓人中之龙凤,恐怕这世上没几个男人能比得上她。她八面玲珑,执掌荣国府,事无巨细均被她打点得井井有条,阖府上下莫不对她俯首帖耳。但是,王熙凤纵然有通天彻地的能耐,最后却落得个“聪明反被聪明误,反送了卿卿性命”悲惨凄凉的结局。那么,究竟是什么原因造成了她的悲剧命运呢?

红学专家通过分析认为,王熙凤精明过头,处处好强、事事争胜,哪儿都落不下她,终于得罪了大太太,加之贾母撒手人寰,她的靠山没了,最终导致了她悲惨命运的发生。其实,说得简单点,就是王熙凤没有看透职场的处世哲学——难得糊涂。她被她的聪明、她的锋芒毕露给害了。

北宋著名大文学家苏东坡,曾写过这样的诗句:

人皆养子望聪明,

我被聪明误一生。

愿儿生的愚且鲁,

无灾无难到公卿。

学过历史的人都知道,苏东坡的一生命运多舛,仕途坎坷,空负一腔凌云壮志。但是导致苏东坡壮志难酬的根本原因,用他自己的话说,就是“太聪明”了。所以他才写下了“愿儿生的愚且鲁,”这样的诗句,寄希望自己的儿孙将来能够“难得糊涂”“无灾无难到公卿。”

其实,纵观中国历史风云人物,能够在官场中呼风唤雨的人物,几乎都是善于“装糊涂”的聪明人。湘军领袖曾国藩可谓是“装糊涂”的一代翘楚。他率军镇压太平军之后,权倾朝野,成为清政府的中流砥柱。但是他深刻地明白，越是位高权重，就越是危险。所以他就在慈禧太后面前，装做一副糊涂老朽的样子。每天在家中不是植花种草，就是写些无关痛痒的家书，丝毫不牵扯国家政事要闻，而是不厌其烦地叮嘱家人重德行，多读书，正因为如此，他才能在风云变幻的官场中，一路平安。

以上说了诸多关于“糊涂”的职场故事，然而，我们的最终目的并非教唆每个职员都变成头脑不清楚，办事不明了的“糊涂蛋”，而是要做到心里明白，却装做糊涂的智者。

中国有句古话“傻人有傻福”，其实，只要通过认真的观察和仔细的了解之后，我们便不难发现，那些所谓的“傻人”其实一点也不傻，只是装糊涂罢了。

其实，揣着明白装糊涂也是一门艺术，如果不分原则、事无大小，统统装糊涂，那么在别人的眼中，恐怕也就真的成了糊涂虫了。

我在公司最听话

我们都曾有过这样的经历和感受，听话的孩子最招人疼。小时候，母亲在矿场做工，我和弟弟就被安排在不远处的树荫下玩耍。母亲安顿好了我们，说道：“乖，好好听话，别到处乱跑。等妈妈下了工，给你们买冰棍吃。”

母亲走开了之后，弟弟很听话地坐在树下独自玩耍。而我却很淘气地爬上树去捉虫子，可是，一不留神，便从树上摔了下来，好在没有摔伤，只是把额头磕破了，流了很多血。弟弟吓得哭了，便一路流着泪跑去找妈妈。没一会儿，妈妈就抱着弟弟飞奔了过来，指着我骂道：“让你不听话，这次吃苦头了吧！”

随后，母亲带着我去了医院，对伤口进行了止血和包扎。回家的路上，弟弟在母亲的怀抱中，惬意地吃着冰棍，而我却低着头，紧紧地尾随其后。

这件事，虽然已经过去了很多年，但是我却一直记忆犹新。特别是母亲的那句话，更是深刻地印在了我的心里。从此之后，不管在任何公司上班，我都时刻提醒着自己，乖乖地听话才能赢得别人的爱。

有人说，职场是残酷的，因为职场里没有母亲那血浓于水的深情厚爱，没有兄弟般不可割舍的手足之情。唯有的就是竞争，只有在不断的竞争中才能永远立于不败之地。而且，职位越高，竞争就越惨烈。

然而，许多人为了能够在竞争中脱颖而出，便处处彰显着自己独特的个性。他们喜欢特立独行，喜欢标新立异，甚至为了凸显自己，竟不惜践踏公司的规定，无视老板的命令。结果把自己弄得好像一只浑身长满了刺的刺猬一样。其实，这种做法是完全错误的，因为在职场中，只有像个听话的乖乖仔一样，才能赢得成功。

一个优秀的职场白领，都是各司其职、各就其位，做好本职工作，对上司的决定都是无条件地顺从，对公司的章程规定都是毫不怀疑地遵守。也正是因为如此，他们才能在职场中任意驰骋。

但是，现实情况下，每一家公司都会有一些不太听话的“刺猬职员”。他们纪律观念淡薄、服从意识差，因此在职场中得不到最大限度的发展。

一位成功企业管理大师说过：“对付不听话的员工，办法只有一个，那就是压制，压制，再压制。”其实，我们知道，压制到最后的结果，那就是开除，永不录用！试问，如果在职场中，你也是这样的不听话，那么，你还有晋升的空间吗？还有掌控职场的希望吗？还有实现自我价值的可能吗？

也许，有些职场白领会说：“我就是不习惯上司摆架子、要威风，这样反而让我从内心里产生与他对着干的想法。”其实，许多上司在下属面前总喜欢端“官架子”，表面看来是脱离群众，有自高自大、装腔作势的嫌疑。但从另一个角度讲，上司摆官架子的目的是想使下属感受到自己的权力等级和支配力。这种支配力便于上司巩固自己的地位，推行自己的政策和主张，使下属感到“服从也许是最好的选择”，而“不服从则会对自己不利”。

作为职员，要理解上司“摆架子”的原因，决不能一味反感甚至和上司对着干。或许，有的上司不仅爱摆官架子，甚至还会有为官的臭脾气。但是，作为下属不仅要能够理解，而且还要包容。因为上司发脾气是为了把工作搞上去。上司是掌权者，有时候，他需要利用权力管理下属，调度工作并实施惩罚和奖励。

艾伦是一家公司的设计师，他对作品的设计有着自己的理念和追求，而且他特别不喜欢别人对他的作品指手画脚。但是他所在公司的老板，却经常对他的设计方案评头论足。

有一次，艾伦把一份广告宣传图片的背景色，做成了鲜艳的红色。老板便立刻提出了不同的修改意见说：“红色太俗气了，没有哪个客户会满意的。”

艾伦坚持说道：“我有我的设计理念，红色是一种激情的象征，我相信我的设计是最完美的。”

老板却坚持要求把红色换成深沉的蓝色，结果，艾伦立刻丢下手中的工作，严肃地问道：“究竟你是设计，还是我是设计？”

老板无言以对，悻悻地离开了。

没多久，老板便找了个理由，将艾伦辞退了。

艾伦的话说得没错，从工作业务的角度上说，老板当然不是设计，甚至不懂何为设计。但是有一点可以肯定的，那就是，老板毕竟是老板，员工始终是员工，即使是高人一等的白领员工，说到底，也还只是一名员工。而职员服从老板的要求，就像军人必须服从命令一样。因为乖乖地听话，绝对地服从是每一位职员的天职。

著名相声大师刘宝瑞在《官场斗》中，讲了这样一段故事：刘墉冒天下之大不韪，参奏乾隆皇帝偷坟掘墓。乾隆辩不过他，便依照他的主张，把自己发放江南（当然不是真正意义上的发放，而是明着打围，暗含发放的意思)。就在刘墉刚要起身下殿的时候，乾隆皇帝一拍龙书案上的惊堂木,怒斥道:“大胆的刘墉,你可知罪?”

刘墉慌忙跪倒在地,开言道:“臣知罪。”

乾隆皇帝不慌不忙地说道:“刘爱卿博古通今,才高八斗,满朝文武人尽皆知。可是有才华是你的事,但是用不用却是我的事。”

乾隆皇帝说完之后,就摘取了他的顶戴花翎,削职为民了。

虽然这只是一段博人一乐的相声,但是却深刻地揭示了一个重要的道理,为人臣者,务必要听话顺从,凡逆鳞相违者,必受其殃。同样的道理,在职场的工作者,如果不能顺从领导,处处爱出风头,那么势必会影响前途的发展。

其实,不管是设计师艾伦,还是相声段子里的宰相刘墉,他们之所以落得个被开除的结果,其中最重要的原因,就是太不听话,太爱表现自己。

职场中每个职员总是会在满意与不满意、愿意与不愿意的无休无止的交织中做自己该做的或是不该做的事情。但是无论如何,都不能顶撞上司,使自己与上司的关系在某个特定时段陷入紧张状态,进入不愉快的合作氛围,要缓和、改善这种僵局所付出的代价可能比你当初忍辱负重的服从还要大出几倍甚至几十倍。所以在上司的面前,聪明的职员通常都是顺从、听话的。否则就只能对自己不利了。

那么,在职场上做一名听话的乖乖仔,是不是就意味着完全放弃自己的主张和想法,一味地屈躬逢迎,人云亦云,像应声虫一样毫无创意地听从上司呢?当然不是,我们是要控制好自己的情绪,然后,在适当的时机向上司进言。这样就可以避免发生不必要的冲突和矛盾,而且还能在上司面前当一个听话的好员工,岂不是两全其美!

我的胸怀大过海洋

法国著名作家雨果曾说过："世界上最广阔的是大海，比大海更广阔的是天空，比天空更广阔是人的胸怀。"在白领职场中，每个人都会有做错事而难堪的时候，如果这时你处在有理和得势的一方，你会怎样做呢?是敞开比天空更宽广的胸怀，饶人之处且饶人呢？还是收紧胸膛，得理之时不饶人呢？

事实告诉我们，心胸狭窄的人在处理问题时，会以一己之好恶行事，不能顾全大局，从而带来不良的影响。

朱元璋是明朝开国皇帝，但是此人疾恶如仇，心胸狭窄，睚眦必报。据说，他当上皇帝，有一年元宵佳节，他独自一人微服出游。在南京城里某家人家看见许多人围着打灯谜，他也挤进去看。这灯谜是一幅"画谜"，画的是个大脚妇人抱着个西瓜。朱元璋猜不着，回去和他的马皇后谈起，马皇后想了一会，回答说："谜底是淮(怀)西妇人好大脚。"

朱元璋闻听，不由大怒道："大胆刁民，竟敢讽刺皇后。"原来这位马皇后是临淮县人，属于淮西，她又恰恰是一双大脚。因此朱元璋十分气愤，便下令将那户人家所在的水西门一带的百姓斩尽杀绝。

后来，这件事情传到了马皇后那里，她十分震惊。于是就对朱元璋说："人家说我的脚大，又没说你，你发那么大火干什么啊。"

从马皇后的话语中，我们不难发现，她的心胸比朱元璋宽广，所以马皇后被称为中国四大皇后之一，确实是很有道理的。相形之下，朱元璋给人留下的印象就是狠毒、阴险、狭隘。同时，由此也说明了一个心胸狭窄的人，往往是做事容易走极端，并且分不清轻重缓急的人。例如，1654 年的瑞典与波兰之战仅仅是因为在一份官方文书中，瑞典国王的附加头衔比波兰国王少了一个。大约900年前，一场蹂躏整个欧洲的战争竟然是因为桶的争吵而爆发的。有人不小心把一个玻璃杯里的水溅在了托莱侯爵的头上，就导致了一场英法大战。一个小男孩向格鲁伊斯公爵扔鹅卵石，导致瓦西大屠杀和30年战争。

根据心理学调查研究发现，心胸狭窄具有以下不良影响：

一、容易激化矛盾

心胸狭窄者不能通融，他们宁可鱼死网破，也不肯退让。然而，正如俗话说："兔子急了也咬人。"其实人急了，也会咬人，也会是拼命。倘或在职场中，你跟别人拼命，就犯不着了，也太不划算。

二、容易记仇

心胸狭窄者，因为对很多事情想不开，看不明，所以特别容易记仇，而且这种仇绝非是"君子报仇十年不晚"的仇，而是永世不灭的深仇。

三、印象差

由于心胸狭窄的人，见识低，做事极端，善要阴谋，所以给人一种不光明正大的印象。

由此可见，要想在职场中，给人留下美好的印象，从而取得成功，就必须从现在开始，敞开心扉，打破狭隘的阴暗心理。

有一次，小敏和办公室的同事发生了一场误会，这场误会导致了她们两人之间的彼此憎恨，甚至演变成激烈的敌对态势。这位同事为了表示她对小敏的不悦，在一次整栋大楼只剩小敏一个人时，她偷偷地溜进管理室把整栋大楼的电灯全部关掉。连续发生了几次同样的事情后，小敏终于忍不住要还击了。

周末下午，机会来了。小敏刚在桌前坐下，电灯灭了。小敏知道一定是她故技重施，于是跳了起来，奔到楼下管理室。果然看到那位同事在管理室若无其事地跟人聊天。小敏一见到她就不由得破口大骂，直到把所有能想到的骂人的话全骂完了才停下来。这时候，同事站直身体，转过头来，脸上露出开朗的微笑，她以一种充满自制力、柔和的声调说道："呀，你今天晚上有点儿激动吧？"

你完全可以想象小敏是一种什么感觉，面前的这个人简直就像痞子一样，没羞没臊，看她那副轻蔑的嘲笑，小敏被气得简直要发疯了。

小敏非常沮丧，甚至恨这位同事恨得咬牙切齿，但是，有什么用呢？小敏还不是每天和她共处在一间办公室吗？

自从发生了激烈的争吵之后，她们便势如水火。请问，假如这件事情发生在你身上，你会如何处理呢？是选择坚持斗争到底，还是海纳百川，雅量容人呢？如果坚持到底，结果只有一个，那就是今天我在你背后插一刀，明天你打我一闷棍，久而久之，便演变成了不共戴天的仇人了。

其实，最好的解决办法就是敞开心扉，宽容待人。

小敏把她和同事的故事说给父亲听了之后。父亲不仅没有偏袒小敏，反而说道："你好糊涂啊！与其整天相互提防着对方，倒不如敞开心扉接纳她。"

小敏听取了父亲的建议。第二天上班的时候，她特地路过花店，买了一束同事最喜欢的鲜花，摆在她的办公桌前，留言写道："请接受我最真诚的道歉，小敏留字。"

同事满脸笑容地朝她的位置望了过去，然后在QQ中写道："感谢你的鲜花，其实，我也有不对的地方，请你原谅。"

就这样一来二去，两人不但化解了矛盾，而且成为了最亲密的好朋友。有一次，小敏因不懂法语，差点错失了一笔业务。幸亏这位同事在紧急关头，帮助了小敏才促成其事。

正如一位成功的白领丽人所说："谁若想在困厄时得到援助，就应在平时待人以宽。"意思就是说，相容能接纳、团结更多的人，在顺利的时候共奋斗，在困难的时候共患难，进而增加成功的力量，创造更多成功的机会。

由此可见，在职场生涯中，必须要学会宽容。因为一个心胸狭窄的人，会以敌视的眼光看待别人，对周围的所有人都充满了戒备，他们不愿意帮助人，不为人粉饰或遮掩难堪，不宽容或原谅人。他们甚至会乘人之危，供己开心，鸡蛋里头挑骨头，抓住把柄不放，洋洋自得。因此他们是孤立无援的，是忧郁而痛苦的，是不能够胜任职场的。反之，一个宽宏大量、与人为善、宽容待人的人，肯定讨人喜欢，被人接纳，受人尊重，具有魅力，因而能更加玩转职场，体会成功的喜悦。

我反省所以我成功

古希腊著名哲学家苏格拉底说："世界上最难认识的就是你自己。而反省自己是认识自己的最佳途径。"在职场中，应该每天都反省一下自己，自己应该做什么而没做，自己不该做什么而做了。每天都能反省自己的人往往成长得快，我们每一个人都是在不断地总结经验和教训中迅速成长的。在职场中，反省自己是迅速成长的捷径。

要学会反省自己，是为了进一步明确自己的方向，很多人在职场生活中，受到了种种诱惑，在这些诱惑面前，往往迷失自己，迷失前进的方向，这个时候如果能够及时地检讨自己，也是可以迷途知返的。

曾子曰："一日三省吾身"，可见一个成功的人，通常都是善于自我反省的人。其实，在职场生活中，我们更需要勤快的自我反省。

克林撒是朋友的崇拜对象。因为他在职场中，无论做人还是做事，都相当成功。于是，朋友问他为什么能做到这种程度？克林撒回答说："我并不觉得自己成功，而是每天都在检讨自己有什么事情做得不好。"

由此可见，一个人要想在职场中有所发展，有所进步，就必须进行自我反省。只有如此，才能不断地提高自己，并逐步迈向成功。

被誉为"推销之神"的原一平，刚刚进入保险业开始推销员生涯的时候，经常是穷得吃了上顿没下顿。那时的他就一心只想卖出保险，提高业绩,从来没想过进行自我反省。直到有一天,他向一位老和尚推销保险,等他详细地说明之后,老和尚平静地说:“听完你的介绍之后,丝毫引不起我投保的兴趣。”

老和尚注视原一平良久,接着又说:“人与人之间,像这样相对而坐的时候,一定要具备一种强烈吸引对方的魅力,如果你做不到这一点,将来就没什么前途可言了。”

原一平哑口无言,冷汗直流。

老和尚又说:“年轻人,先努力改造自己吧!”

“改造自己?”

“是的,要改造自己首先必须认识自己,你知不知道自己是一个什么样的人呢?”

老和尚又说:“你在向别人推销保险之前,必须先考虑自己,认识自己。”

“考虑自己?认识自己?”

“是的!赤裸裸地注视自己,毫无保留地彻底反省,然后才能认识自己。”

原一平闻此,犹如醍醐灌顶一般。是的,那么久以来,他只知道一心一意、全神贯注地去推销保险,而忽视了对自己的认识和反省。于是,他决定每周的星期六都去寺院参禅打坐,以便更加清楚地认识自己。之后,他又通过开展一系列的反思活动,终于在认识自己的道路上,有了质的提高和飞跃。因为有了对自己比较清晰而全面的认识,因此在以后的保险推销过程中,连创佳绩,并最终成为一代推销大师。

原一平的故事,深刻地告诉我们,在职场中只有懂得反省的人,才能最大限度地认清自己,从而克服缺点,发挥优点,创造出最大的人生价值。

那么,在职场中我们究竟要反省哪些问题呢?

一、诚信待人

英国人有一句俗语:说一个假的意向,以便了解一个真情。也许这些目的有的不能算做太恶。但对于不诚信的人而言，其说谎或作假的害处却是很大的。

在职场中，因为没有诚信就会对别人不真诚。因此别人就会分不清楚，你说的每句话，究竟哪句是真的，哪句是假的。而作为不真诚的你，也会因为“做贼心虚”而不得不随时提防被揭露，就像一只伪装成人的猴子一样，要时刻防备被人抓住尾巴。

没有诚信的人是可悲的，他们在职场中不敢光明正大地和别人展开竞争，只能耍阴谋，使手段，表面上对人毕恭毕敬，而行动上却又在思量如何算计别人了。正如法国剧作家莫里哀在《伪君子》中刻画的达尔丢夫一样。他表面上是上帝的使者，虔诚的教徒，而实际上则是个色鬼，是个贪财者；他表面上对奥尔贡一家恭维，而实际上则用最卑鄙的手段去谋害这一家人。可以说他是个表面上好话说尽，实际上则是坏事做绝的最无耻、最卑鄙的小人。所以，一旦当他的这一套无耻的手段终于被人识破了的时候，就会成为众人唾弃的对象。在职场也一样，你对别人不信任，不真诚，别人也会以其人之道还治其人之身，最后将落得个万劫不复。

美国总统林肯讲过：“你能在所有的时候欺骗某些人，也能在某些时候欺骗所有的人，但你不能在所有的时候欺骗所有的人。”是的，没有诚信的人，虽然可以得意于一时，却不能得意于一世。善耍奸使诈的人最终将落得凄凉的下场，同时还将在职场中丧失最尊贵的人格！

二、君子、小人都不得罪

1.不得罪小人

古人说，宁得罪君子，不得罪小人。因为君子者，大人大量，顾全大局。而小人则不一样，他们气量狭小，喜欢在领导面前搬弄是非，在同事之间挑拨离间。如果不小心得罪了小人，他们就会恶语中伤，甚至赤裸裸地诬陷、诽谤。

2.得罪君子的次数多了，自己就会变成小人很多人错误地以为，君子眼光长远，顾全大局，不为蝇头小利斤斤计较，于是就对君子肆意妄为。结果有意无意之间，便冒犯了君子的利益。在君子眼中看来，你的第一次冒犯是不小心，第二次是无意，但是到了第三次就是成心挑衅了。君子在职场中，往往是众望所归，所以得罪了君子，就意味着你自己变成了小人。

3.不管是君子，还是小人，尽量不得罪任何一种人

在职场中不得罪任何一种人的方法就是保持低调。因为低调，所以隐藏锋芒；因为隐藏锋芒，所以就不会得罪任何人。总之，在职场中尽量保持低调，同时，也不要标榜自己是君子。因为越是标榜自己是君子的人，所承担的包袱也就越沉重。

三、把自己打造成“千面人”

“千面人”，顾名思义，具备不同的面孔来对付不同人的人。

白领在职场中周旋于公司各部门之间，周旋于商场和各公司之间，需要与来自各个方面的形形色色的人打交道，如果不具备一套行之有效的应付各种各样的人的办法，很难做到面面俱到。

正所谓“龙生九子，各有不同。”不要希望公司中，每个人都是你喜欢的类型，更不要奢侈地希望每个人都只具备一副面孔。事实上，每个人都会随着情绪和外界的变化而发生改变。倘若你能了解这些情况，岂不是对你的职场生涯有很大帮助吗？

山井薰一郎是日本一家公司的高级职员。有一天，他陪同客户在一家酒吧应酬。刚好公司主管就坐在他对面不远的位置上。因为当时已经是深夜了，所以主管就和身边的作陪小姐玩得很愉快。山井薰一郎很有礼貌地上前打招呼，主管面带微笑地冲他点了点头。

第二天上班的时候，山井薰一郎笑着问道：“昨晚上玩得愉快吗？”

主管一脸严肃地回答道：“我不明白你在说什么？”

山井薰一郎感到十分纳闷，便接着问道：“昨晚你不是跟几个小姐喝得很开心吗？”

主管依旧板着面孔，严肃地说道:“请不要说些莫名其妙的话。”然后，把山井薰一郎狠狠地训斥了一番，便离开了。

故事中的山井薰一郎之所以被训斥，最根本的原因就是，不懂得如何做“千面人”。他以为在酒吧中可以笑容可掬地跟主管打招呼，那么在职场中同样也可以。殊不知，主管在酒吧和在办公室，其身份地位已经发生了根本性的改变，所以当山井薰一郎用同一张面孔和他谈及此事的时候，遭训斥也就在所难免了。

此外，做一名“千面人”还要懂得掌控情绪。在适当的时候，使用恰当的面孔，只有这样才能取得事半功倍的效果。

皮特是某大公司的总经理，因一桩大生意赔了钱，使公司蒙受了重大的损失。皮特深知罪责很大，于是向董事会递交了辞呈。但董事长并没有批准他的辞呈，而是勃然大怒地说:“我们已为你交了这么多学费，你就这样拍拍屁股就走了，岂不是辜负了我一番苦心。”皮特立刻被感动得热泪盈眶，觉得为了挽回自己的过失即使粉身碎骨也在所不惜。果然，在以后的工作中，皮特发愤图强，拼命苦干，为公司赚取了一笔又一笔的巨额利润，这就是董事长适当地使用了一副正确的面孔，让皮特感恩戴德。

试想，如果董事长当时大发脾气，把皮特痛骂一番，然后签署辞呈，把他扫地出门。那么，皮特会对公司感恩戴德吗？再退一步说，董事长重新启用一个新人顶替皮特的位置，就一定会给公司带来巨大的利润吗？就能保证他一定不会犯错误吗？所以在职场中的白领们应该注意了，如果自己的下属也犯了同样的错误，记得一定要换一张面孔来接纳他们，说不定惊喜就在转变面孔的一刹那。

当然，我们鼓励自我反省，但是这并不意味着否定自己。反省自己是为了让自己从心底获得前进的力量，而否定打消自己前进的力量。在任何时候，积极进取都是值得肯定的，急躁冒进是必须检讨的；厚积薄发是值得肯定的，畏缩不前是值得检讨的。

然而，许多人却不愿意反省自己，尤其是职场中的白领阶层，他们自认为能有今天的辉煌成绩，就已经证明了自己的行为处世的正确性，所以没有必要再自我反省。其实，我们每一个人的内心都蕴藏着一股巨大的能量，而真正被开发利用的不足40%，剩下的60%只有在不断的自我反思过程中，才能将其深入挖掘。倘若我们善于引导，将它变成自己前进的动力，那么，我们就可在职场中海阔凭鱼跃，天高任鸟飞，并且在自己的职场生涯中，创造更大的成功。

白领生存羊皮卷
BAILING SHENGCUN YANGPIJUAN

第二章　职场交通员

白领就像职场中的一名交通指挥员，站立在十字路口的交叉点，每天忙于应付来自不同方向的车辆，以确保交通安全和一路畅通。在职场中，我们需要处理好和上司、同事以及客户之间的关系。倘若一招不慎和任何一方发生冲突矛盾，轻者就会导致“交通堵塞”，重者则会造成“交通事故”，反之，就是出入平安，皆大欢喜！

如此亲密，我不要

职场中，和上司搞好关系是必不可少的。然而，究竟和上司处成一种什么样的关系才是最恰当，最安全的呢？有许多人以为，和上司的关系越亲密越好，因为在职场中无论做任何事情都是讲关系的。俗话说：关系好，三分向。意思就是说，关系亲近了就会得到上司的特别关照。于是，他们就八仙过海各显神通，借此巴结上司，企图“攀龙附凤”，最起码也要和上司做一对亲密无间的好兄弟。

职场中，一讲到拉关系，首先想到的就是——请客吃饭。正所谓：“吃人家的嘴短。”所以只要上司肯赏脸一起用餐，便可借此光明正大地宣布：“我和老板是铁哥们儿！”其实，倘若幻想着用抓住上司胃的方法，俘获上司的心，就大错特错了。

姜先生进公司已经两年有余了，和他一起进来的人都混成了公司的经理、副总等，只有他还是处在“主任”的位置。虽说他表面上装做无所谓的态度，可是心里却难免有些不平衡。因此他也想和上司拉拉关系，以图日后提拔。但令他苦恼不已的是，他几乎没有和上司单独接触的机会。

春节后不久，他的生日快到了，他突然心生一计——请上司吃饭。于是他买了一张精美的请柬，邮寄给了上司，并到酒楼预定了房间。没有想到，那天下午他正准备到酒楼等候上司的时候，人力资源部门的同事却来到他的面前，手里带着小小的礼物，恭贺道：“祝你生日快乐！”

酒席间，姜先生怯生生地问道：“上司怎么没有过来啊？”

“上司陪客户钓鱼去了，就委派我们几个过来给你祝贺生日。可是，你也太瞧不起哥们儿了吧！就知道走上层路线，巴结领导，而把我们这些同事忘得一干二净。”

姜先生闻此，顿时羞红了脸，窘得哑口无言了。

其实，从这个故事中我们可以看出，要想拉近和上司之间的关系，靠请客吃饭的做法是根本行不通的。退一步说，即便上司参加了姜先生的生日宴会，那么，他们之间的关系就真的更上一层楼了吗？姜先生就一定能被提拔吗？结果无从得知。但是可以肯定的是，上司自有他自己的衡量准则，他知道什么样的人应该提拔，什么样的人应该委以重任，而这些绝非是靠一顿饭就可以解决的。

随着社会的进步和发展，请客吃饭已经略嫌老套了。于是有人便花样百出地请上司蒸桑拿、足底按摩、送贵重礼物等。其实这些万变不离其宗的手法，并不能从根本上改变老板对你的看法，相反，还会起到适得其反的效果。

小雯和小攸同时进入一家公司，小雯的业务一直比不上小攸，眼看着别人从业务员一步步做到部门主管，薪水相当于自己的两倍，小雯不由得眼热心跳，考虑了几天，终于做出了一个荒唐的决定：给老板送礼。

发工资的那天，小雯用自己的半月薪水，又从积蓄里取出来一部分，共计2000多元，到手表专卖店挑了一款新颖时尚的名牌手表，送到了老板的办公桌上，老板那一瞬间的表情就像是遭到了恐怖袭击，先是惊讶，后是责备，然后是婉言谢绝。小雯本想上司会很高兴地接受，可万没想到遭到拒绝，因此，一时间显得尴尬极了。好在老板体恤她的一番苦心，在委婉的批评后，带着她来到商店，把手表退还回去了。此事虽然结束了，但是，小雯在上司心中的形象却失去了往日的光泽。

看完这个故事，不禁想起明代冯梦龙在《笑府》中记载的一个故事：从前有位县令贪财，在一次过生日的时候，他命令属下献礼。众人知道他是属老鼠的，便合资打造了一只金鼠献给他。县令得了金鼠很高兴，于是在酒席间和颜悦色地说道：“下个月我太太过生日，属牛的，你们再去铸头金牛来吧！”

众人嘘唏过后，不由自我解嘲地说道：“幸亏他太太属牛，要是属大象，我们岂不是倾家荡产了。”

虽然这只是个笑话，但是却告诉了我们一个道理，亲密的关系不是靠贵重的礼物开发和维护的。从某种意义上说，小雯是幸运的，因为她遇到了一位正直、有原则的上司。倘若她遇到的上司像贪财的县令一般，那么恐怕她在还没有得到重用、提拔的时候，就已经倾家荡产，一无所有了。同时也从侧面说明了，一个贪财的上司，是不能和任何人成为好朋友的，因为他们的眼中除了黄白之物，便再也没有其他了。

职场中还有一些这样的人存在，他们自认为和上司有些交情，便时常以“君子之交淡如水”自诩。可是，暗地里却频繁地做着扣人门环的小人之举。

法布希尔在工作上一直很主动，上司对他也很器重，他自己也认为是上司的大红人而沾沾自喜。一次，他在公司大会上受到上司的嘉奖，便觉得上司真是自己的人生知己，油然而生一个念头：他要和哥们儿“叙叙旧”。

当天晚上，法布希尔精神抖擞地敲开上司的别墅铁门时，恰巧上司不在，他解释半天，警惕的保姆还是像看恐怖分子一样看他，说没有预约不能进去，后来上司的夫人过来，客气地问他有什么事情，他支支吾吾地说就是看望看望上司。

法布希尔终于被请进了屋子，他坐在客厅的沙发上，专心致志地等着上司的回来。可是，他坐得越久，心里便越发地局促和不安。大约30分钟之后，法布希尔再也坐不下去了，就起身告辞了。

但是，没有见到上司的法布希尔还不灰心，几天后，他再一次敲开上司的家门，保姆的第一句话就是：“你怎么又来了？”

法布希尔并不生气，而是很有礼貌地回答说：“我是来拜访上司的。”接着，他又被请进客厅。没一会儿，上司就从浴室里出来了，穿着随意的浴衣，上面的水珠还在滴滴答答地往下流，和他平时的衣冠楚楚、仪表堂堂的形象大相径庭。当上司看见这位不速之客时,眼神中流淌的是一丝不尴不尬的微笑,和在公司大会上的热情完全不一样了。

在有一搭没一搭的交谈中,法布希尔感觉如坐针毡。在告辞时,他本以为上司会说:“有时间常来玩。”可是,出乎意料的是,上司竟然说:“以后有什么事情在公司谈吧。”言下之意就是,对法布希尔的到访并不欢迎。

其实,我们不难理解,上司的住址应该是绝对保密和隐私的。在家庭中,上司可以脱去职场中的“虚假面具”,不用去顾忌什么形象、权威,只需简单、随意的装扮,一切皆可率性而为。假如这个时候,有员工贸然造访,势必会影响上司的情绪。那么,和上司的关系恐怕会因此而受到影响。所以上司的家庭,尽量不要去拜访。如果到了非要拜访不可的地步时,也要事先征询上司的同意,不可贸然行事。

其实,职场中员工和上司的关系,就像两条永不相交的平行线,所以不要奢望着成为上司无话不谈的难兄难弟。因为事实告诉我们,凡不切实际的设想,均是空想。

当然,有人会提出质疑:白领职员为什么不能成为上司的亲密好友?现在的社会不是讲究人权吗?既然讲究人权,而无论是白领职员,还是高高在上的老板,不都是在法律面前人人平等的人吗?那么既然都是平等无二的人,为什么就不能成为朋友呢?

道理很简单,在职场中,上司就要有上司的威严,职员就要安守本分,服从命令。如果上司和员工打成一片,那么就会在无形之中破坏了公司的规矩和制度,从而造成了执行力的下降,并严重影响工作效率。

其实,在职场中建立和上司之间的亲密关系,并非一定是百利而无一害的事情。因为关系亲密,就会放松警惕,就有可能在不经意间说出,或做出伤害上司的事情。同样的道理,上司也会如此。这样的事情出现次数多了,彼此间就会造成心理上的隔阂。所以最安全、最恰当的关系,就应该是若即若离。就像寒冷的冬天,一群挤在一个房子里取暖的刺猬,只有保持着一定的距离才能达到目的,否则不是相互刺伤,就是没办法取暖。

有白领曾说，和上司搞好关系，目的很明确，就是为了将来的前途着想。那么，仅仅只是如此的话，笔者可以很负责任地告诉你，你的如意算盘打错了。因为如果上司想提拔你，他还要担心别人会不会以为他只是提拔自己的亲信。如果不想提拔你，就算你们感情再深，也是于事无补的。所以要想上司提拔自己，办法只有一个，那就是认真工作，勇于承担责任，切莫和上司如同难兄难弟一般亲密。

责任，赢得青睐

中国有句古话，“背靠大树好乘凉”。于是许多深谙其道的职场白领，就千方百计地想依傍上司这棵大树，以求乘凉之便。可是他们往往打错了算盘，用错了招数，不但没有依傍到上司这棵参天大树，反而招致了嫌弃和厌恶，最后竟避而远之了。

曾有这样一个笑话：一日，领导和一职员，同乘一部电梯上楼。不承想领导忍不住放了个屁。电梯里的乘客误以为是那名职员所为，于是就把目光纷纷投向了他。可是职员却连忙解释说：“不是我放的。”领导闻此，立刻白了他一眼。没一会儿，电梯到站了，领导走将出去，便没好气地说道：“一点屁大的责任都不能承担，你还能做什么？”

毋庸置疑，领导的话是正确的。一个职员要想得到上司的认可和器重，就必须勇于承担责任，并且要主动承担责任。

在很多人看来，多一事不如少一事。主动承担责任就可能意味着承担过错，甚至危及自身的根本利益。其实不然，因为任何一个公司的任何一位上司，他们最喜爱的员工，就是勇于承担责任的员工。

小王和小李是速递公司的两名职员。他们俩是工作搭档，工作一直都很认真,也很敬业。上司对这两名员工也很赏识,然而一件意外事件却改变了两个人的命运。

一次,小王和小李负责把一件大宗邮件送到码头。这个邮件是一个古董,非常贵重,上司反复叮嘱他们要小心。

没想到,送货车开到半路却出现了故障。

小李说:“你出门之前为什么不把车检查一下，如果不按规定的时间送到,是要被扣奖金的。”

小王说:“我的力气大,我来背吧,距离码头也没有多远了。而且这条路上的车特别少,如果等车修好,恐怕船就开走了。”

“那好,你背吧,你比我强壮。”小李说。

小王背起邮件,一路小跑,终于按照规定的时间赶到了码头。

没多会儿,小李说:“我来背吧,你去叫货主。”他心里暗自算计,如果客户能把这件事告诉老板，说不定还会给我加薪呢。他心里只顾想着好事,当小王把邮件递给他的时候,他一不小心却没接住,邮包掉在了地上,“哗啦”一声,古董被摔得粉碎。

“你怎么搞的,我没接你就放手。”小李气急败坏地喊道。

“你明明伸出手了,我递给你,是你没接住。”小王辩解道。

小王和小李心里都非常清楚,古董打碎了意味着什么。没了工作不说,可能还要因为赔偿问题背上沉重的债务。果然,老板对他俩进行了严厉的批评。

“老板,不是我的错,是小王不小心弄坏的。”小李趁着小王不注意,暗中来到老板的办公室,向老板打小报告。老板平静地说:

“谢谢你,小李,我知道了。”

随后,老板把小王叫到了办公室。“小王,到底怎么回事?”小王就把事情的来龙去脉告诉了老板,最后小王说:“这件事是我们的失职,我愿意承担责任。另外,小李的家境不大好,如果可能的话,他的责任我也来承担。我一定会竭尽全力弥补上我们的损失的。”

小王和小李一直等待处理的结果，但是最终的结果很出乎他们的意料。

老板把小王和小李一齐叫到了办公室，对他俩说："公司一直对你们俩很器重，想从你们俩当中选择一个人担任客户部经理，没想到却出了这样一件事情，不过也好，通过这件事让我们更清楚哪一个人是合适的人选。"

小李暗喜，"这个客户部经理一定是我了。"

"我们决定请小王担任公司的客户部经理，因为，一个能够勇于承担责任的人是可以委以重任的。小王，用你赚的钱来偿还客户。小李，你自己想办法偿还客户，另外，你明天不用来上班了。"

"老板，为什么？"小李不甘心地问。

"其实，古董的主人已经看见了你俩在递接古董时的动作，他跟我说了他看见的事实。同时，我也看到了问题出现后你们两个人不同的反应。"老板最后说。

从这个故事中，我们便不难发现，承担责任是赢得上司信任的基础。只有对公司交代下来的每一件事情，都勇于承担起责任，才会有信心把每一件事情做好，也只有这样才能让上司另眼看待。正如俗话所说："吃亏是福"，实在是至理名言。一位国际公司的总经理曾说过，我们公司任何一名员工，因承担责任而损失的利益，我都会用其他方式予以弥补。

那么，在职场中，白领们应该怎么做才能算是主动承担责任呢？

一、上司的事就是我的事，上司的烦恼就是我的烦恼

说句不客气的话，在现实职场中，烦恼永远都是上司的，而功劳却永远都是属于白领职员的。分配工作任务的时候，他们挑肥拣瘦，拈轻怕重；遇到困难的时候，就乖乖地收敛起不可一世的傲气，躲到上司的背后；面对成绩的时候，他们便邀功争宠。

其实，作为一名职场白领，越是在困难的时候，主动为上司分担烦恼，就越容易被上司牢牢记住。

有一次，总经理有事外出。在那天夜里，保安忽然紧急通知几位主管，公司前不久因违纪开除的三个员工纠集外面一帮痞子打进厂里来了，已打伤了好几个保安和员工，并且砸烂了写字楼的玻璃门，损失惨重。

其他几位主管因为对总经理心怀不满又懒得承担责任，就干脆装聋作哑。而那位积极主动的主管接到通知后，立刻赶赴现场，并立刻报警，请求治安队员火速增援。同时，打电话向总经理报告此事。总经理听到这件事情之后，恨不得立刻赶回公司。主管从电话中听出了总经理的焦虑，于是说道："请总经理放心，我一定妥善处理此事。"

这位主管放下了电话，便立刻用喇叭喊话，同对方谈判，稳住了对方。后来，在民警和治安队员的全力配合下，使事情得以顺利解决。

通过此事，这位主管不仅赢得了公司全体职员的尊重与认可，也赢得了总经理的另眼相看。

故事中的那名主管，在事情发生的时候，可没有想到这是谁的事情，这是谁的麻烦，而是毫不犹豫地一肩挑起，主动承担了责任。倘若他也像其他主管一样，唯恐避之不及，那么整个公司岂不是要完蛋了吗？所以在一个公司中，不要把麻烦和烦恼看成是上司一个人的事，而是把它当成自己的事。

二、对公司承担责任，就是对上司承担责任

职场中存在着一个很有趣的现象，职员可以心甘情愿地对上司负责，却不情愿对公司负责。其实，他们这样的做法简直是滑稽可笑，本末倒置的。因为上司是一个公司的决策者和管理者，如果公司都不复存在了，那么自然也就没有"上司"这个称谓了。所以从某种意义上说，职员对公司负责就是对上司负责。

然而，有些职场白领却宁可牺牲公司的利益，也要取悦上司。试问，这样的做法不是很愚蠢吗？

在某公司的年度会议上，上司希望大家找出公司亏损的问题所在。

销售部经理说："今年销售不理想，我们得负一定责任。但是主要的原因在于其他公司推出的新产品比我们的产品先进。在上司的帮助下，我们一定能够解决问题。"

产品设计部经理总结道："最近推出的新产品少，是由于研发预算太少。而且原本就不多的预算还被财务部门给削减了。但是上司已经给我们增加了预算，我想问题很快就会解决。"

财务部经理马上解释说："公司成本在上升，我们能节约就节约，这也是公司发展的需要，这也是上司的意思。"

这时候，采购部经理跳起来说："今年第一季度物价上涨，而其中仅集成板线路一项就上涨了5%。物价上涨是我们无法控制的。但是有上司在，我们一定能渡过难关。"

从各位部门经理的回答中，我们可以看出，他们仿佛是逃出三界外，不在五行中的无事人一般，责任归咎在市场，解决问题的方法，就是靠上司的英明决策和领导。换句话说，如果没有上司，公司的命运就只有一个，那便是关门大吉。那么，不妨试问一下，公司花重金聘用你是做什么的呢？难道就是靠耍嘴皮子奉承上司，难道就是眼睁睁地看着公司即将面临倒闭的结局而不闻不问。我们再退一步说，倘若在上司的英明领导下，公司果真起死回生了，那么上司就会对他们青眼有加吗？不会的，绝对不会的。因为一个只会奉承上司，而不对公司担负责任的员工，就不是一个好员工。因此从现在开始，把对上司的那种责任心，转向对公司的忠诚上，也许这才是赢得上司青睐的捷径。

三、事情是永远做不完的，关键是要给自己找事情做

在职场中，总会有一些闲着无事可做的人，当问其原因时，他们总会冠冕堂皇，一脸无奈地说："上司安排的事情我已经做完啦，现在已经没事可做了。"所以当他们干完上司交代的事情之后，便俨然一个无事人一般，要么坐在那里玩游戏，要么就呆呆地等着下班，而从不去主动寻找一些自己力所能及的工作去做。

美国钢铁大王卡耐基说：“有两种人注定一事无成，一种是除非别人要他去做，否则绝不会主动做事的人；另外一种人则是即使别人要他做，他也做不好事情的人。那些不需要别人催促，就会主动去做应该做的事，而且不会半途而废的人必定成功，这种人懂得要求自己多努力一点多付出一点，而且比别人预期的还要多。”

其实，在当今职场中，那种“听命行事”的员工已经大势已去了，取而代之的是，自己主动找事情做的人，因为这种人更容易受到上司的赞赏。

总之，上司需要的职员是对公司和工作，都敢于承担责任，而且主动承担责任的好员工。

转身是喜羊羊，还是灰太狼

职场中的同事关系很微妙。可能三分钟之前，还是彼此间推心置腹的亲密伙伴，而转眼之间，便成了工作上的竞争对手。

中国有部非常著名的长篇小说《红楼梦》，它最伟大的地方之一，就是打破了原有小说在人物创作上的好与坏的严格界限。故事中的人物形象既不是好得完美无瑕，也不是坏得一无是处。而是让每个人都有“喜羊羊”式的可爱，同时又具有“灰太狼”式的讨厌。

其实，职场中的任何同事都是如此，我们既不能放心地把他作为温顺的小绵羊，也不能警惕十足地把他们当成随时会吃人的大灰狼。关键是我们如何处理和同事间的相互关系。

有一天，人事资源部门的秘书给公司的每位职员发了一份问卷调查，考查员工对公司的满意度，其中有这样一个问题：“你在公司有好朋友吗？”看到这个问题，很多人不假思索地提笔写道：“有！”

其实，我们知道，这道题是没有准确答案的。就像那些性格测试一样，不同结果对应不同分数，不同公司又有不同标准，还有，你怎样定义“好朋友”？但是无论怎样，职场也并不是一个交好朋友的地方。

可是，有些职场白领却天生不拿自己当外人，小到化妆包，大到性生活，凡事都乐于跟别人分享。似乎职场就是不设防的天堂，每位同事都像天使一般善良。他可以随意把分机电话转给别人，同样也毫无忌惮地接听任何一个同事的电话。有人提醒他说：“这样总是不好的。”他却一脸无所谓地回答说：“怕什么？我们是好朋友。”然而，问题的关键是，你把别人当好朋友，别人是否也把你当成好朋友呢？

曾听朋友说起过这样一件事。他们公司有位同事，简直就是弗洛伊德转世，从吃一个甜筒到与狗狗嬉戏，都能联系到两性生活，并且坚持事事与人分享，包括自己与各届女友的秘闻趣事、亲热照片。一开始我那朋友极不习惯，听到脸上一阵臊红，便跟他说道：“你的春闺之事，还是尽量不要在办公室说。”但是，那同事根本不理会，只要办公室只剩他们俩的时候，同事就毫不避讳地跟他侃侃而谈。日子相处久了，我那朋友竟也变得麻木了。

前不久，他来北京出差，顺便来探望我。吃饭的时候，我问他：“你那同事现在还是如此吗？”他摇了摇头，一副无可奈何的表情，说道：“就当是听午夜情话吧。”说完之后，他便自嘲地笑了起来。

是啊！职场中究竟还有多少这样的人呢？难道他们的心里就当真没有考虑过别人的感受吗？曾经在一起工作的同事，说过这样一句话：“只要自己开心了，还管别人做什么啊？”仔细想来，这话有点道理。就像我朋友的同事一样，只要把话说出来，自己心里敞亮了就行了，管别人爱听不爱听呢？那么，是不是我们也可以这么说，只要我把他当好朋友就行了，管他怎么想呢？

当然，在职场中维系好和同事间的关系，创造和谐的办公环境，有利于提高工作效率。但是，我们还必须记住一句话：“君子之交淡如水。”如果两个人之间的关系太过于亲密，那么你就该考虑是否该给这份感情减减肥了。

在激烈的商场竞争中，流传着这样一句话：没有永远的朋友，也没有永远的敌人。其实这句话暗含的意思就是说，朋友也是潜在的敌人。同样的道理，职场中的任何一位同事都有可能变成对手。

著名大导演张艺谋拍摄过一部影片——《大红灯笼高高挂》。影片讲述了陈府中的四个太太争宠的故事，其中的细节，暂不赘述。我们主要是想通过二太太（卓云）的所作所为，来探讨白领生存的相关问题。

从某种意义上说，二太太是众多太太中最为成功的，原因有三。

一、每个太太都是好姐妹

陈府里的四个太太中，只有二太太每天是笑脸迎人的，把每位太太都当做好姐妹看待。大太太自恃位高权重，便以势压人；三太太自恃得宠，目空一切；四太太孤高气傲，跃跃欲试。她们相互敌视，相互争斗。

二、每个姐妹都是不可忽视的对手

二太太虽然表面上和各房太太，以姐妹相称。但是她时刻提醒着自己说，每个姐妹都是争宠的对手，所以她会想尽办法置她们于死地。

三、顾全大局，不惹老爷生气

二太太最聪明的一点就是不惹老爷生气。其他各房的太太，倘若不被老爷点灯，那么一准会在下次的宠幸中，表现出来。二太太则不是这样，在她看来，每次点灯都是一次机会，既然是机会就必须要牢牢地把握住，所以她会尽职尽责地做好本职工作。不仅如此，她还会装做很大度的模样，向被点灯的太太们，投去一抹温情的微笑。

还有，二太太经常说这样一句话（原文记不清楚了，大概意思如此）：点灯不点灯的不重要，姐妹们要和睦相处才是大事。

如果我们把整个陈府看做一个公司，把各房太太看做白领职员，那么我们便不难得出这样的结论，二太太是白领职场的翘楚。所以当我们看到，大太太独守空房，三太太被迫害致死，四太太疯疯傻傻的结局时，其中的道理,不言而喻。

当然,在当今职场中,每个职员都是平等的。被迫害致死,被逼成疯的故事,早已不复存在。大不了被扫地出门而已。

那么,有人也许会问,既然同事间的关系如此错综复杂,难解难分。那么“各人自扫门前雪,休管他人瓦上霜”,岂不就可以做到天下太平了吗?其实不然,整个公司就是一个团队,只有强调团队合作精神,才能在市场竞争中立于不败之地。而既然要合作,就免不了和同事搞好关系。其实,无论和同事的关系如何,只要不对整个公司产生不良影响,或对工作造成耽搁,就都属于正常的范畴。借用股票投资上的一句话,作为本文的结束:职场有风险,交友需谨慎!

这次吃定你了

不可否认,职场中交友是需慎之又慎的。但是我们也决不能因噎废食,因为怕就断绝在职场中交朋友。其实,只要做到了以下几点,他们就会乖乖地和你做最真心的好朋友。

一、欣赏与赞美

美国心理学家威廉·詹姆士指出:“渴望被人赏识是人最基本的天性。”既然被欣赏是人的一种天性,那我们在职场中就应该好好利用它。

然而,在现实的职场生活中,真正懂得欣赏和赞美同事的人并不多,反而是喜欢夸赞自己的人,并不在少数。

前不久,情景喜剧《炊事班的故事》在中央电视台电视剧频道热播。其中有这样一个故事,令人深思。

炊事班的小胡一心想报考军校,可是苦于没时间复习功课,于是他便想当然地以为，在整个炊事班只有他的工作最辛苦，最累人，所以别人的工作就成为了无足轻重。于是他主动和同事调换工作，没曾想，一番工作调换下来之后，他才恍然大悟，原来每个人的工作都不像想象中的那样轻松。

职场如同此理，所以我们要学会欣赏和赞美同事的工作，只有这样才能促进同事间的情谊更上一层楼。

著名的成功学大师卡耐基，曾说过这样一个故事：

一天，同事请他讲出她的6条缺点，以便使她成为更好的员工，卡耐基想了想，说："明天早晨再告诉你。"

第二天一大早，他来到鲜花店，给同事买了6朵玫瑰，并附上一张纸条："我实在想不出你需要改变的6个缺点，我就欣赏你现在这个样子。"女同事收到鲜花之后，感动得几乎要流泪。从此后，卡耐基认识到了欣赏和赞美的力量。

然而，有些职员却不是这样做的，他们在工作中不会欣赏同事的优点，总爱盯着他人的缺点，更有甚者，以己之长与他人之短相比较，结果导致彼此的关系日益恶化，势如水火。

其实，欣赏和赞美同事，往往仅是举手之劳，小事一桩。可是竟有些人吝啬到连称赞一句"你的衣服真漂亮""你的工作做得真好"这样简单的话都不会说了。

那么，到底是什么原因造成当今职场欣赏和赞美之风每况愈下呢？究其根源，无外乎是虚伪的思想在作祟。在他们看来，欣赏和赞美了对方的工作，就意味着对方比他们做得更好。所以，为了证实自己才是最棒的，就只有对他人"痛下狠手"了。

其实，欣赏和赞美对方是拉近同事关系的有力手段。有人说，职场上的同事关系就好像一面回音墙。在你喊出"我爱你""你真棒"的同时，你也将收到同样的赞美声音。

刘墉和翁方纲同朝为官，而且又都是当时著名的大书法家，但是两人之间却很少往来，因为彼此谁也不服谁。

刘墉的书法在继承前人的基础上，追求突破和创新。而翁方纲却默守陈规，每一字每一笔效法古人。有一次，刘墉的学生戈仙舟拿他的字向翁方纲讨教，翁方纲看后，不屑地说："你去问你老师，哪一笔书法是古人的？"戈仙舟将此话转告刘墉，刘墉则反唇相讥道："你去问你岳父，他的书法哪一笔是他自己的？"就这样，你争我嚷的，互不欣赏对方，结果闹得彼此不和。

由此可见，不懂得欣赏和赞美就将严重影响同事间的关系。倘若他们都能以虚心求教的心态，认真地品读对方的书法艺术，那么也许结果就不会是那么尴尬了。所以在同一间办公室中，经常抱着欣赏和赞美的心态面对每一位同事，那么同事间就可以成为职场好朋友。

当然，赞美对方的时候，一定要秉着真诚、实事求是的态度，否则就成了变相的讽刺，造成好心做坏事的后果了。

二、以诚相待

在职场中要想得到同事的真诚，就首先要学会真诚地对待同事。

有这样一个故事：

从前，某个村子的入口处住着一个智者。一天早上，有个外地人要到这个村子来落户，他跑来询问智者："这个村子里的人怎么样?"智者反问道："你以前的邻居怎么样?"这个外地人回答说："他们都好极了，对我们很照顾，我都舍不得离开那个地方。"智者回答说："那太好了，我们这个村子的人也都好极了，相信以后你还要搬迁的话，一定也会舍不得的。"于是这个外地人兴高采烈地搬了进来，果然和大家相处良好。后来另一个外地人听说了这件事，也来问智者："这个村子里的人怎么样?"智者反问道："你以前的邻居怎么样?" 这个外地人回答说："他们都糟糕极了，我恨不得早一点摆脱他们。"智者回答说："其实这个镇子里的人也一样。"这个人不相信，还是搬到这个村子来了。后来他和大家关系处得很糟糕。

由此可见，在很多时候并非是别人不好，而是自己没有拿出诚心。

就像故事中的两个外地人一样，他们共同生活在那个村子，可是为什么一个生活得其乐融融，而另一个人却生活得一塌糊涂呢？其实，造成这种结局最大的区别就在于，你是否真诚地对待身边的每一个人。

许多职场白领经常抱怨，办公室是一个充满谎言和欺骗的地方，根本没有"真诚"生存的土壤。那么，我们要问的问题是，当你说这些话的同时，你有没有扪心自问，是否真诚地对待职场中的同事。倘若没有，就不要奢望着得到他们的"真诚"。

2010年的春节晚会上，由牛莉和郭冬临表演的小品中，有一句台词十分经典：

"你用谎言去印证谎话，得到的一定还是谎言。"

因此，我们不妨把这句话反过来说，在职场中，用真诚去印证真诚，得到的一定还是真诚。所以要想和同事成为好搭档、好朋友，就一定要以诚相待。

有这样两个人，他们在同一家公司任职，和同事的关系都很糟糕。一日听说有位智者，于是他们就相约去求教。智者听了他们的遭遇以后，对他们只说了一句话：不过一日三餐。

听了这句话，其中一个人辞职了，自己去开了一家公司，十年过后也小有成就。另一个人，继续留在公司中，他不再看重功利，而是怀着一颗真诚之心，逐渐改善和同事们的关系，十年过后，他已经成为公司的高层领导。十年后的一天他们相见了，谈起这么多年的经历，都十分感慨。第一个人解释说，当时听到那句话的时候，就觉得不过是一日三餐而已，自己没有必要太在乎，于是就辞职了。而第二个人解释说，听到那句话的时候，觉得在职场中就是为了一日三餐，没有必要有太多的功利心，于是就学会了放下警惕和功利之心。

是的，不可否认在职场中充斥着太多的尔虞我诈，流溢着太多的利欲熏心，结果造成了同事间迷失了太多的真诚。但是当我们深刻地理解了智者所说的"不过一日三餐"而已的道理之后，也许，我们便可以放下包袱，拆毁心里的那道"柏林墙"，从而真诚地对待和接纳身边的每一位同事了。

真诚地对待同事，其实一点也不困难。怀揣着一颗不设防的真心，认真地聆听每一句话语，当需要帮助的时候，义不容辞地挺身而出……仅此而已！

三、主动搭把手

职场中你有过主动帮助同事的事情吗？如果没有，就不要抱怨职场没有真正的好朋友。正所谓“种瓜得瓜，种豆得豆”。要想有所收获，就必须埋下有待收获的种子。

相信很多人都去过肯德基的。如果你是善于观察的人，那么就一定会发现这样的事情。假如在一个窗口有很多人排队，而其他的窗口人数不多的事情，他们就会主动喊道：“这边来，这边来。”

不要小看了这么简单的三个字，其实它所暗含的道理就是，主动帮助同事。

然而，许多白领在职场中，他们却不是这样做的。在他们的眼中，同事忙是活该，自己清闲是理所当然。所以一旦情况发生了 180 度大转弯的时候，那些曾经清闲的白领们，便开始怨声四起，大骂道：朋友真不够意思！都没一个人来帮忙！一点也不仗义！

其实，不是人家不仗义，而是你在清闲的时候，没有主动帮助过人家。所以职场中要想和同事树立共患难的真情义，就必须要学会主动帮助他人。

主动帮助他人，在人们的意识中，仿佛就是江湖儿女所谓的为了朋友不惜两肋插刀，仅凭一腔热血，一身侠肝义胆便足矣。其实不然，在职场中主动帮助他人，是有一定原则的。

（1）保证自己利益不受损害。

（2）选择在自己不忙的时候。

（3）不超出自己能力范围以外的事。

（4）帮忙只是做配角，不能喧宾夺主。

总之，在同事需要的时候，主动上前搭把手，不仅帮助了同事，给同事留下了一个美好的印象，同时也有助于增进同事间的感情。

如果你现在还在为职场中没有好朋友而烦恼的话，不妨以此为参考，笔者相信一定可以对你有所帮助。

只要服务，不要补偿

一位著名的成功学家说过：三流的企业比价格；二流的企业比服务；一流的企业比规格。当然，作为企业的职场白领，我们没有权利改变企业的规格，也不愿像三流产品那样比拼价格，那么就只有通过完善的服务，满足客户的需要，争取客户的支持。

既然提到了服务，那么首先就要知道客户需要什么样的服务。说的直接点，就是客户有什么样的需求。

圣诞节期间，艾丽受总公司的指派，去一家大商场开展督导工作。那一天，商场的生意特别红火，疯狂购物的顾客挤满了整个商店。就在艾丽忙得不可开交的时候，一位年轻的孕妇牵着两个刚会走路的孩子来到了她跟前。看到这位孕妇之后，艾丽抱歉地请求其他顾客稍等片刻，并随即从柜台后为这位年轻的女子搬出了一把椅子。

“您何不在这里坐下呢。”艾丽十分关心地说道：“如果您需要购买什么的话，可以先把它们记录下来，我过一会儿把它们交付给您就是了。”

听到了艾丽的这番话，这位年轻的女顾客十分吃惊。因为她没遇到哪位服务员，竟如此热心地关心她。其实，那天这位孕妇并没打算买东西，就只为带着两个孩子来商店游玩的。可是，艾丽的话，使她改变了主意，于是她便向艾丽说了好多需要购买的产品，最后满载而归。

由此可见，热心的服务是赢得客户的关键。然而，现实职场中，很多人却错误地认为，最低的价格才是招揽客户的不二法门。其实不然。故事中的孕妇在向艾丽说明需要购买的产品时，可是一句价格都没谈哦。这是为什么呢？原因很简单，那就是优质的服务，超强的满足。

通常情况下，满足客户需求，主要由两个环节构成：一是明确客户需求，包括客户是谁，需求是什么，并为满足客户的需求制订合适的战略；二是采取合适的方式实施战略，解决客户的问题。满足客户的需求不是一句空话，是需要付诸行动去落实的，只有真正满足了客户的需求，产品才能被客户满意地接受。

张潮是一家公司的团购经理，每次接到业务之后，总会努力去发掘客户的根本需求，然后尽最大限度地给予客户满足，促成交易的成功。

有一天，张潮接到了一位朋友的来电。朋友在电话中说，有一个家电公司在全国通过加盟连锁方式，在众多城市设立了省级代理和办事处，零售点数量接近500家。鉴于春节之际，又筹划了一个为期2个月的促销活动，凡购买该公司家电累计消费达到1500元，就能获赠自行车1辆。关于自行车的事情，想请张潮帮助他解决一下。通完电话以后，张潮还美滋滋地回忆了一遍上次与朋友的合作：成交1万盏台灯，从供应商那里取货后，直接让司机转到朋友企业的成品仓库。交易的过程非常简单，但是利润丰厚……

后来朋友又打来电话，说要到深圳出差一段时间，如果张潮觉得自行车的交易难度不是很大的话，他就立即向公司汇报由张潮来处理这批货物。张潮当然欣然答应了，但是当他放下电话之后，忽然感觉还有什么地方没有做到位，朋友没有告诉他货物的数量。

于是，他仔细地回想了一下刚才电话的内容：全国举行，为期1个月；家电的单价这么高，达到1500元的消费额就可以获赠，那得需要多少辆自行车？要满足这次促销，朋友公司的采购数量是相当巨大的。张潮不想辜负朋友的拜托，也不愿意在和家电公司洽谈时还没有做好准备工作。于是，他根据多年经验对该公司的需求量进行了估计，假设每个零售点每月需求 20 辆自行车，那么该公司的需求量将大约 2000 辆。张潮需要先了解清楚是否能在合约期内保证货源的供应。另外的问题是仓储,该家电公司是一家制造外包的公司,不一定拥有仓库。张潮必须充分考虑到这一点。

随即,张潮安排业务员提前与熟悉的自行车厂家联系,询问货源是否充足,提货需多长时间,一次购买 2000 辆包含运费的价位,一次购买 5000 辆的价位。得到的答复是货源充足,可以随到随提货。

为了避免该公司一旦真的没有仓库存放货物的尴尬问题，张潮必须提前找到备用仓库。当一切事宜准备好后,张潮来到该家电公司,最终确认交易数量是 3800 辆自行车。该公司自己都没有想到货物存放问题,张潮却替客户想到了,并提前准备好了。张潮轻松地得到这笔交易,还因此成了该家电公司的签约供应商。

由此可知,赢得客户最好的方法,就是不惜一切满足客户的需求。然而,现实生活中,也有人提出这样的说法,我虽不能做到像故事中的张潮那样,事事想在客户之前,但是我能保证一旦出了问题就能及时予以解决,那么算不算满足客户的需求呢?答案是,不尽满意。这句话应该如何理解呢？引用一个简单的故事,作为说明:

我有一位朋友，一次到成都出差。当晚就在一家四星级酒店住下了,等他收拾完行李,就到楼下用餐。因为一路劳顿,我的那位朋友,便点了一碗菠菜瘦肉粥。

可是,粥端上来的时候,竟然是馊的。

于是,他就跟服务员说:“小姐,你端上来的这碗粥是馊的,不能吃了。”

服务员没做任何解释,立刻说道:“对不起,先生,我马上给你换一碗。”

几分钟之后,服务员空着手回来了,她满怀歉意地说:“对不起,没有粥了。”

“没有粥了！”他大吃一惊地问道:“那我晚上该吃什么呢？”

这时，服务员不慌不忙地抽出一份菜单，上面净是些昂贵的海鲜、鲍鱼、鱼翅等菜品佳肴。他失望地摇了摇头，便上楼了。其实，并非他享受不起那些珍馐佳肴，而是晚上习惯吃点清淡的。

后来，我问他："你就空着肚子睡了一夜吗？"

"当然不是，幸好我旅行包里还有几片面包。"

我知道，他不是那种容易打发的人，便故意问道："你就如此善罢甘休了吗？"

他诡谲地笑道："才不是呢，后来我退房的时候，便顺手在客户意见簿中写下了这件事。"

"他们是怎么解决的呢？"

他无奈地笑了笑，说道："我回北京之后，他们给我发了一条信息，说感谢我提出的宝贵意见，同时还希望我下次光临，可以免费享受一碗新鲜的菠菜瘦肉粥。"

通过这件事，我们可以看出，事后所做出的任何服务行为，都是弥补之前过错的补偿行为。所以从严格意义上说，那不是服务，仅是补偿。当今社会竞争异常激烈，为了抢占市场份额，争夺有限的客户资源，大家可谓是绞尽了脑汁，用尽了手段，所以我们要尽量避免对客户事后补偿，争取一次性服务到位。因为破碎的东西，无论如何补救，总会有裂痕的。

做的比客户想的还要多

世界上有三种职员：第一种是做的比客户想的少；第二种是做的和客户想的一样多；第三种是做的比客户想的还要多。

事实证明了，第一种职员因为满足不了客户的需求，于是被市场淘汰了;第二种职员因为做的和客户想的一般多,所以撑不着饿不死地活着;第三种职员因为做的比客户想的还要多,所以深受客户的喜爱,正活跃在市场上,如鱼得水一般。

其实,随着全球化竞争的日益剧烈,对我们每个职场人员都提出了更高的要求。以前按时送货上门,客户便会对你千恩万谢。然而现在却不是如此了。因为在你按时送货的同时,已经有人跑到你的前头了,于是大家便开始竞争速度了。

由此可见,为了争取客户,大家已经竞争到了白热化程度,而且都在想方设法地努力提高服务质量, 并尽量地让自己做的比客户想的更早一步。

林木三雄是日本一家汽车维修厂的老板,他的生意特别红火,其根本原因就是,做的比客户想的还要多。

"欢迎光临,下次再来。"这是我们最常听到的话语,当然,当服务员对我们说这些话的时候,是为了表示他们的礼貌。但是,在某些时候,客户真的爱听这样的话吗?

一位客户的汽车,刹车系统出现了故障,就开到林木三雄的维修厂维修。工人师傅仔细地检查了一遍后,说道:"先生,你这部车子存在很严重的故障,大概要到下午五点钟左右才能修理好。"

客户很着急地说道:"那怎么行,我上班要用的。"

于是,维修师傅把他领到隔壁的厂房,指着一辆比他那辆还要好的汽车说:"先生,你要是不嫌弃的话,就先用这辆车子吧。"

客户顿时满脸赔笑地说道:"那好吧。"然后,就开着车子乐呵呵地离开了。其实,当时他心里是这么想的:"你们慢慢修吧,这辆车子比我的那辆还要好,最好你们永远也修不好,这样我就可以长时间开这辆好车了。"

转眼间, 已经到下午 5 点钟了。维修厂给他打来电话说:"先生,你的车子已经修好了。请你在方便的时候来试车吧。"

客户开车兜了一圈,果然刹车性能比之前好多了,而且,启动时也没那么大的噪声了，就连车座也比以前舒适了。客户满意地付账交钱后，维修工对他说："以后，你就再也不用来了。"

客户闻听此言，立刻瞪大了眼睛，不解地问道："为什么这样啊？难道我给你们增添了很多麻烦吗？"

维修工立刻微笑着解释道："先生，你误会了。我的意思是说，你的车子已经修理好了，我保证今后再也不会坏掉了，所以说，你以后再也不需要来了。"

客户惊讶地说道："我在很多维修厂维修过汽车，而每次结账之后，他们都跟我说'欢迎光临，下次再来'。可是，每当我走出他们的大门之后，就再也没有回头过。但是，今天不一样，你们跟我说了我最想听的话，所以今后只要是车子发生故障，我都会来你们这里。"

从这个故事中，我们可以发现，做的比客户想的还要多，是迈向成功的根本保证。其实，在日本，哪怕在全世界的任何一个国家，都会有很多汽车维修厂。可是，有哪一家维修厂能在客户维修的时候，让他们开走另外一辆"替代品"，有哪一家维修厂能在车子修好的时候，主动给客户打电话，约他们来试车，又有哪一家维修车的师傅能对客户说，"欢迎光临，下次不用再来"。可以说，像这样的维修厂几乎是凤毛麟角。然而，也正因为他们比竞争对手在服务上多走了一步，所以才使得林木三雄的维修厂更加红火。试问，人家一个汽车修理工都明白的道理，身为职场白领的你，是果真不知道，还是做不到？

一般来说，客户很容易满足，只要我们稍微向前迈进一小步，客户便会纷至沓来。当然，并不是图那么一点点的小利，主要是感觉自己受到了尊重，由此心情舒畅、开心。记住，做的比客户想的还要多是留住忠实顾客唯一的也是最有效的办法。每个顾客都希望自己被捧在手心上，而不是花钱受罪。所以超出想象的服务自然会使顾客心情愉快，选择下次再度光临。

白领生存羊皮卷
BAILING SHENGCUN YANGPIJUAN

第三章　品牌形象

品牌形象，就好似一贴商标，仅从外观上，便能区别你和别人的不同。在白领职场中，倾力打造属于自己的品牌形象，是一个人不断提高，发展，乃至迈向成功的重要保证。那么，什么样的形象才能称为“品牌形象”呢？顾名思义，就是见之不忘、非你莫属的经典形象。

品牌形象是成功的开始

美国著名形象设计师莫利先生曾对美国《财富》排名榜前 300 名公司的 100 名执行总裁调查，97%的人认为懂得并能够展示外表魅力的人，在公司中有更多的升迁机会；100%的人认为，若有关于商务着装的课，他们会送子女去学习；93%的人会由于首次面试中申请人因不合适的穿着而被拒绝录用；92%的人不会选用不懂穿着的人做自己的助手；100%的人认为应该有一本专门讲述职业形象的书以供职员们阅读。

通过以上的调查数据可以显示，在公司中位置越高的人越认为形象是成功的关键，并且他们也愿意雇用和提拔那些有出色的外表和能向客户展示出良好形象的人。由此可见，一个人要想在职场中获得上司的认可，从而赢得晋升的机会，那么就必须重视个人品牌形象的塑造。

我们经常可以在电视节目中看到，由俊男靓女代言的广告片。试问，那些商家为什么会选用形象较好的大明星代言呢？其实道理很简单，因为他们帅气，靓丽，可以最大限度地吸引广大客户的眼球，从而刺激他们的购买欲望。同样的道理，如果在职场中，你也能拥有较好的形象，那么岂不是更容易获得成功吗？

然而，现实情况是，许多职场白领鄙视、看不起形象。总以为太注重个人形象的人，往往都是爱慕虚荣、喜欢显摆自己、不注重能力提高的人。其实不然，因为事实证明，不注意自我形象的人，是很难走向成功的。

卡尔是一家银行的高级职员，他依靠着杰出的股市交易才华挣了很多钱。但是,他对形象影响人的事业和人际关系的观念嗤之以鼻。他曾对一位做形象设计师的朋友说:“你那一套形象设计的理念如同我母亲教训我的一样,都是无法让我接受的。它在鼓励人们的虚荣心,满足那些缺乏自信心的人的需要。我相信人们还没有愚昧到以服装衡量人的地步。我有钱,但我不会穿上价格昂贵的西服。因为对我而言,一百美元的西服与一千美元的西服的功能是一样的。我有足够的自信,我穿着什么样的服装都不会影响我的心态。我为什么把钱花费在对我没有意义的外表上?如果人们以我的劣质西服来判定我的人格,那是他们的愚蠢,我们也就没什么潜在的关系可以继续发展。”

可是,没过多久,自信满满的卡尔却改变了原有的观念,他主动要求形象设计师朋友为他做出新的形象设计。原来,卡尔打算建立一个以英国股市为重点的对冲基金。但是在与美国各大银行的几次会晤中,项目毫无进展。每次会晤,他都有种莫名其妙的被低估的感觉,以至于无比自信的他都要怀疑自己的能力,他甚至开始对自己失去信心了!卡尔终于承认:“他们的眼神让我感到了他们对我的不信任,好像在说:‘我们怎么能把上千万美元交给这个穿着过时的西服和戴着电子表的小子呢?’”

他的朋友决定帮助卡尔重塑新形象。于是,他便展开了“大刀阔斧”的改变,把卡尔 80%的衣服扔进了垃圾堆,重新配制了足以展示卡尔银行家身份和面貌的服装。狮子座的卡尔又找到了属于自己的自信,他洋洋得意地说:“现在我看到,自己已经是一个基金经理了!”

在改变了形象之后,他便乘飞机赶往英国。在旅途中让卡尔高兴的是,飞机上的陌生人称赞了他新配置的热尼亚西服:“很棒的西服!”卡尔感慨地承认:“服装确实造就一个人,它们真的非常有区别!”

由此可见,好的形象不仅是通往成功的保证,同时也是重新找回自信的关键。故事中的卡尔是有才华、有抱负的职场白领,但是由于缺乏对形象的正确认识,结果导致了遭受别人的白眼,甚至丧失自信心的悲惨结局。好在他能及时翻然悔悟,否则,一切都将为之晚矣!

那么，究竟什么样的形象，才是在成功的道路上发挥推波助澜作用的品牌形象呢？有人说，一个好的品牌形象就是穿得整齐点，打扮得漂亮一点。其实不然，因为真正意义上的品牌形象，绝非是“为了漂亮而穿着”，而是“为了成功而穿着”。正如一个英国总裁所说的那样：“一个价值几千万英镑的名牌，能被几个在见客户时穿着随便、挺不起身板、叼着烟卷在门口踱步的小子贬值！”由此可见，品牌形象像一部无声电影一般，无声而准确地在告诉对方——你是谁、你的社会地位，乃至你想得到什么！

伦敦商学院的著名行为心理学家尼克森教授曾用三个概念描述成功领导者，其中的一个概念就是——形象。

其实，越是成功的人，他们就越是重视自己的形象。李嘉诚之子李泽楷的公司里有四个副总裁专门负责公司形象和他的个人形象。什么场合穿什么服装，表现什么样的风格，都有专门的班子为其策划。

不仅如此，在西方政治家竞选时，竞选人的幕后策划班子里四个最不能够缺少的专业人才之一就是形象设计师。他们的目的就是要让竞选人看起来就像是个能够胜任领袖职位的人。如果看起来没有领袖形象，那么无论他的政治观点多么深入人心，也会失去很多追求“魅力领导人”的选民。如：美国总统克林顿，在竞选过程中，其形象设计师曾为他设计了一个表现自己最佳形象的模式，其中包括对服饰、发式、声音、手势、姿势、表情等都要精心地设计。可见，对品牌形象的追求是每个成功者都津津乐道的，那么，作为职场的白领们，是否具有品牌形象呢？以及在品牌形象的塑造上，还有哪些地方是需要不断改进和完善的呢？下面我们将以美国形象设计协会拟定的问卷（摘录）作为参考：

1.你的领带使人看起来性感、有活力吗？

2.人人希望穿着像有品位的中上层阶级。在西方有某种风衣的颜色代表中上层阶级，有种颜色代表中下层阶级，它们各是什么颜色？

3.接电话时，应该让电话铃响到第几声时，再去接？

4.西方销售心理学家研究发现，小个子男人做销售员，易于让女人相信还是不易于让女人相信他们？

5.一个男人至少要有两套西服，它们应该是什么颜色？

6.最有品位的衬衣，是带图案，还是不带图案？图案越大越好，还是越小越好？

7.白袜子、红袜子、花袜子都不能穿，那么你的袜子应该是什么颜色？

8.女人在工作中的穿着，越有性感魅力会越有利于事业，还是越有损于事业？

9.在身体语言中，手摸脸的动作，易于让人们产生什么想法？

10.男人身上的西服套装中，最能让人们判断其性格的是什么？

11.男人用领带夹，是有品位还是无品位的表现？

12.列出正常商业西服、领带之忌的图案是什么？

13.与西服搭配中，皮鞋应该是什么颜色？

14.个人爱好反映出你的品位，列出五个有品位的个人爱好。

15.品位是不是能够提高你的社会等级？

如果以上的问题，你都能给出正确的答案，那么就证明在职场中，你是一名有品牌形象的员工。总之，树立品牌形象是一个人充满魅力的标志，也是提升个人领导力和影响力的重要因素，所以为了成功让我们从成功的形象设计开始吧！

品牌形象是穿出来的

打造品牌形象对一个人的成功所起到的作用是十分巨大的，但是在现实的职场中，众多职员的穿着打扮可谓是千篇一律，人云亦云，毫无个性而言。就像一群农夫，见某人穿了一件花衣裳，博得了大家的赞美，第二天便不约而同地都弄了件花衣服来穿。其实,他们根本没有考虑,自己是否适合穿花衣服,以及如何穿衣才能穿出符合自己特色的衣服。

要解决这些问题,首先就要对自己有个全新的认识。

一、不同的脸型,搭配不同的服饰

脸型是影响个人形象设计的重要因素,现实生活中,最常见的脸型有:

1.圆形脸

为了避免脸部看起来更圆,应该有效增加脸部的长度感,减少圆的感觉。

尽量选择具有拉长脸形效果的衣着, 如 V 字领衣服。如果穿圆领时,领口的宽度要大过脸型,这样脸部的外形将会相对显得比较小。

圆脸的人不适合选择与脸部同等大小的圆领衣服, 这将使你的脸看起来更圆。

2.方形脸

方形脸大多属于宽大脸型,角度感比较强。

适合小圆领、西装领,或是细长的 V 字领、高领、U 字形领口也很适合方形脸型,这些类型的衣服可以使方正的脸看起来更柔和些,有助于缓和过于方正的脸型。

方形脸型的人要避免穿着圆形衣领, 因为这样反而会突显宽大的感觉。

3.长形脸

长形脸脸型比较长, 可以用缩短长度的方式来修饰。长形脸的人,可运用刘海发型来减少脸部的长度。在服装上,衣领可选用方领、平领,或者是高领、船形领,因为这类水平线型的衣领能够有效地缩短脸部的视觉效果。

4.三角形脸

三角形的脸型是下颚比较宽大,上额比较狭小的脸型。

因此,选用有花边的小翻领,或是秀气的小圆领,都可以使得脸部看起来比较丰满些。

而细长的尖领或是大翻领,也可以使得脸部看起来不至于太尖。另外,也可以穿着 V 字形的衣领,这样可以使得脸部看起来比较柔和。

5.菱形脸

菱形脸形尖锐且狭长,下颚的部位与上额的部位都比较狭小。

因此可以运用刘海将上额遮盖住,同时保持两鬓的头发蓬松,这样可以增加上额的宽度,使脸型成倒三角形脸型,在衣领的选择就很多元了。

6.椭圆形脸

椭圆形脸是最为理想的脸型,通常也称为瓜子脸或鹅蛋脸,由于这类型的脸型没有特别的缺陷,因此不需要加以修饰,任何衣领都很适合这类脸型。

二、衣服是绿叶,身材是鲜花

从根本上说,只有不完美的身材,没有不好看的衣服。倘若对自己的身材有个准确的认识,那么在穿衣过程中就会扬长避短,穿出鲜明的个性特点。一般情况下,个子矮小的人,适合穿短衣或高跟鞋,这样可以运用衣着及饰物增加给别人的视觉高度。体形矮小瘦弱的人宜选素色、无花纹的服装。

总之在穿衣过程中,要尽量避免水平线条,以免使其手和腿的位置看起来更加偏低。同时,还应避免上下呈一系列水平层次分布,上衣也不能过于宽松;裤子以直筒、平脚裤为宜。格调以简洁明快为主、服饰层叠太多则有堆砌之嫌;短夹克也不是理想的款式、最适合的上装长度为稍盖过臀部为宜,而且应以稍宽松的上衣配紧身的裤子;穿衬衫、T恤时,应将上衣扎入裤腰内,束上皮带,显出腰线,给人以干练精神之感。

一言以蔽之,要想穿出个性鲜明的品牌特色,就必须因“材”穿衣。正所谓,金无足赤,人无完人。每个人都会有这样或那样的缺点,但是重要的是,如何通过穿衣把缺点变成吸引人目光的优点。

其次,在了解了自身的情况之后,就要更进一步把自己的形象提升到神韵四溢、魅力十足的境界。根据国际上通用的基本原则，就是穿着一定要与时间、地点、场合相配。

1.时间原则

时间原则一般包含三个含义：一是指一天中时间的变化；二是指一年四季的不同；三是指时代的差异。

一般来说，白天是工作时间，着装要根据自己的工作性质和特点，总体上以庄重大方为原则。如果安排有社交活动或公关活动，则应以典雅端庄为基本着装格调。

晚间可能出席宴请、听音乐会、看演出、赴舞会等社交活动，由于空间的相对缩小和人们的心理作用，人们往往对晚间活动的服饰比白天活动时的服饰给予更多的关注与重视。因此，晚间着装要讲究一些，礼仪要求也要严格一些。晚间着装以晚礼服为宜，以形成典雅大方的礼仪形象。

一年四季不同气候条件的变化对着装的心理和生理也会产生影响，着装应做到冬暖夏凉、春秋适宜。夏天的服饰应以简洁、凉爽、轻柔为原则，切忌拖沓累赘，给自己与他人造成不必要的烦恼和负担。冬天的服饰则应以保暖、轻快、简练为原则，穿着单薄会使人看起来唇乌面青、缩肩佝背；而着装过厚，又会显得臃肿不堪、形体欠佳。春秋两季着装的自由度相对来讲要大一些，但仍应注意总体上宜以轻巧灵便、薄厚适宜为着装原则。

2.地点原则

这里的地点是指环境。不同的环境需要与之相协调的服饰，以获得视觉与心理上的和谐感。在豪华的铺着地毯的谈判大厅与陈旧简陋的会客室里，穿着同一套服装得到的心理效应会是截然不同的。与环境不相协调的服装，甚至会给人以身份与穿着不符的感觉或华而不实、呆板怪异的感觉等，这些都有损于商务人员的形象。

避免它的最好办法是“入乡随俗”，穿着与环境地点相适合的服装。比如职业女性在衣着穿戴上不能太华丽，肉色蕾丝上衣、丝绒高开衩长裙，会使别人怀疑其工作能力，同时也难免会遭到同性的忌妒和异性的骚扰。

此外，在办公室中，切记一定不要太暴露，否则就春光乍泄了。曾经看见一位女同事，开会时趴在桌子上，偏偏还穿了一件超短款上衣，整排同事都看得到她的毛裤、衬裤、内裤和后腰。像如此的穿衣，可以说是彻头彻尾的失败了。

3.场合原则

场合原则是指服装要与穿着场合的气氛相和谐，相一致。如参加签字仪式或重要典礼等重大活动，要想让自己显得庄重、大方，表现出诚意或教养，着一套便装或打扮得过于花枝招展都不适宜，不能达到预期目的；只有穿着合体的，质地、款式都庄重大方的套装才合适。再如，睡衣只用于睡觉时在自己房间内穿。穿着睡衣接待客人和在院子里、自己家门旁散步，都是极不体面的。

遵循不同场合的着装原则，不仅可以给人庄重、大方、高雅、整洁的好印象，同时也是对对方礼貌与尊重的具体表现。

三、在穿着上还要遵循其他的一些重要原则

1.整体性原则

正确的着装，能使形体、容貌等形成一个和谐的整体美。服饰的整体美构成因素是多方面的，包括人的形体和内在气质、服装饰物的款式、色彩、质地、加工技巧乃至着装的环境等。正如培根所说，“美不在部分而在整体”，孤立地看一个事物的各个部分可能不美，但就整体看却可能显得很美。

2.个性化原则

着装的个性原则不单指通常意义上的个人的性格，还包括一个人的年龄、身材、气质、爱好、职业等因素在外表上的反映所构成的个人的特点。有的人穿上崭新的服装，觉得浑身不自在，变得傻愣呆板，就因为这衣服不符合他的性格。因为只有服装适合人的性格和本人的脾气，相得益彰，才能达到和谐一致，才能更好地塑造出属于自己的最佳形象。

经常收看娱乐节目的读者朋友，一定对“撞衫”并不陌生。那么，频频发生撞衫事件的根本原因是什么呢？根据一位资深的美容形象化妆师所说，每一次撞衫事件，都是“流行”惹的祸。因为流行，所以大家竞相争宠，因此便埋下了撞衫悲剧的伏笔。

当然，我们不是万众瞩目的大明星，偶尔撞衫也不会对自身形象造成太大的损失，但是，如果当大家都穿一样的衣服，梳着同样的发型，戴着同样的配饰，那么，试问还有个性和品牌的存在吗？没有！正如著名学者钱钟书所说：当时髦成为时髦的时候，时髦也就过时了。所以当我们在商店购买服装，售货员告诉我们说：“这款是卖得最好的”时候，我们就要提高警惕了。因为这可能是在暗示着我们，撞衫就要发生了。

塑造品牌形象，打造个性形象价值，是一项任重道远，与时俱进的长期工作，切不可今天穿得像个皇帝，明天就穿得像个乞丐，因为有人告诉过我们：你的形象价值百万元！

不要让自己的行为出轨

中国自古就被称为礼仪之邦，原因就是因为无论做任何事情，都严格遵守礼仪规范，勿使越雷池半步，否则就会贻笑大方。

“站如松；坐如钟；走如风；卧如弓”，从这简单的四句话中，我们便可以很清楚地看到，古时候的人的行为规范。随着社会的进步和发展，人们对礼仪规范的要求也越来越严格，尤其对职场中人，也提出了更高的行为标准。

罗伯斯是一家英国公司的代表，一次，他去见日本明朗四雄总经理。在推开门的一刹那，明朗四雄就只见一个中年男人穿着灰棕色的、人造纤维的格子西服,一条花亮的领带露在他V形领口的毛衣外面,头发不经任何打点,只是胡乱地向后躺去,宛如被风吹倒的麦田。他张口讲话时,一口黑黄的牙齿暴露无遗。

"天啊！这就是英国公司的代表吗？"明朗四雄心中不免非常失望。明朗四雄与罗伯斯象征性地握了握手。

"冷酷的、拒人千里之外的死鱼式的握手。"明朗四雄心中的失望又增加了一分。

在谈话的过程中,罗伯斯不停地用手指抠鼻孔,而且还发出一声很不和谐的声音。大约十分钟,午餐的时间到了。明朗四雄邀请罗伯斯共进午餐,在座的还有他的两位身材略胖的副经理。就餐时话题无意间进入饮食与肥胖的关系,罗伯斯旁若无人地指责胖人没有节制饮食。两位副经理低头不语,敏感的明朗四雄举杯转移话题:"好酒,英国的红葡萄酒比拉美的兰姆酒还有味道。"罗伯斯喝完了酒,再度拾起肥胖的话题,强烈地攻击胖人之所以胖是由于懒惰。

最终，他们之间没有结成商业同盟。明朗四雄谈到这段经历时说："他留给我一个永不可磨灭的可怕的恶劣印象。从我一进门的瞬间,他那张冷酷不带微笑的脸和那双死鱼般的手，无不在告诉我这是一个冷酷的、没有修养的人。在餐桌上的表现,更进一步证明了他不但没有修养,简直是没有教养,不懂得一点点为人的基本礼貌。我无法想像与这种人合作经营会有什么样的后果！"

由此可见,没有礼仪规范就没有成功的机会。正如美国心理学家奥伯特·麦拉比安说,成功55%靠的是形象;38%是如何自我表现,包括你的语气、语调、手势、站姿、动作、坐姿等等;只有7%才是你所讲的真正内容。

索菲娅是一家公司的部门主任，她很少参加上层社会组织的沙龙。因为在那里她就像毫不起眼的灰姑娘一样,被孤零零地扔在无人的角落。

有一次,她陪同总经理参加晚会。晚会上,别人穿着袒胸露背、高雅的晚礼服,索菲娅却穿着严肃的、裹得紧紧的职业女装;别人优雅地握着红酒杯一点点地品酒，她却按蓝领习惯扬起脖子举杯一饮而尽；别人矜持含蓄地微笑，她却毫不掩饰自己，抖动着身体豪爽地大笑；别人用悦耳的嗓音和地道的伦敦口音讲话，她一张口却是刺耳、粗鄙的民俗俚语；别人谈皇家歌剧院最新上演的歌剧，她只知道流行歌手“辣妹”，别人谈论高尔夫巨星老虎伍兹最近的业绩，她只知道足球明星贝克·汉姆……

由于索菲娅不得体的举止，使得大家都不愿和她说话，而且还在背后议论，讽刺她。这让索菲娅伤心极了。于是，她决定要学习礼仪规范。其中包括：从餐桌上的礼仪，走路的步伐，入门的仪态，交流中的手势，甚至包括举杯的姿势；她走进了世界闻名的邦德街购买服装；到声音教练处学习腹腔发音，去掉了一般女人所具有的尖刺高频声调；她学会讲标准英语，改掉自己的粗鄙、尖锐的口音；她的一头富有波西米亚风格的头发被发型师重新设计；她去歌剧院参观歌剧排练、了解歌剧知识；她观看马球比赛，学习中上层社会的体育运动和方式。

三个月之后，新的索菲娅举手投足间都散发着优雅、迷人的气息，她非常轻松、愉快地受到大家的追捧。

如果说，从前的索菲娅是一只丑陋的丑小鸭，那么三个月之后的她，便是受人喜爱的白天鹅。而从丑小鸭到白天鹅的蜕变，其中最关键的因素就是——礼仪规范。由此可见，无论在社会交际，还是职场，如果没有得体的举止，没有合乎规范的行为，那么成功则就会像是卡夫卡笔下的城堡，只可远观，不可近前！

得当的行为举止，是一个人有修养、有内涵的重要表现。同时，也是赢得对方青睐的重要因素。任何一名职员，要想在职场中任意遨游，就必须学会得当的举止，因为它会为你的品牌形象加分。

一、恰当行为举止的基本内容

1.点头

这是一种最常见的礼貌举止，经常用于与熟人打招呼。用点头来打招呼时，点头者应用眼看着对方，面部略带微笑，等对方有表示时再转向他方。点头打招呼也可以在较大的迎送场合使用，当迎送者较多或距离较远时可以用点头表示敬意，也可以点头和握手配合使用。

2.手势

手势千变万化，每一种手势都包含着不同的表达内容。下面是常见的6种手势。

（1）直臂式

这种手势用来引领较远方向。手臂穿过腰间线，切忌不要高于腰间线，身体侧向宾客，眼睛要看着手指引方向处或客人脚前10厘米左右，同时加上礼貌用语，如“先生，里边请”“董事长，这边请”等。

（2）斜摆式

这种手势一般用来引领宾客坐在座位上。当椅子在引领者左方，左手在前，右手在后，双手掌向上以肘为轴向椅子方向摆出，双肘微弯曲，左肘弯曲度小于右肘弯曲度，上体微微前倾，面带微笑说“请坐”。

（3）双臂竖摆式

这是一种信息提示手势。当面对众多宾客，而场面比较隆重，需向全场来宾发出某一信息时，可采用“双臂竖摆式”，这样才能使全场来宾都能看见。做法是：双手指相对，由腹前抬至头的高度，或向上超过头的高度，再向两侧分开向下划到腹部。

（4）“V”形手势

食指和中指上伸成“V”形，拇指弯曲压于无名指和小指上，这个动作在世界上大多数地方伸手示数时表示二。用它表示胜利时，手掌一定要向外，如果手掌向内，就是贬低人、侮辱人的意思了。在希腊，做这一手势时，即使手心向外，如手臂伸直，也有对人不恭之嫌。

（5）“OK”形手势

拇指和食指合成一个圈，其余三个指头伸直或略屈。在我国和世界其他一些地方，伸手示数时该手势表示零或三，在美国、英国表示“OK”即“赞同”“了不起”的意思；在法国，表示零或没有；在泰国表示没问题、请便；在日本、缅甸、韩国表示金钱；在印度表示正确、不错；在突尼斯表示“傻瓜”；而在某些拉美国家则表示侮辱男人，引诱女人。

（6）举大拇指

在我国，右手或左手握拳，伸出大拇指，表示“好”“了不起”等，有赞赏、夸奖之意；在意大利，伸出手指数数时表示一；在希腊，拇指上伸表示“够了”，拇指下伸表示“厌恶”“坏蛋”；在美国、英国和澳大利亚等国，拇指上伸表示“好”“行”“不错”，拇指左、右伸则大多是向司机示意搭车方向。

3.握手

一般说来，握手往往表示友好，是一种交流，是加深双方的理解、信任的一种方式。在握手时，需要注意以下原则：

（1）一定要用右手握手。

（2）要紧握对方的手，时间一般以1~3秒为宜。

（3）被介绍之后，最好不要立即主动伸手。年轻者、职务低者被介绍给年长者、职务高者时，应根据年长者、职务高者的反应行事，即当年长者、职务高者用点头致意代替握手时，年轻者、职务低者也应随之点头致意。和年轻女性或异国女性握手，一般男士不要先伸手。

（4）握手时双目应注视对方，微笑致意或问好，多人同时握手时应顺序进行，切忌交叉握手。

（5）握手时不要戴手套。如果来不及脱掉，应向对方说明原因并表示歉意。不过在隆重的晚会上，女士如果是穿着晚礼服并戴着绣花的长手套则可不必脱下。

二、职场和社交活动中禁忌的事项

1.抖动腿脚

有些人坐着时会有意无意地双腿抖动不停，或是让跷起的腿像钟摆似的来回晃动，而且自我感觉良好，以为无伤大雅。但在社交场合，这是不文明的表现，也是不得当的行为。

2.揉鼻挖耳

职场中经常见到一些人，把大拇指或小指的指甲留得长长的，目的竟是用来挖鼻孔、掏耳朵等，这个习惯非常不文明。就像上述故事中的罗伯斯一样，在客户面前做出如此不雅的行为，只会招致对方的嫌弃和厌恶。

3.不要把鞋尖对着对方

有人在与他人交谈时，习惯把鞋挑在脚尖上或脱下鞋子来放松自己的脚，也有人拉下袜子，拉扯袜带，这些都是不礼貌的，就是鞋带松了，也应注意场合，最好走到没人的地方系好。

4.不要在办公室打私人电话

办公室是同事办公和工作的地方，办公室的环境需要大家共同维护，而办公室的环境则需要安静，舒适。如果为了一己私利，不照顾同事的感受，在办公室大煲"电话粥"、这样不仅会影响到同事的情绪，同时你的个人形象也会因此大打折扣。

5.不要频繁看时间

频繁地看时间，表示你已经不耐烦了，希望早点结束谈话。我们知道，做一名出色的职场白领，首先一点就要学会忍耐，倘若和对方对话都无法忍受，那么就只能证明你不合格！

总之，得当的举止，是赢得发展的机会。希望以此能为职场的白领们今后的发展提供些许便利。当然，礼仪规范是一门科学，也是一门艺术，相关的书籍卷帙浩繁。我们在此不便赘述，只能蜻蜓点水式地点到为止。如果，您希望更进一步地学习礼仪规范，请参考《金牌礼仪》《金说礼仪》等书籍。

会说话的人招人疼

建立个人品牌，目的就是把自己最完美的一面展示给人看。但是，一个品牌的形象的塑造，除了完美无瑕的外表装饰以外，还要具有良好的口才。因为在职场中,会说话的人,往往最受别人的喜爱。可是,在现实的职场中,真正会说话的人,其实并不多。也许有人会提出不同意见,说:说话谁不会呀!不就是把心中所想的表达出来吗?其实不然,说话是一门艺术,会说话的人,则口吐莲花,让人听之不倦,闻者欣然;而不会说话的人,则句句生厌,令人听之怒火中烧。

古代有一位国王,一天晚上做了一个梦,梦见自己满嘴的牙都掉了。于是,他就找了两位解梦的人。国王问他们:“为什么我会梦见自己满口的牙全掉了呢?”第一个解梦的人就说:“陛下,梦的意思是,在你所有的亲属都死去以后,你才能死,一个都不剩。”国王一听,龙颜大怒,杖打了他一百大棍。第二个解梦人说:“至高无上的国王,梦的意思是,您将是您所有亲属当中最长寿的一位呀!”国王听了很高兴,便拿出了一百枚金币,赏给了第二位解梦的人。

试问,为什么同样的一件事情,同样的内容,从不同的人的口中说出来,就会造成截然不同的结果呢?其实道理很简单,因为他们的说话不同罢了。由此可见,会说话的人就能受到上司的欣赏和奖赏,而不会说话的人就只能挨板子。

孔子曰:一言以兴邦,一言以丧邦。可见说话的力量是十分巨大的。当然,我们不是一句话就可能左右国家兴亡之事的风云人物,但是具有良好的表达能力,也是适应职场生活的重要体现。

有人请4位朋友到自己家中喝酒,小张、小王、小赵3人早到了,小李却迟迟还没有来:主人随口说了一句:“该来的不来。”小张听了这话,就想是不是自己就是那个不该来的人,一生气就不辞而别。主人发现自己说错了话,又说:“不该走的走了。”小王一听马上生气地说道:“你是说我是该走的人?”说完转身也走了。主人意识到自己又说错了话,很委屈地对小赵说:“我又不是在说他呀。”小赵一听更气坏了:“那你是在说我啊?”小赵气冲冲地就回家去了。

从这个故事中,我们可以发现,不会说话的人,往往伤人于无形之中。对于请客吃饭的主家来说,原本是一番好意,最后竟不知不觉地得罪了所有人,真可谓悲哀之极。我们知道,当今的职场生存环境,日益激烈,如大浪淘沙一般,稍有不慎,就有可能被一个大浪卷到沙滩上,便永无翻身之日。倘若因为一句话而得罪了同事,或是上司,那岂不是非常不值得的事情吗？所以从现在开始,让我们一起来做一个会说话的职场白领吧!

那么,究竟怎样说话,才算是真正意义上会说话呢？主要表现在如下三点。

一、说别人爱听的话

著名相声表演艺术家高英培,在相声《好好好》中,有这样一段话:"我们的宗旨是,把好话说够,好话说透,光说好话,不说反面话。"此话可谓是至理名言,因为每个人都有听好话的习惯。那么,既然如此,我们为什么不说他们喜欢听的话呢?

从前，一位农民买下一块业已干枯的小河谷。这片荒地覆盖着石块,杂草丛生,到处坑坑洼洼。他每天去那里辛勤耕耘。

他不断劳作,最后荒地变成了花园。为此他深感骄傲和幸福。某个星期日的早晨，他劳动一番后，前去邀请著名的大哲学家苏格拉底先生,问他是否乐意看看他的花园。

"当然。"苏格拉底很高兴地答应了。他来到花园视察了一番,看到瓜果累累,就说:"呀！上帝肯定为这片土地祝福了！"

他看到玉米丰收,又说:"哎呀!上帝确实为这些玉米祝福过。"接着又说:"天哪！上帝和你在这块土地上竟取得了这么大的成绩呀！"

老农民听罢,便满脸春风地笑道:"是啊！这的确是上帝祝福过的土地。"

这个故事告诉我们一个道理,做一名会说话的人,就必须知道对方希望得到什么。正所谓"投其所好",只有说对方喜欢听的话,高兴听的话,对方才会心悦诚服地感激你,并乐意听你继续说下去。

有这样一个人,特别不会说话。

一天早晨，隔壁的邻居起来做饭，发现没有煤气了。他便扯着嗓子高声问道：“怎么了，你是不是没气了？”邻居闻听，不由大怒，便没好气地回道：“就算是没气，也是你先没气的。”说罢话，邻居便愤怒地回屋了。而他却怔怔地愣在那里，自言自语道：“这是怎么了？”

中午的时候，他和同事一起到餐厅吃饭。当时正值用餐高峰，所以座位很紧张。他便端着盒饭在一旁等着，没多会儿，旁边的一位年长的同事吃完了饭，正准备离开。于是他就扯着嗓子高声招呼同事，喊道：“他快完了。”老同事站起身子，白了他一眼，道：“早晚你也有玩完的一天。”他又怔怔地愣住了，自言自语道：“今天是怎么了？”

晚上，他吃罢了晚饭，就抱起一口老式挂钟，向舅舅家走去。还没进门，他又扯着嗓子高声嚷道：“舅舅！我给你送钟来了！”

舅舅听到后，不由得勃然大怒，开言骂道：“舅舅我还健在呢，用不到这么早送终。”他一头雾水地站在那里，心想：“本来就是给你送钟啊。今天都怎么了，怪怪的。”

看完这个故事，我们会发现，奇怪的并不是别人，而是他自己。由于自己的不会说话，才导致了别人的厌烦。可以说，像他这样的人在职场中一定很难有所发展，因为凡是成功的人，都是善于措辞，善于讲对方喜欢听的话的人。

意大利总统佩尔蒂尼访华时，在北京大学受到了热烈的欢迎，在回应青年们的敬意时，他是这样说的：“我在青年们面前算不得什么，如果你们能给我青春，我宁愿把总统的职务交给你们”。一句“愿以总统换青春”的话语，赢得了青年们的热烈掌声。

由此可知，要想在职场中赢得尊重和发展的机会，说一口赢得对方欢心的话语，则是必不可少的了。

二、别提不开的那壶水

中国有句俗话：“哪壶不开提哪壶。”意思是说，在谈话过程中，不要提及对方避讳的话题。例如，在瘸子面前说腿短，在盲人面前说瞎眼等，这样都是非常不礼貌和不文明的表现。正所谓:“覆水难收。”说出去的话,就像泼出去的水。如果因为一时的不注意,而说了伤害对方的话,实在是罪过!

朱元璋是农民出身,他当上皇帝之后,对自己的背景很避讳,生怕被别人知道了,耻笑于他。然而,却有这么一天,他的一位好朋友,得知他做了皇帝,便不远千里前来投奔他。朱元璋碍于情面,不能不见,但是身为九五至尊的他,肯定不能一见面就相拥而泣,痛诉昔日的革命家史。于是他就端坐在九龙椅上,威风凛凛的问道:“殿下所跪何人?”

那人不假思索地坦白道:“我主万岁!难道你不记得了吗?从前,你我都替人家看牛。有一天,我们在芦花荡里,把偷来的豆子放在瓦罐里煮着还没等煮熟,大家就抢着吃,把罐子都打破了,撒下一地的豆子,汤也都泼在泥地里。你只顾从地下满把地抓豆子吃,却不小心连红草叶子也送进嘴里。叶子梗在喉咙眼,苦得你吞咽不下。还是我出的主意,叫你用青菜叶子放在嘴里一口吞下去,才把红草叶子带下肚子里去了……”朱元璋闻此,气得涨红了脸,还没等他说完,便不耐烦地连声大叫:“推出去斩了!推出去斩了!”

这个故事告诉我们,说话之前一定要仔细思量,考虑哪些是应该说的,哪些是应该避讳的。倘若不假思索,信口雌黄,就免不了揭对方的痛处,让人心生忌恨了。就像故事中的那位朋友一样,虽然他说的句句属实,可是他却忘记了,当今皇上是把从前的旧事当成结痂的伤疤一样,唯恐避之不及的,所以当他重新说起此事的时候,就等于揭了龙鳞,忤了皇帝的痛,因此被推出午门斩首,也是意料中事了。当然,而今的社会,人人平等,谁也不会因错说一句话就落得个身首异处的悲惨下场,但是在职场中,尽量避免“哪壶不开提哪壶”的事情发生,那是极为必要的。

三、自己不是谈话的主角

在谈话过程中,尽量不要让自己成为主角,因为这样会让对方觉得你是个喜欢表现自己，夸赞自己的人。

富兰克林是个口才很好的政治家，他在早年的时候，曾经列了一张表，表上列举出各种他自己所要修炼的美德，其中一条就是：不要让自己成为谈话的主角。

他说："我在自我完善的计划里，最初想做到十二种美德。但有一个是教徒的朋友，有一天对我说大家都认为我太自傲，原因是我常在谈话中表现自己。当辩论一个问题时，我不但固执地坚持我自认为正确的主张，而且有轻蔑别人的样子，我听了他的话，立刻就想矫正这种缺点，因而在我表上的最后一行加了'不要让自己成为谈话的主角'这一条。

"到现在为止，虽然我不能自夸在实际行动上有何成就，但表现上至少已经改善许多了，我决定避免直接触犯他人的情感和说话武断。我甚至对自己下了一道命令，决心以后把'当然''不消说'等字眼改掉，换以'据我所知''我只觉得''似乎''可能'等等的口头语。

"如果我发觉别人真的说了一句错误的话，这时我也忍住不去与他辩论，不去争执，或不直接指出人家的缺点来。我即使要说话，也总用'你的说法似乎不太对吧'的口吻。

"这样不多久，我果然发觉改变后的态度使我获益不少。因为事实告诉我，我无论在哪里，陈述意见时用谦虚方式，使人家容易接受而绝少反对；说错了话，自己也不致受窘了。

"在我矫正的过程中，起初的确用了很大的毅力，来克服本性而去严守这句'不让自己成为谈话的主角'的话，但后来习惯渐成自然，数十年来恐怕很少有人见过我骄傲之态显露吧……"

富兰克林的成功，在很大程度上证明了，不让自己成为谈话主角的正确性。因为事实告诉我们，一个想让自己在谈话中成为主角的人，往往都是骄傲自负、骄横自大的人。因为骄横和自负，便很容易得罪人，所以在谈话中，切记"自己不是谈话的主角"，倘能长期坚持这一原则，那么在职场一定会受益无穷的。

刚柔并济乃说话之大道

忘记了在哪本武侠小说中，写过这样的文字："力量太柔和了，便没了杀伤力；劲道太强了，便会伤及无辜，因此刚柔并济才是武学之道。"其实，刚柔并济不仅是武学之道，同时也是完美而出色的说话之道。

白领职场中时常遇到这样的人，他们说话时不是自高自大、自吹自擂，就是过于腼腆、过于谨慎，以至于有些卑恭。然而，这些都不是正确的说话之道。在职场或社交场合中，只有做到刚中有柔，柔中带刚，刚柔并济才是最上乘的表达方式。

汉文帝登基之后，发现南越王赵佗有谋反篡逆的野心，但是当时的时局不宜于发动战争，于是汉文帝就给南越王赵佗写了一封信。内容摘录如下（参考南怀瑾《老子他说》）：

皇帝谨问南越王甚苦心劳意。朕高皇帝侧室之子，弃外奉北藩于代，道里辽远，壅蔽朴愚，未尝致书。高皇帝弃群臣，孝惠皇帝即世，高后自临事，不幸有疾，日进不衰，以故谆乎治。诸吕为变故乱法，不能独制，乃取他姓子为孝惠皇帝嗣。赖宗庙之灵，功臣之力，诛之已毕。朕以王侯吏不释之故，不得不立，今即位。

……

朕欲定地犬牙相入者，以问吏。吏曰：高皇帝所以介长沙土地。朕不能擅变焉。吏曰：得王之土，不足以为大；得王之财，不足以为富；服领以南，王自治之。虽然，王之号为帝。两帝并立，亡一乘之使以通其道，是争也。争而不让，仁者不为也。愿与王分弃前患，终今以来，通使如故。

……

从这封信中，我们不难看出，汉文帝是一位杰出的谈判大师。在信中他用语谦虚，态度诚恳，但是待仔细看来时，才恍然发觉，字字锋利如刀，句句摄人心魄。

他一开始就说，我已经准许了你的要求，调动了你所要求撤换两位将军中的一位，你在北方的家属和同宗兄弟，我也已经派兵保护得好好的，并且派人修过了你祖先的坟墓。这段话，从表面上看来，是一番温语，诚恳的安抚。实际上就是暗示南越王，不要轻举妄动；否则，就把你的家人族众都灭绝了，连你的祖坟也挖了。

接着，他进一步说，我本来要整理内政，将边界上与你犬牙相错的领土，重新勘定规划，我问管内政的大臣，他们报告说，高祖在位时，就分封了湖南以南的土地，归你管理。这是高祖皇帝留下来的制度，不能随便变更。因此，这湘、赣以南的地区，终究还是要委托你去统治。这些文字，表面看来是叙叙家常一般的轻松自在，但是暗含的意思却是，你深受皇恩浩荡，不思报国，却意图谋反，实在是不应该的。况且你只懂得斗争，又不懂得“仁而谦让”的更高政治哲学，所以即便真的打起仗来，你也是“师出无名”“一败涂地”。

虽然这只是一份安抚性质的书信，但是从中却不难发现汉文帝高深莫测的谈话水平。字里行间一刚一柔，刚柔并济，驳得南越王哑口无言，最终只能回信写道：“老夫死骨不腐，改号不敢为帝矣”。

著名的演说家狄摩西尼说：演说家最大的成功，就是态度必须要不卑不亢。而不卑不亢就是刚柔并济最好的诠释。此外，能坚持不卑不亢的说话态度者，通常都是最容易获得成功的。

道格鲁斯是当地最为著名的企业家之一。他白手起家，创下了很大的产业，并拥有了全市知名品牌。他被当地媒体评选为“温哥华市杰出青年”。可是不为人知的是，两年前，道格鲁斯刚刚接手的公司曾经因产品品质差、人浮于事，而债台高筑、求贷无门，公司就像一片风雨中飘摇的落叶。道格鲁斯认识到，要想挽救自己的公司，除了在内部大刀阔斧地改革以及提升员工的士气外，必须尽快开发出新的产品，重新杀入市场。这成为重重振雄风，东山再起的最后机会，可是现实是没有银行愿意再贷款给公司，他不得不向当地政府求援，希望得到政府的担保，从而得到贷款。

可是依靠政府帮助来发展企业是不符合市场竞争原则的，道格鲁斯遭到了各界的质疑和责难。但是面对眼前的困境，他没有放弃，也没有抱怨，而是决定继续与多方沟通得到贷款。他一天工作20个小时，自己开着车子四处奔走，到处演讲游说，他不惜动用一切资源去政府各个部门请求帮助。他列举了外国公司成功的案例，说明了挽救企业对于整个经济的良好作用。

他还联系了当地的知名媒体，为自己的企业做了一期关于本土企业发展问题的谈话节目，在节目中他真诚地阐述了自己企业所面临的困境，而当时作为嘉宾的市长就坐在一边。挽救道格鲁斯的企业成为了当时大家都在谈论的话题，大家也明白了企业当前所面临的问题，得到了人们的理解之后，事情成功了大半。

道格鲁斯不卑不亢的态度和他良好的表达能力终于让企业得到了转机，银行答应贷款，而政府也为企业发展提供了更多的良好条件。从此后，道格鲁斯的公司再一次迈向了飞速发展的道路。

道格鲁斯的成功，是多方面的原因促成的。倘若我们暂且抛开其他的因素，单就从说话艺术的角度来分析，道格鲁斯仍然不失为一位成功者。如果他不是在多次谈话中，以示弱的方式，让大家清楚地知道，他的公司目前所处的窘境，以充满坚定信念的"逞强"，让大家知道他是永远打不垮的，他的公司会重新站立起来的话，那么会有银行给他贷款吗？会用政府给他提供优惠政策吗？试问，世界上哪家银行愿意贷款给不成气候的公司，哪个政府愿意扶持"阿斗"。所以，归根结底，道格鲁斯的成功，在很大程度上受益于他那不卑不亢、刚柔并济的说话艺术。

那么，也许有人会问，如何才能培养出刚柔并济的说话艺术呢？下面是一些简单的建议，相信通过长期的坚持和锻炼，就一定会让你的话语不卑不亢、铿锵有力。

1.你没有说动他，是因为你没有用坚定的信念征服他。

2.关键时刻你未讲出有力的言辞,是你的必胜信念还不够坚定。

3.对方强词夺理时你更应该坚定信念不动摇。

4.当你实在没适当的言语可说时,千万要坚定自己的信心。

5.你的口才不好,要考虑一下你的信念如何。

6.时常检查一下自己的信念是否动摇了。

7.一败涂地时再坚持一下。

8.这段时间心里不踏实,是否信心不足。

9.朋友做得不错,你可以请教一下。

10.将自己的人生信条贴在随处可见的地方,时常留心观看。

总之,刚柔并济的说话艺术,是白领在职场中必不可少的专业技能。为了不让自己输在说话上,所以从现在开始,说出刚柔并济的力量!说出充满激情的铿锵之声吧!

别让耳朵睡着了

著名成功学大师拿破仑·希尔说:"世界上最难做的事情之一就是闭上嘴巴,假如你不张开耳朵,不适时地闭上嘴巴,你就会失去无数机会。"所以在谈话的时候,用心倾听也是表现一个人良好的修养的重要手段。

但是,现实情况并非如此,很多职场白领在与客户洽谈生意的时候,往往就像开了闸的洪水,滔滔不绝,丝毫不给客户表达意见的机会,从而导致了功亏一篑的悲惨结局。

约翰是一家电器公司的营业部主任。一次,他在接待一位顾客时,就表现的非常强势。为什么说他很强势呢?因为,在刚开始的时候,他只会滔滔不绝地介绍自己和产品,却忘记了倾听客户的声音。

“欢迎光临,我是本店的营业部主任约翰。请问有什么可以为你效劳的吗?”约翰很有礼貌地说。

“我需要一款最时尚,性能最好的剃须刀。”客户很开朗地说道。

接着,约翰就带客户往剃须刀的专柜走去,并一路上滔滔不绝地介绍各种剃须刀的优越性能。

“你知道,我要买剃须刀送给谁吗?”客户突然问道。

约翰耸了耸肩,说道:“对不起,我不知道。”

客户依然满面春风地说道:“嗯!你一定猜不到吧,我要送给我儿子。”

“哦?不错的想法。”约翰简单地回答之后,便把话题再一次引导到剃须刀的性能上。

客户打断了他的话,继续问道:“嗨!你知道吗,我儿子考进了普林斯顿大学,他要当医生了。”

“那真是太棒了。”约翰敷衍地回答。

俩人继续向前走时,约翰却看着其他顾客。

“约翰,我的孩子很聪明吧,当他还是婴儿的时候,我就发现他非常聪明。”

“成绩肯定很不错吧?”约翰应付着,眼睛在四处看着。

“是的,在他们班,他是最棒的。”

“那他高中毕业后打算做什么呢?”约翰心不在焉。

“约翰,我刚才告诉过你的呀,他要到大学去学医,将来做一名医生。”

“噢,那太好了。”约翰说。

那位顾客看了看约翰,感觉到约翰太不重视自己所说的话了,于是他说了一句“我该走了”,便走出了商店。约翰呆呆地站在那里。

从这个故事中,我们可以发现,约翰犯的最大的错误就是忽视了客户的谈话,没有张开自己的耳朵认真倾听。如果他能多几分心思放在客户的声音上,那么也许就不会独自呆呆地站在那里发愣了。

拥有“世界上最伟大的推销员”之称的汽车推销员乔·吉拉德曾说过:“世界上有两种力量非常伟大,其一是倾听,其二是微笑。倾听,你倾听对方越久,对方就越愿意接近你。上天给了我们两个耳朵一张嘴,意思就是要让我们多听少说。”是的,世界上凡是成功之士,无一例外都是善于倾听的高手。因为每个人希望在谈话中,听到自己的声音。而适当地闭起自己的嘴巴,就是给对方提供了一次自我展示的机会和平台,即使是作为馈赠的礼品,成功的砝码也会不自觉地移向你的那一边。

德国最大的一家汽车工厂正在接洽采购一年中所需要的坐垫布。三家有名的厂家已经做好样品,并接受了汽车公司高级职员的检验,然后,汽车公司给各厂发出通知,让各厂的代表做最后一次的竞争。

有一厂家的高级代表休斯先生来到了汽车公司,当时,他正患着严重的咽喉炎。所以在会议一开始时,他就说:“诸位,很抱歉,我嗓子哑得厉害,不能说话。”

“我替你说吧。”汽车公司总经理说。后来他真的替休斯说话了。他把休斯带来的样品陈列开来,并称赞它们的优点,于是引起了在座其他人活跃的讨论。那位经理在讨论中一直替休斯说话,而休斯在会上只是做出微笑点头及少数手势。

出人意料的是,在会上滔滔不绝的人,并没有签到那笔合同,反而是在会议上一言不发的休斯捡了个便宜, 签订了45万米的坐垫布,价值约160万元。

后来,休斯这样说道:“我知道,要不是我实在无法说话,我很可能会失去那笔合同,因为我对于整个过程的考虑也是错误的。通过这次经历,我真的发现,让他人说话有时是多么有价值。”

也许,很多人都会这样认为,倾听不过是一种消极手段,是一种主动放弃争取最后成功的努力。其实不然,中国有句成语:“以退为进”,而倾听就是最好的诠释。

当初,玫琳凯女士在向一位客户兜售化妆品的时候,客户似乎并没有多大的兴趣。但是,玫琳凯女士没有像其他人一样,继续介绍她的化妆品,而是静静地闭起了嘴巴,开动脑筋,并细心观察。

突然,她看到阳台上摆着一盆美丽的盆栽,便说:“好漂亮的盆栽啊!平常似乎很难见到。”

“你说得没错,这是很罕见的品种。它叫嘉德里亚,属于兰花的一种。它真的很美,美在那种优雅的风情。”

“确实如此。但是,它应该不便宜吧?”

“这个宝贝很昂贵的,一盆就要花800美金。”

“什么?我的天哪,800美元?那每天都要给它浇水吗?”

“是的,每天都要很细心地养育它……”

女主人开始向玫琳凯倾囊相授所有与兰花有关的学问,而她也一直在聚精会神地听着。

最后,这位客户一边打开钱包,一边说道:“就算是我的先生,也不会听我嘀嘀咕咕讲这么多的,而你却愿意听我说了这么久,甚至还能够理解我的这番话,真的太谢谢你了。希望改天你再来听我谈兰花好吗?”

随后,她爽快地从玫琳凯女士手中接过了化妆品。

可见,倾听的力量是十分巨大的,如果我们在职场中,也能适时的闭起嘴巴,让耳朵多一份倾听的责任,那么对自己的职场发展,难道不是一件很有益的事情吗?

张小姐是公司的采购预算员,一次她不小心犯了错误,可是经理也一直没有找她谈话。直到有一天,她突然被叫到了总经理办公室,她一进办公室,就喋喋不休地说道:“我知道,迟早会有这么一天,我已经做好了被开除的准备。”

总经理无奈地白了她一眼,说:“好吧!既然你做好了辞职的准备。那提升你的委任书看来也是用不上了。”说罢就把胳膊下压着的一张红色委任书,放进了抽屉里。

张小姐见此,简直恨死自己了。

是啊!这就是不懂得倾听的下场,在她还没有弄清楚总经理的真实意图之前,便大嚷着已经做好了辞职的准备工作。试想,有哪位经理愿意任用一个时刻准备辞职的员工呢？所以闭上嘴巴，静静地倾听，说不定好运就会悄悄地飞到你的身旁。

那么，倾听是否就是摆个耳朵给对方，傻乎乎的一句话不说呢？当然不是。倾听的时候，要让对方感到你是很认真地，很真诚地在听他说话，而不是让他感到好像在对着一个机器人说话。所以在听别人说话的时候，应该注意以下几点。

1.身体语言

（1）点头表示你可以跟得上对方所说的信息；

（2）给愉快信息一个真诚的微笑；

（3）露出感兴趣的表情；

（4）面对讲话者；

（5）表现出平静和耐心的表情。

2.简短的语言词汇

下面这些口语词汇将告诉你的讲话者，“我正在听着呢，你继续说吧”，比如嗯，对，是的，好的，哇，啊哈，我明白了，没错，真的吗，啊，太好了，哦……

3.恰当的提问

恰当的向对方提问，不仅可以表现你的真诚，还能证明你在很用心地听他说话，这样就能让对方感到自己受到了莫大的尊重，从而给对方留下美好的形象。

总而言之，倾听是说话艺术中，不可或缺的重要环节。如果把说话比做进攻，那么倾听就是防守，而任何一名白领，只有做到攻守兼备，才能在激烈的职场生存中，永立不败之地。

白领生存羊皮卷
BAILING SHENGCUN YANGPIJUAN

第四章　职场能力升级

人生如戏，戏如人生，而职场就像一个超大型的网络游戏。大家在同一个服务器，同一个区域里相互竞技、厮杀。谁的等级高，实力强，谁就能角逐最后的胜利。职场中也是如此，要想有所发展和提高，就必须不断地充实自己，充分地挖掘自身的潜能。只有这样，才能在职场中激流勇进，永保不败！

探秘剩余的85%

我们经常听到“我能力有限。”“这已经超出了我的能力范围”等,诸如此类的话。其实说这些话的人,根本就不了解,一个人的能力究竟有多大!

曾在《探索》节目中,看到这样的故事:一位登山探险爱好者,在一次登山过程中,突然一块重达1200多斤的岩石,从山体上剥落,向他压来。我们知道1200斤重的物体,可以轻而易举地将一个人压死。但是,总会有出现奇迹的时候。

就在岩石向他扑来的时候,他运足了全部的力量在手臂上,迎了上去。但是巨大的力量还是将他扑倒在地,使他迅速地向后滑去,而身旁就是万丈深渊。如果不及时地把冲下来的岩石推出去,横竖都是死路一条。就在命悬一线的时候,他突然用尽了平生的力量,硬是借着那块巨大岩石的冲力把它推了出去。

不可思议,听起来仿佛是天方夜谭。就连当事者,在后来回忆此事的时候也说:“仅凭我个人微不足道的力量,是无论如何也无法把一块重达1200斤的石头,从身旁推出去的。但是事实确实如此,当时我真的做到了。”

那么,为什么在平常我们做不到的事情,却在某种特殊时刻就可以完成呢。美国某心理学家说:“一个人的能力其实是无穷大的,只是在通常情况下,几乎所有的人都只能发挥其能力的百分之十五。”由此可知,每个人的身上,起码都隐藏着百分之八十五的能力。奥地利著名心理学家弗洛伊德把这隐藏起来的能力，称之为“潜意识”。

潜意识在一个人的成功道路上，起着十分重要的作用。成功学大师拿破仑·希尔说：“潜意识是一块丰富的土壤，只要继续不断地播种，就会在潜意识的土中生根、发芽、成长。但是如果不播下好种子，就会杂草丛生。”

也就是说，潜意识是一块相当丰富的沃土，只有播种下“成功”的种子，才能结出丰硕的果实，反之就会杂草丛生，成为通往成功道路上的阻碍。

第二次世界大战给世界人民带去了灾难。为了躲避战争的迫害，人们纷纷逃离家园。期间，发生过这样一个故事：

酷热的太阳在天空中恶毒地照耀着，难民们拖着蹒跚的步伐，一步一步缓慢地向边境移动，不知道自己什么时候会倒下。

一位身体虚弱的母亲，带着她只有5岁的小孩一起逃难。没多久，那位虚弱的母亲终于支撑不下去了，她拖着她的小孩，找到了难民潮当中的一位教书先生。她苦苦哀求教书先生帮她照顾小孩，因为她觉得自己撑不到目的地了。

教书先生略懂医术，他简单地给这位母亲检查了一下身体，发现她体力尚可，便断然拒绝了她的请求。教书先生婉转地说：“现在，我自己尚且是泥菩萨过河——自身难保。何来力量帮你照顾孩子呢？”虚弱的母亲遭到了拒绝之后十分气愤，于是急火攻心，身体竟越发的差了。

日子一天天地过去了，难民们终于步行到了安全的地方。这时候，教书先生却一直没有发现那对母女的身影。于是就四处打听，终于有人告诉他说，母女都死在了路上。教书先生听罢，感慨道：一个没有决心坚持到最后的人，是永远都品尝不到成功的滋味的。

其实，教书先生的意图很明显，他深刻地知道，只要答应了那位母亲的要求，她是必死无疑的。所以他真诚地希望通过拒绝的方式，刺激那位母亲求生的欲望，并坚持到成功的最后。但是事与愿违，因此从某种意义上说，那位母亲是“自杀”的。因为她从一开始就没有在潜意识这块土壤上，播种下“好”的种子。

世界首富比尔·盖茨经常说：“自我实现是人类最崇高的需要之一。它从来都是人生的兴奋剂，是一种抑制人们半途而废的内在动力。自我实现的欲望越是强烈，一个人在他生活旅途中就越是信心百倍，成绩卓越。”

由此可见，潜能创作辉煌，塑造成功！所以当你为职场不如意而叹息的时候，为生存而感慨的时候，那么此时，你是否扪心自问，把潜藏的能力全部都发挥出来呢？

曾经有一位穷苦的牧羊人带着两个幼小的儿子，赶着羊来到一个山坡上，一群大雁鸣叫着从他们头顶飞过，又很快消失在远方。两个儿子都用羡慕的眼神望向远方，“要是能做一只会飞的大雁该多好啊!”他们说。

牧羊人沉默了一会儿，然后对两个儿子说：“只要你们想，你们也能飞起来!”两个儿子试了试，都没能飞起来，他们用怀疑的眼神看着父亲，牧羊人说：“你们还小，只要不断努力，将来就一定能飞起来，去想去的地方。”

两个儿子牢牢地记住了父亲的话，并一直努力着，等到他们长大，哥哥 36 岁，弟弟 32 岁时，他们果然飞起来了，因为他们发明了飞机。

这两个人就是美国的莱特兄弟。

世界上没有做不成功的事情，只有不成功的信念。像鸟儿一样自由地在天空中飞翔，曾是人类的共同的梦想。可是在全世界几十亿的人群中，为什么只有莱特兄弟做到了呢？因为他们坚定地相信：“我一定要飞起来！”

其实，一个人要想发挥出最大的潜能，并非难事，关键就在于是否有不达目的誓不罢休的决心和勇气。中国有诗云“咬定青山不放松”，意思就是说，认准了一件事，就要狠狠地咬住不放，这样自然就能在职场中任意驰骋了。

有这样一个故事。

2008 年 1 月 22 日，新西兰破例为一位 88 岁的老人举行了国葬。之前，他的头像就已出现在新西兰的纸币上。他并不是这个国家的领袖，而是一位受到领袖尊敬的人。他就是第一个在珠穆朗玛峰山顶留下了自己的足迹，并且第一个征服了地球“三极”的人——埃德蒙·希拉里。

希拉里小时候身体虚弱，而且很内向，骨子里有着深深的卑怯感，在体育方面也没有什么天赋。父亲为了锻炼他的体能，就让他每天光脚走 1 公里的路去上学。中学时的一次远行，使希拉里对登山产生了浓厚的兴趣。后来，他虽然上了大学，但比起待在教室里学习，他更愿意选择登山。于是，新西兰境内的怀塔克雷山脉留下了他的足迹。即使大学课程考出个“满堂红”，也丝毫不能动摇他爬山的决心。

1947 年，他登上了新西兰最高峰库克峰，可这并不是他最后的目标，他决心要攀登世界最高峰——珠穆朗玛峰。从 1921 年开始，已有 30 多支登山队尝试登上珠峰，全都以失败告终，许多人甚至为此而献出了生命。但是，这些并没有对他决心攀登珠穆朗玛峰产生任何影响。

1951 年，希拉里得到英国登山家埃里克·希普顿的通知，邀请他加入英国登山队，一起去攀登珠穆朗玛峰。当时，尼泊尔每年只允许一支探险队攀登珠峰，英国人预约在 1953 年。于是这一年，英国登山队从尼泊尔首都加德满都出发了，33 岁的希拉里走在队伍里，内心充满了征服珠峰的渴望。

1953 年 5 月 29 日，希拉里和一个名叫丹增的同伴克服了重重困难，终于站在了白雪皑皑的世界之巅，他们兴奋地拥抱在一起。他们头上除了天空，什么都没有。两人一共在山顶停留了 15 分钟。希拉里给丹增拍了一张照片，这张照片记录了人类首次登上珠峰的历史性时刻，一时间闻名世界。

3 天后，即英国女王伊丽莎白二世加冕当天，英国《泰晤士报》刊发了希拉里登上珠峰的消息。女王向希拉里授出自己登基后的第一个爵位。希拉里谦虚地表示自己只是个普通人，之所以能改写历史，除了依靠实用的技巧和足够长的绳索之外，就只有不减不灭的决心！

希拉里的一生，如果用一句话来概括那就是，激发最大潜能，改写历史的传奇一生。他自幼身体虚弱，但是，凭借着坚强的决心，这个羸弱的孩子成长为一位伟大的巨人。正像他自己所说，他的成功除了实用的技巧和绳子之外，就是决心！也正因为有了这颗不达目的誓不罢休的决心，才让这位 87 岁高龄的老人，在生命即将走到尽头的时候，再次踏上了南极冰川。

这个故事告诉我们，一个人要想发挥最大的潜能，首先就要具备一颗风雨不动的决心，因为决心是释放潜意识能量的金钥匙。世界上没有任何困难不是在决心面前俯首称臣的。

职场中竞争激烈，随时可能遇到各种困难，而若要轻松应对所有困难，办法就只有一个，那就是不断提升自己的能力，将能力升级到最大化！因为有人告诉我们说：你的能力还有 85%被隐藏着。

自信态度，铸就高度

“即使把我浑身的衣服剥光，一个子儿也不剩地扔在沙漠中，但只要有一支商队路过，我又会成为亿万富翁。”从比尔·盖茨的这句话中，我们可以感觉到一种蓬勃的力量在跳动，那就是——自信！

自信是人生的奠基石，一个有坚强信心的人，对他自己、对自己的内在力量有着不可征服的信心的人，肯定会在职场中拥有自己不可撼动的地位，从而实现自己的梦想，走向成功。一个对自己的工作缺乏自信的人是不会体会到工作的乐趣的，假设我们的工作是一辆行驶的汽车，那么用自信去驾驭它，快乐一定会不请自来。自信是一种无形的力量，像空气，看不见，摸不着，可是能体会得到。人的自信心如同空气，没有它，人们的生活就会失去生气。可见，自信有多么重要，它是人的希望，人的勇气，人的斗志，是人们创造一切的力量，是人们成功的先导，是掌握命运的钥匙。

有这样一个故事。

春秋战国时代，一位父亲和他的儿子出征打仗。父亲已做了将军，儿子还只是个马前卒。又一阵号角吹响、战鼓雷鸣了，父亲庄严地托起一个箭囊，其中插着一只箭。父亲郑重对儿子说："这是家传宝箭，佩带身边，力量无穷，但千万不可抽出来。"那是一个极其精美的箭囊，厚牛皮打制，镶着幽幽泛光的铜边儿；再看露出的箭尾，一眼便能认定是用上等孔雀羽毛制作的。

儿子喜上眉梢，贪婪地推想箭杆、箭头的模样，耳旁仿佛嗖嗖地箭声掠过，敌方的主帅应声坠马而毙。果然，佩带宝箭的儿子英勇非凡、所向披靡。当鸣金收兵的号角吹响时，儿子再也禁不住得胜的豪气，完全背弃了父亲的叮嘱，取胜的欲望驱使着他"呼"一声便拔出了宝箭，试图看个究竟。骤然间，他惊呆了——一只断箭，箭囊里装着一只折断的箭。"我一直挎着只断箭在打仗？"儿子吓出一身冷汗，长时间埋头打仗的信念顷刻间失去了支柱，轰然间意志坍塌了。

结果，儿子惨死于乱军之中。拂开蒙蒙的硝烟，父亲拣起那柄断箭，沉重地啐一口道："不相信自己意志的人，永远也做不成将军。"

这个故事告诉我们，缺乏自信的人，最终将一事无成。有人说，一分自信，成就一分成功，那么，要想在职场中赢取一百分的成功，就必须具有千分、万分，乃至亿万分的自信。

其实，一个人是否成功，关键就看他是否对工作和自己充满自信。如果上司安排给你一个任务，你就战战兢兢地对自己表示怀疑，那么在职场中，你还有出头之日吗？上司还会再安排给你其他的工作吗？当然不会的。

与其说自信是一种态度，倒不如说自信是成功的阶梯。在职场中，每一个白领都像是在爬一个狭窄、陡峭的楼梯一样。自信的人，挺胸阔步，勇往直前，终有一天会爬到最高层。不自信的人则犹犹豫豫，一步三回头，最后就小心翼翼地停住了脚步，当然他的职场高度也就只能到此为止了。

纵观历史上那些成功的人，几乎都是自信满满的人。工业时代，被称为新工业之父的亨利·福特就是这样的人。

1893年，由福特研究制造的汽车问世了。与此同时，他也向世界正式宣布了汽车工业的诞生。

一段时间之后，亨利·福特决定制造著名的“V8”型汽车，他要求工程师们在一个引擎上铸造8个完整的气缸。工程师们听了都直摇头说：“这不可能。”但工程师们谁都不愿失业，只好照着亨利·福特的命令去做。因为他们认为这是一件不可能的事，所以谁的脑子里都没有成功的意识，他们只是例行公事地做着研究工作。6个月过去了，研究毫无进展。于是，福特决定另外挑选几个对研制“V8”型汽车有信心的人去完成。他坚信：只要人有了成功的自信，就一定能创造奇迹。在这种自信的激励下，他重新挑选的对“V8”充满信心的几位工程师，经过反复研究，忽然好像被一股神秘的力量“击中”，他们终于找到了制造“V8”型汽车的关键窍门……从此，世界上又多了一种车型！

由此可见，没有自信就没有成功。就像故事中的工程师一样，虽然不缺乏卓绝的工作能力和专业技术知识，但是，他们身上缺少一种成功的重要元素——自信。因此他们的名字被淹没在了历史的长河中，而福特就像一颗璀璨的明星，闪烁着耀眼的光辉。

然而，现实中有许多职场白领却总是缺乏必要的自信，他们总觉得自己其貌不扬，或者在公司里地位不高、人微言轻，又或者觉得自己口才不好、人缘较差，或因身体某一部位的缺陷，进而怀疑自己成功的可能性。其实，他们的不成功，从某种意义上说都是因为不自信而造成的。那么，有什么好办法可能帮助职场白领们，迅速树立自信心呢？

1.不管别人怎么说，自己尽可能地去尝试

尝试越多，便对自己的极限了解得越清楚，自己的选择就会更加贴近实际。自己能做什么、不能做什么会逐渐分晓，自信心自然就会增加。

2.有不同的想法，当众说出来

勇敢地说出自己的想法，让更多的人注意你，这是增强自信心的强心剂。有很多思路敏锐、天资高的职员，却无法发挥他们的长处参与讨论，并不是他们不想参与，而是因为他们缺少信心。在办公室中他们认为：“我的意见可能没有价值，如果说出来，别人可能会觉得很愚蠢，我最好什么也不说。而且，其他人可能都比我懂得多，我并不想让他们知道我是这么无知。”他们还会经常对自己许下很渺茫的诺言：“等下一次再发言。”可是他们很清楚自己是无法实现这个诺言的。所以在职场中，如果你认为你的想法是好的，那就当着大家的面绘声绘色地说出来，不要担心你会显得很无知。因为即便说错了，也没关系，起码你获得了一次表现自己的机会。

3.跟后排的座位说“再见”

在职场中每次开会的时候，后排的座位都是人人争抢的位置。由此便反映出了一个问题——不自信的人太多。因为坐在后面，不容易被关注，也不会显露自己。所以要想培养自信心，从现在开始，就跟后面的座位说声“再见”！

4.肯定自己的价值

伸出自己的手掌，我们会看到“两短三长”。可见五根手指尚且不能一样长短，更何况是办公室中的职员呢？正是因为人个体之间的差异，才被分派到不同的岗位上接受不同的挑战。所以，每个要想取得成功的人，都必须要肯定自己的价值。即便是做一根手指，也要做最长的那一根。

总之，职场的高度直接取决于自信的态度。要想在职场中赢得上司的信赖，争取发展和提高的机会，那么就必须拿出自信心来，让大家看看我才是最棒的！

掌握知识者，掌握未来

随着知识经济的到来，谁能掌握丰富的知识，谁就能赢得成功。据说在欧洲很多大公司，已经成立了“首席知识官”。由此可见，对知识的渴望和追求，已经成了迫在眉睫的事情。正如英国著名哲学家培根所说：“知识创造财富”。

有这样一个故事：

在19世纪初，当时的福特公司有一台电机发生了故障，整个公司这方面的行家都被难住了，没有人知道毛病出在哪儿。这些行家又对这台电机进行多次研究，仍然是一无所获。最后他们不得不请来了颇具权威的德国著名的科学家——斯坦门茨。

斯坦门茨随身只带了几支粉笔。他在那台电机旁整整待了三天，不断地观察，不断地计算。最后，他在马达上画了一道线，然后对福特公司的人说：“请打开电机，沿线将里面的线圈减少16匝。照此实施，手到病除。”人们按照他的说法做了，电机果然重新开始正常运转了。

结果斯坦门茨要价一万美元，一开始经理不禁愕然，让他填材料费用单。只见斯坦门茨挥笔写道：“画一条线，一美元；知道在什么地方画线，9999美元。”

经理觉得他说得有道理，于是立即付给他一万美元，同时聘任他为公司的技术顾问。

这个故事告诉我们，知识不是中看不中用的绣花枕头，而是可以转化为生产力，创造巨额财富的原动力。一个人要想在职场中干出点名堂，赢得同事和上司的尊重，就必须不断地学习，努力地提高自己。因为知识不仅是创造财富的重要工具，同时也是改变命运的有力武器。

“全球第一女CEO”——惠普公司董事长兼首席执行官卡莉·费奥瑞纳女士是从秘书工作开始职业生涯的。那么,她是如何一步步迈向成功,并从而实现了自身的价值的呢?

答案就是学习!学习!再学习!

她说:“不断地学习是一个CEO成功的最基本要素。这里说的不断学习,是在工作中不断总结过去的经验,不断适应新的环境和新的变化,不断体会更好的工作方法和效率。我在刚开始的时候,也做过一些不起眼的工作,但我还是从自己的兴趣出发,找最合适的岗位。因为,只有我的工作与我的兴趣相吻合,我才能最大限度地在工作中学习新的知识和经验。在惠普,不只是我需要在工作中不断学习,整个惠普都有鼓励员工学习的机制,每隔一段时间,大家就会坐在一起,相互交流,了解对方和整个公司的动态,了解业界的新的动向。这些小事情,是能保证大家步伐紧跟时代、在工作中不断自我更新的好办法。”

这个故事告诉我们,一个懂得如何赢得职场的人,必然也是尊重知识、崇尚学习的人。因为知识是世界上最有力的武器,它可以把一切阻挡在成功道路上的障碍,如摧枯拉朽一般,消灭得干干净净。

小张很不满意现在的工作,于是他就愤愤不平地对朋友说;“我的老板一点不把我放在眼里,改天我要对他拍桌子,然后辞职不干了。”

朋友建议道:“君子报仇十年不晚,公司是免费学习的地方,建议你把公司业务完全搞通,甚至很小的故障都会及时排除,既出了气,又有收获,然后再辞职不干。”

小张听了朋友的建议,从此默学偷记,收获颇丰。

一年后,那位朋友偶遇小张,问道:“你现在大概都学会了,准备拍桌子不干了吧?”

“可是近半年来,老板对我刮目相看,不断加薪,并委以重任,我已成为公司的红人了!”

“我早就料到了!”他的朋友笑着说:“当初老板不重视你,是因为你能力不足,又不努力学习;而后你痛下苦功,工作能力不断提高,当然会令他刮目相看了。”

正所谓:士别三日当刮目相看。其实,刮目所要看的就是隐藏在肚子里的知识和文化。就像故事中的小张一样,要想赢得老板的赏识和重用,起码就要让自己肚子里的墨水丰富起来。

前不久,在一份报刊上,读到这样一个故事:

赵某是20世纪80年代初期的高考状元、名牌大学才子,毕业后分配到家乡的国企单位上班,后来下海经商失败,为生活所迫,在家乡摆起了修理自行车的小摊。

“名牌大学高才生当街修自行车”的消息经当地一家媒体披露,立即如一颗重磅炸弹,在当地引起轩然大波,大多数人都义愤填膺,埋怨当地人事部门的官僚作风造成了人才浪费。只有少数的人认为他当街修自行车也没有什么大惊小怪,这是市场经济的必然现象。

就事件的本身而言，其实并不值得大惊小怪。因为时代在发展,社会在进步,知识也在发生翻天覆地的变化。尽管他曾是名牌大学毕业,但是这只能证明他从前很优秀,而不能说明其他的任何问题。

一位大学计算机教授,曾亲口说过这样一段话:现在电子信息产业发展速度太快。很多知识还来不及教授,就已经被淘汰了。而发给学生的课本,竟然还是很多年前的版本。所以每次上课的时候,我都尽量把最新的知识和信息讲给他们听。

因此名牌大学毕业生赵某在街边修理自行车,也是见怪不怪了。因为他的知识早已老化,根本不能适合时代的需求。退一步说,倘若赵某一直坚持不断地学习，接受新知识的洗礼，那么他会真的找不到工作吗？他会沦落到在街边摆摊修理自行车吗？所以从根本上说,他是被知识的大浪,拍死在沙滩上的牺牲品。

张先生是一家会计事务所的财务专员，从事会计工作已经二十多年了,一手算盘功夫玩得炉火纯青。他本以为就这样可以安安稳稳地做到退休,可惜事与愿违。在新的时代形势下,网络科技迅速走红。年近5旬的张先生,却不得不重新背起书包,走进课堂,学习电脑知识了。用张先生自己的话说:为了生存也要学习下去!

此话是正确的,要想生存,就必须学习。否则就去大街摆个小摊,颐养天年。现实是残酷的,任何一个公司都不会出钱养一批“闲人”。这里所说的闲人,指的是本来能力就不强,对上级交代下来的工作任务,又不能按质按量地完成,而且又不能为公司创造太大的利润价值,即便如此,还不肯认真学习知识的人。

比尔·盖茨被称为世界首富,其实,让他引以自豪的并不是自己拥有的财富,而是那些出色的员工。他的理想是把全世界那些最优秀的计算机人才网罗到自己的部下,让他们去创造那些人们难以想象的美好未来。

可见,一个有发展、有前途的公司,他们所需要的是聪明好学的员工。所以在职场中,若要赢得公司和老板的喜欢,就请从今晚10点开始,用世界上最有利的武器——知识,来充实自己吧!

好知识是这样得来的

掌握知识就意味着把握未来,然而,知识不是生来具有的,是在后天不断的学习中获得的。这个道理很多职场白领早已是心知肚明,于是为了能创造一个更好的明天,他们便不断地报班学习,决不放弃任何一个学习的机会。结果把自己搞得筋疲力尽,却没有真正学到适合自己,有助自己提高的知识。

《庄子·秋水》中记载着这样一个故事:

很早以前,燕国寿陵这个地方,有一个少年,他听别人说邯郸那个地方的人走路姿势都很好看,于是他便决计前往求教。

他一到邯郸,便感到处处新鲜,简直令人眼花缭乱。看到小孩走路,他觉得活泼、美，就依葫芦画瓢地跟着学；看见老人走路，他觉得稳重，也跟着学；看到妇女走路，摇摆多姿，还是一个字“学”。就这样，半年时光过去了，他不但没有学会邯郸人的走路姿势，而且连自己原来的走法也忘记了，最后只能爬着回家了。

邯郸学步的故事告诉我们，学习不是囫囵吞枣，见什么学什么，而是有目的性的，有选择性地学习对自己工作有帮助的知识文化。

曾听一位学医的朋友说：中国医药理论认为，人体缺什么就补什么，但是一定要讲求方法、原则，切不可滥吃一通。否则就会造成既花了冤枉钱，又损害了健康。其实在职场中学习知识也该如此，切忌盲目学习。

职场工作压力大，竞争激烈，已成了不争的事实。很多职场白领，为了能够保证自己的位子坐的安稳，于是就竞相忙着充电。今天看同事学习日语，明天自己就报日语班；今天看同事考了个驾驶证，明天自己就去报驾驶培训班；今天得知同事已经考了五个证书，明天就给自己制订考八个证书的标准。这些看似好像进取心很强，其实却是盲目跟风的表现。说的不客气点，这种学习根本就是多此一举，因为对自己在职场中的发展，没有任何帮助。

中国自古认为：“艺多不压身”“书到用时方恨少”，总之，就是一味地强调读书学习的重要性。可是，却没有一个人站出来告诉大家，书应该怎么读？学习，应该学什么？结果就导致了今天，很多人看见补习班就迫不及待地参加，看见考试，就毫不犹豫地报名。

曾见过这样一位白领。她在上学期间，就非常用功努力地读书。参加工作以后，一直保持着这种习惯。尤其当她看到周围的同事们都在参加形形色色的培训，她便按捺不住内心的冲动，一股脑地报了几乎所有的培训班。其实按照她的学历和工作能力，应付她的工作已经绰绰有余。那么，为什么她还如此痴迷报班学习呢？弗洛伊德有一种理论：如果一个人长期被一种东西所折磨，他反而会迷恋上这样的折磨。这个女博士就是个典型，她已经迷恋上了读书和考试，一天不读书就不习惯，几天不考试就迷路。为了参加众多的培训，连导游证也不放过。她几乎耗尽了所有积蓄，不但拖垮了身体，连工作也给耽误了。

孔子曰："学而时习之，不亦说乎？"可见，学习是一种很愉悦的事情。但是，从上述的故事中，我们似乎并没有感到那位女白领的高兴和快乐，反而是一种痛苦。其实，造成她悲剧结果的原因，除了弗洛伊德所说的"折磨"理论，还有就是盲目。而正是这种盲目，造成了她迷恋学习的"折磨"，并最终导致了悲剧。

那么，这个故事是不是在告诉我们，学习有害，学习会造成职场失意呢？当然不是。知识是人类进步的阶梯，知识是精神的营养品。问题的关键是，要想在职场中春风得意，风生水起，应该学习什么，以及怎么去学习。

在解决这些问题之前，我们应该首先弄清楚几个问题。

一、清楚地知道自己需要补充什么

每个人的能力和知识结构都是不同的，在职场中，经常会遇到在某些方面比自己强的同事。在这种情况下，千万不能用自己的短处和别人的长处相比，否则的话就会造成自卑的心理和病急乱投医，盲目充电的不良后果。

二、明确学习的目的

学习是为了提高自身的工作能力，以及加强自身的修养。但是现实生活中，许多职场的白领人士，却总是习惯把知识当成炫耀的资本。好像在公众场合，多会几句半生不熟的外语，就是一种骄傲；多读了几本书，就自认为很了不起，可以目空一切。这样的思想是绝对要不得的。

三、莫学屠龙之技

知识是创造财富的工具，知识必须要和现实生活紧密联系在一起，才能发挥最大的功效。否则知识就只是一堆腐朽的文字和技巧。

《列御寇》中记载着这样一个故事。

有一个姓朱的人,一心要学会一种别人都没有的技术,于是,就到支离益那里去学习宰杀龙的本领。他花尽了家里资产,用了整整三年时间,终于把宰杀龙的技术学到手了。

姓朱的人得意洋洋地回到家里。可是,世间哪有龙可杀呢?结果,他学的技术一点也用不上。

这个故事告诉我们,屠龙的本领无论怎么高明,一旦离开了生活,就变成了无用之术。因此职场白领在为自己充电的时候,一定要学以致用,否则就会被当成“屠龙之技”,任人取笑了。

当前的生存环境,对每个职场白领来说,都是十分严峻的。全球经济低迷,失业率急剧上升。因此要想保住自己在公司中的地位不动摇,那么就必须给自己充电,让自己变得强大起来。下面我们将简单介绍一些行之有效的学习方法。

一、参加各类培训班

参加培训班是学习的主要途径之一,在当今时代,绝大部分成功者都是经历了这条途径才攀上知识高峰的。参加培训班的长处是有利于学习者全面地、系统地掌握某门学科的知识,这是因为讲课的名师一般受过正规训练,他们比较熟悉本学科的基本原理和基本知识,熟悉本学科当前的发展动态,因而能够在较短的时间内,帮助学习者掌握该学科的基本轮廓、基本原理和重点、难点,使艰深的内容一目了然,并在一些重要问题上起到“画龙点睛”的作用。这比学习者自己去摸索知识要少走许多弯路。所以,参加培训班能保证知识学习的系统性和科学性。

二、向成功者学习

一个人的经验是有限的,重要的是应通过向其他成功者学习的方法,获得有益的营养,也就是说,通过与人交往,从成功者的经验中学习。被称为日本“银座犹太人”的藤田冈,为了让员工学会观察和思索别人行为的成败处,规定每月由公司出钱,选一部最新且能训练经商头脑的电影,命令全体员工都必须去看,如果无特别的原因而缺席者,便从薪水中扣除一张电影票的钱,他本人也不例外。这个方法使公司员工的能力得到了很大的提高。此外,他本人也从中受益匪浅。

三、远程电脑教育

随着网络信息技术的方法,远程电脑教育成了提高学习效率的一条重要途径。远程电脑教育最大的优势就是足不出户,便能聆听大师的教育。这样可以在很大程度上为职场白领节省了宝贵的时间。而且这种学习模式,时代感强烈,内容新潮,深受职场白领的喜爱。

学习的方法是多种多样的,但是无论采用何种形式学习,目的只有一个:提高和发展自己的竞争力,用知识创造最大价值!

思考多多,机会多多

法国著名作家巴尔扎克说:“一个会思考的人,才是一个力量无边的人。”懂得思考,不仅可以改变你在职场中的处境,还能为走向成功奠定坚实的基础。

曾看过这样一则故事:

有一个饥肠辘辘而又装扮奇特的人来到一个小村庄,他沿途向几户村民乞讨,但是都没有结果。于是,为了填饱肚子,他想了个主意。

他向迎面而来的几位妇女说:“我有一块神奇的汤石,如果将它放入烧开的水中,它会立刻变出一锅美味的汤来。如果不相信,我现在就煮给大家喝喝看。”

大家半信半疑,都想知道这块汤石是否真的如此神奇。有人找来了一个大锅,有人提了一桶水,并且架上炉子和木柴,就在村子的广场上煮了起来。火势很快就上来了,锅里的水在熊熊的火焰中开始沸腾。

这个陌生人很小心地将汤石放入水中,然后用汤匙尝了一口,兴奋地说:“哇!太美味了,这是我做的汤里最鲜美的一次。如果再加一点洋葱就更好了。”立刻有人兴冲冲地跑回家拿了一堆洋葱。陌生人让大家把洋葱剥好,放入锅中,然后开始搅拌。做完这一切他又尝了一口:“太棒了,不过,我相信如果再放些肉片,这锅汤就会成为你们喝过的最香的汤了。”屠夫的妻子听后连忙赶回家端来一大盆切好的肉,她想象着自己可以分得一大份汤,就不禁喜上眉梢。“再有一些调味品就更完美了。”陌生人又建议道。

在陌生人的指挥下,有人拿了盐,有人拿了酱油,还有人捧来了其他的调味品。当大家一人端着一碗汤蹲在那里享受时,这个衣衫褴褛的路人借机饱餐了一顿。

这个故事告诉了我们,懂得思考就能赢得机会。故事中的流浪汉,如果不是善于开动脑筋,进行思考的话,别说吃一顿饱餐了,恐怕连一片黑面包也乞讨不来。所以要想改变处境,就必须思考,因为孟子说过,“思则得之,不思则不得也”。

思考的力量是无穷大的。在职场中,或是在生活上,遇到些许困难总是在所难免的。然而,很多人在困难面前,总是一副俯首帖耳的模样。虽然心有不甘,却也无可奈何。其实,只要善于思考,困难便不再是困难了。

约翰是一位牧师,在一个星期天的早晨,他在书房中准备讲稿。他的妻子出去买东西了。那天在下雨,他的小儿子吵闹不休,令人心烦意乱。最后,约翰在失望中拾起一本旧杂志,一页一页地翻阅,直到翻到一幅色彩鲜艳的大图画——一幅世界地图。他就从那本杂志上撕下这一页,再把它撕成碎片,丢在起坐间的地上,说道:“小约翰,如果你能拼好这些碎片,我就给你10美分。”

约翰以为这件事会使小约翰花费上午的大部分时间。但是没过10分钟,就有人敲他的房门。这是他的儿子。约翰惊愕地看到小约翰如此之快地拼好了一幅世界地图。

“孩子,你怎样把这件事做得这样快?”约翰问道。

“啊,”小约翰说,“这很容易。在另一面有一个人的照片。我就把这个人的照片拼到一起,然后把它翻过来。我想如果这个人是正确的,那么,这个世界地图也就是正确的。”

约翰高兴地笑了起来,给了他的儿子10美分。“你也替我准备好了明天的讲稿。”他说,“如果一个人是正确的,他的世界也就会是正确的。”

可见,思考的力量是不可估量的,任何困难在它面前都会化为灰烬。因为思考战胜的不仅是困难,而是一个人的思想。倘若你从来不把困难当做困难,那么,你还会被困难吓倒吗?当然不会的。所以一个人要想在职场生存环境中,赢取成功,就需要树立成功的思想。而思考则是帮助你建立成功思想的不二法则。

伟大的物理学家爱因斯坦说:“我的成功首先应归功于我正确的思考。”因此,我们也可以说,任何一个职场白领的成功,都源自他那正确的思考。

马丁·科尔在《最伟大的力量》一书中,讲到这样一个故事:

两个同龄的年轻人同时受雇于一家店铺,并且拿同样的薪水。可是叫阿诺德的小伙子青云直上,而那个叫布鲁诺的小伙子却仍在原地踏步。

布鲁诺很不满意老板的不公正待遇。终于有一天他到老板那儿发牢骚了。老板一边耐心地听着他的抱怨,一边在心里盘算着怎样向他解释清楚他和阿诺德之间的差别。“布鲁诺先生,”老板开口说话了,“您今早到集市上去一下,看看今天早上有什么卖的。”

布鲁诺从集市上回来向老板汇报说,今早集市上只有一个农民拉了一车土豆在卖。

“有多少?”老板问。

布鲁诺赶快戴上帽子又跑到集上,然后回来告诉老板一共40口袋土豆。

“价格是多少?”

布鲁诺又第三次跑到集上问来了价钱。

“好吧，”老板对他说，“现在请您坐到这把椅子上一句话也不要说，看看别人怎么说。”

阿诺德很快就从集市上回来了，并汇报说到现在为止只有一个农民在卖土豆，一共40口袋，价格是多少；土豆质量很不错，他带回来一个让老板看看。这个农民一个钟头以后还弄来几箱西红柿，据他看价格非常公道。

昨天他们铺子的西红柿卖得很快，库存已经不多了。他想这么便宜的西红柿老板肯定会要进一些的，所以他不仅带回了一个西红柿做样品，而且把那个农民也带来了，他现在正在外面等回话呢。

此时老板转向了布鲁诺，说：“现在您肯定知道为什么阿诺德的薪水比您高了吧？”

布鲁诺跑了三趟，才在老板的不断提示下，了解了菜市场的部分情况；而阿诺德仅跑了一趟，就掌握了老板需要和可能需要的信息。现实生活中像布鲁诺这样的员工还有很多，上司吩咐什么，就干什么，自己从不动脑筋去思考问题，结果长期得不到重用，还慨叹命运的不公平。其实并非命运没有眷顾他们，而是他们关闭了迎接命运之神的大门——思考！

善于思考的员工，对待任何工作都会主动热情，一肩挑起，勇于承担责任，而且事半功倍。不会思考的员工，则会把工作看成一个沉重的包袱，敷衍塞责，事倍功半。因此赢得职场的人，通常都是善于思考的人，因为上司喜欢把机会留给懂得思考的员工！

思考，成功的轨迹

纵观历史上，那些翻手为云覆手为雨的传奇人物，他们成功的背后，几乎都少不了“思考”的身影。思考把他们推到了成功的风口浪尖；

思考铸就了他们的一世辉煌。如果没有思考,那么整个世界就还将停留在没有光明的黑暗之中;没有思考,整个人类便还将滞留在远古的洪荒之地。可以说,思考是人类文明进步的推动者和缔造者。因此,我们每个人只有学会思考,并善于主动思考,只有这样才能在自己所从事的工作中,更上一层楼。

根据调查显示:在世界财富排行榜100名之内的富翁们,其中有76%的人说自己在成长过程中学会了与众不同的思考,并认为,这是他们后来逐渐成为有成就的人所具备的重要因素。

此外,福布斯也说:“所有的成功都来自严谨的思考,我们是否始终记得这个最朴素、最基本的事实?不仅只有成功,世界上的任何事情成为现实之前都是先在某些人的头脑中以思想的形式存在的。”

可见,每一个成功者,同时也都是善于思考的思想者。很多事情没经思考之前,可能是山穷水尽,但是一番思考过后,便可能是柳暗花明了。

杰克是一家大公司的高级主管,他面临一个两难的境地。一方面,他非常喜欢自己的工作,也很喜欢跟随工作而来的丰厚薪水——他的位置使他的薪水只增不减。但是,另一方面,他非常讨厌他的上司,经过多年的忍受,他发觉已经到了忍无可忍的地步了。在经过慎重思考之后,他决定去猎头公司重新谋一个别的公司高级主管的职位。猎头公司告诉他,以他的条件再找一个类似的职位并不困难。

回到家中,杰克把这一切告诉了妻子。他的妻子是一名人力资源师。她告诉杰克说:“请你把问题的顺序,颠倒过来,思考一下。”杰克也是高智商的人,他听了妻子的话后,一个大胆的主意在他脑中浮现了。

第二天,他又来到猎头公司,这次他是请公司替他的上司找工作。不久,他的上司接到了猎头公司打来的电话,请他去别的公司高就,尽管他完全不知道这是他的下属和猎头公司共同努力的结果,但正好这位上司对于自己现在的工作也厌倦了,所以没有考虑多久,他就接受了这份新工作。

这件事最见证奇迹的地方，就在于上司接受了新的工作，结果他目前的位置就空出来了。杰克申请了这个位置，于是他就坐上了以前他上司的位置。

在这个故事中，杰克本意是想替自己找份新工作，以躲开令自己讨厌的上司。但他的妻子却教会了他，如何正确思考问题的方法。结果，他不仅仍然干着自己喜欢的工作，而且摆脱了令自己烦恼的上司，还得到了意外的升迁。可见，在思考上只要前进一小步，所带来的改变却是出乎意料的一大步。

其实，无论做任何事情，都需要养成勤于思考的好习惯。日本保险推销之神原一平说："去拜访顾客之前，我一定要先静下心，喝杯咖啡，擦擦皮鞋。这样一来，在我真正踏入顾客办公室之前，我有一个最后思索的机会——如何表现自己。结果所得到的效果好极了！除了能从容地应付对方所提的问题外，还使我推销了更多的保险。"

著名成功学家马希尔·福特说："你的头脑是你最有用的资产，如果使用得当，就能创造你最大的财富。"而这里所说的"头脑"指的就是"思考"，所以为了创造你人生中最大的财富和价值，从现在开始，就让你的头脑思考起来吧！

乔治每天除了正常的上下班之外，就是读书和思考。他经常一个人静静地坐在卧室里的躺椅上，微闭着双目，思考着一些鲜为人知的事情。有一次，他妻子实在看不下去了，就跟他嚷道："你与其每天在卧室里空想，还不如到洗衣店里给我帮忙！"

妻子的一句话，犹如醍醐灌顶一般，让他立刻茅塞顿开。是啊，何不想个办法，帮老婆多招揽些顾客。

乔治知道很多洗衣店在烫好的衬衣领加上一张硬纸板，防止变形，而这种硬纸板的价格是每千张4美元。他的构想是，在硬纸板上加印广告，再以每千张美金1元的低价卖给洗衣店，赚取广告的利润。

想到这里，他就在妻子的洗衣店里，开始试验了。效果很令人满意。短短三个月的时间里，他们仅凭借广告费就小赚了一笔。这也让乔治看到了洗衣店的无限商机。于是他便辞职,和妻子专心打理洗衣店。

没过多久,乔治又发现,客户取回干净的衬衫后,衣领的纸板就丢弃了。于是他又暗自思考着:"如何让客户保留这些纸板和上面的广告?"答案闪过他的脑际。

他在纸卡的正面印上彩色或黑白的广告,背面则加进一些新的东西——孩子的填色游戏、主妇的美味食谱,或全家一起玩的游戏。

他的做法,赢得了广大客户的好评。其间,一位太太为了搜集乔治的食谱,竟然把可以再穿一天的衬衫送洗,结果导致了丈夫的抱怨。

乔治似乎并不满足现有的所得,他要让洗衣店的事业更上一层楼。可是,能想的办法都想到了,然而乔治坚信,只要肯思考,办法总会想到的。

终于,他想到了美国洗衣工会。他决定把每千张1美元的纸板寄给他们,工会便推荐所有的会员采用他的纸板。就这样,乔治收获了一笔相当可观的收入。

如果说,财富是一个巨大的水库,那么思考就是开凿在水库边缘的水渠。有了思考这道水渠,水库里的水自然就会源源不断地流进自己的口袋。当然,先决条件就是,主动思考。

思考可以让一个人变得充满智慧,以便随时摘取成功的果实。霍英东就是个深谙思考的人。他时时都在思考有发展的事业。上个世纪50年代,他独具慧眼,看出了香港人多地少的特点,认准了房地产业大有可为,于是毅然倾其多年的全部积蓄,投资到房地产市场。1954年,他着手成立了立信建筑置业公司。在他以前香港的房地产业,都是先花一笔钱购地建房,建成一座楼宇后再逐层出售或按房收租。怎样才能获得更好的效益呢?霍英东不停地问自己。思之再三,他决定打破原有的销售模式,把将要建筑的楼宇分层出售,再用收上来的资金建筑楼宇。这样看似简单的一先一后的颠倒,却使他得以用少量资金办了大事情。原来只能兴建一幢楼宇的资金,现在他可以用来建筑几幢新楼,甚至更多;同时,他又能有较雄厚的资金购置好地皮,采购先进的建筑机械,从而提高了建房质量和速度,降低建设成本。他还可以用比同行低得多的价格出售那些地点较优越的楼宇。而且，有时他还采用分期付款的预售方式,使人人都能买得起房。

就这样,霍英东这个既不是建筑工程师出身,又非房地产经营的行家里手,竟一下子成了香港房地产业的巨头。现在,霍英东名下的公司有六十余家,大部分都经营房地产,或与房地产经营关系密切。由他担任会长的香港地产建筑商会,占有香港70%的建筑生意。

霍英东的成功,似乎快的有些让人难以置信。然而,这也正说明了,思考是成功的奠基者。正因为有了正确的思考，又加之他的行动敏捷，所以成功的果实,自然也就水到渠成的像砸在牛顿头上的苹果一样砸在了霍英东的头上。

当我们羡慕那些成功者的辉煌时,当我们惊叹那些成功者的天才般思想时,当我们鼓起双手为他们缔造的成功大厦欢呼赞叹时,请在掌声平息之后,静静地反思,他们成功的背后,究竟隐藏着什么？也许,当我们揭开神秘面纱的刹那，会惊奇的发现，原来成功的背后是——思考！是的,思考乃是成功的不竭之源,无论你做何种职业,也无论你职位的高低,只要肯思考,就一定会得到幸运女神的庇佑。

白领生存羊皮卷
BAILING SHENGCUN YANGPIJUAN

第五章 赢在执行

一位著名的成功企业家曾经说过："一个员工的能力无论有多么大，倘若不能具备很好的执行力，那么，我一定会毫不客气地把他从原来的岗位上拿掉。"这句话告诉我们，在职场中若要赢得上司的青睐和器重，就必须提高自身的执行力。然而，很多职员却错误地以为，有能力就等于有执行力。其实不然。历史告诉我们，无论是纸上谈兵的赵括，还是智慧过人的马谡，他们的命运注定了要以失败收场，究其原因就在于，他们缺乏有效而完美的执行力。那么，执行力究竟是什么呢？什么样的执行力才可以称得上有效而完美呢？

执行即是贯彻

一位著名的学者曾说:“一个企业的成功,30%靠战略,30%靠运气,40%靠执行力。”可见,执行力是赢得成功的重要保证。然而,一个企业的发展尚且离不开执行力的支持,那么,作为公司的职场白领要想赢得职场,就更需要依靠强有力的执行力了。

那么,执行力究竟是个什么玩意呢?说白了就是深入贯彻上司的指令和安排,并严格遵守公司的规章制度。

相信世界上任何一个公司都有自己的规章制度,而且很多公司会把这些象征企业文化一般的制度和规章,钉在公司最醒目的地方,以方便广大职员浏览观看和遵守。但是,现实情况是,很多职员对其视而不见,即使有些员工看到了,也不会严格遵守,这些都表明了一个问题——执行力太差。

有一次,王小姐上班迟到,被喊到总经理办公室,遭到了狠狠的斥责。

“王小姐,你已经迟到四次了。按照公司规定,迟到四次者,将被勒令辞退。”总经理说着话,就从办公桌里抽出一封辞职信,放到她跟前。

王小姐从容不迫地说道:“公司规定?公司规定我怎么不知道?”

“第八章,第32条。”总经理说罢,便起身离开了。

王小姐按照经理的明示,迅速跑到规章跟前,果然如此。规章上明文规定:

迟到一次,罚款50元。

迟到二次，扣罚本月 20%奖金，并予以警告。

迟到三次，扣罚本月 35%奖金，并记大过一次。

迟到四次，开除！

王小姐看到这里，心中不由得掠过一阵阵的悸动。原来，之前她每次迟到的时候，总经理都会跟她说一堆批评的话，而她把那些话当做耳边风。谁曾想，总经理的话是认真严肃的！

王小姐的故事告诉我们，一个不遵守公司规章制度的员工，不仅不能赢得上司的青睐，反而还会被公司所淘汰。其实，从根本上说，王小姐被辞退，并非是仅仅因为多次迟到的原因，而是她的不执行。

《亮剑》中有这样一个片段：

李云龙率领的第一团，在接到撤退命令时，没有按照上级的要求从侧面突围，而是和日本板垣师团展开了正面冲突。虽然李云龙击溃了板垣师团，顺利地完成了撤退任务，但是仍然受到了政治部的处分。李云龙不解地愤怒道："总之是撤退，从哪个方向撤退不是撤呀！"

这句话看似很有道理，其实却反应了他对上级指示执行得不彻底。虽然李云龙成功地完成了突围和撤退的指令，但是他却没有按照要求，从敌人薄弱的地方突围，仅此一条，便足以受到惩罚。

俗话说："军令如山"，所以一个优秀的白领职员，在职场中，应该像一名绝对服从命令的战士一样，把公司的任何一项规章和制度，都认真贯彻和执行。

此外，很多职场白领善于发宏论，制定策略，可是一提到贯彻执行的时候，就无能为力了。这就是典型的光说不练的假把式。

记得曾看过这样一个故事：

某地的一群老鼠，非常惧怕一只凶狠无比、善于捕鼠的猫。于是，老鼠们群聚一堂，讨论如何解决这个心腹大患。老鼠们颇有自知之明，并没有杀猫的雄心壮志，只不过想探知猫的行踪，早做防范。有只老鼠的提议立刻引来满场的叫好声，它建议在猫的身上挂个铃铛。在一片叫好声中，其中有只老鼠突然问道："谁来挂铃铛？"此话一出，刚才喧闹的场面,便立刻清静了下来。

是的,发表议论,提出有建设性的意见,是职场白领的拿手好戏。可是这些建议如果不能很好的贯彻和执行,就如同挂在墙上的规章制度一样,只能供人欣赏,仅此而已。正如一位成功企业家所说:“战略只能告诉你发展方向,战术告诉你是否可以执行。战略与战术配合起来才能成功。”因此,任何一位职场白领光有好的战略还不够,还要有正确的方法去执行,才能赢得最后的成功。

联想集团是世界著名企业,它之所以能取得如今的成就,与其强大的执行力是分不开的。早在2004年之前,联想最津津乐道的就是它每年都要举办的全国市场活动,每次都是几百个城市同时举行,足见其强大的运作和控制能力。这种以高效运作体系为基础的执行力,也正是联想在国内PC市场崛起并且至今保持霸主地位的最重要的杀手锏。但到2004年,种种迹象表明,联想的这一利器,似乎正在一点点地失去它原本的威力。

面对执行力的丧失,联想集团创始人柳传志,物色到了一位具有高效执行力的人,他就是——杨元庆。

杨元庆领导的联想PC在1996年的中国PC市场份额中占据了第一的位置,一举打破了国内PC市场多年以来被国外品牌垄断的局面,树立了中国PC品牌主导中国市场的信心和决心。

1997年,杨元庆将“严格文化”引入联想,并确立了“认真、严格、主动、高效”八字管理方针,还毫不留情地提出了著名的“八大问题”,细数联想执行力下降的症状。

2000年,他又针对联想内部缺乏沟通和协作的情况,将亲情成分引入联想文化,试图以此建立一种相互信任和协作的文化。

2001年4月,几乎是在从联想创始人柳传志手里接过联想“帅印”,并公布2001—2003年计划的同时,杨元庆把任正非的著名文章《华为的冬天》发给了全体联想员工,并在一次会议上问与会者:“如果有一天,公司没有完成任务怎么办?”

半年后,他开始大张旗鼓地向联想的“大企业病”和“体内病毒”开火。经过一系列的改革措施，杨元庆成功地把联想推到了一个新的高度。可以说,联想能有今天的发展,离不开杨元庆的高效执行能力,同时，也正因为他具备了这种高效的执行力，才有杨元庆今天的职场辉煌。

英国有家大型企业因为经营不善而濒临破产，后来被一家德国财团收购,厂里的员工都在翘盼德国企业能带来一些先进的管理方法。出乎意料的是,德国企业只派来了几个人,除了财务、管理、技术等要害部门的高级管理人员换成了德国企业派来的人员外，其他的没有任何改变——制度没变、原厂人员没变、机器设备没变。德国企业只有一个要求:把以前制定的制度和标准坚定不移地执行下去。

结果,不到两年的时间,该企业就扭亏为盈了。

这个故事告诉我们,执行力是赢得成功的重要保证。一个企业没有执行力,将会走到破产的边缘。同样的道理,一个职员要是没有执行力,就可能走向职场的滑铁卢。其实,执行力并非一件多么不得了的事情,简而言之,无非就是“贯彻”二字。

执行,就要执行到位

执行是一门学问,贯彻仅是高效完美执行的重要因素,但是,要想赢在执行,就必须要执行到位。那么,什么是执行到位呢? 在回答这个问题之前,先看一个故事:

1898 年美西战争爆发。战争初期美国并不占优势,为了争取战争的转机，美国政府想到了和当时隶属于西班牙殖民地的古巴起义将军加西亚,里应外合彻底打败西班牙。

但是加西亚在哪里?加西亚长什么样子?没有人知道。时间就是战争的胜负,在这迫在眉睫的时候,美国总统急于寻找到一个能把信送给加西亚的人。

正在这时,军事情报局向总统推荐了安德鲁·罗文——美国陆军的一位年轻的中尉。

罗文接受任务后,没有问“加西亚在什么地方”“到哪里能找到加西亚”就立即出发了。没有任何人跟随前往,直到他潜入古巴岛,古巴的起义军才给他派了几名当地的向导。

几经冒险,罗文先是骗过敌军的检查,之后是巧妙地逃过敌军的包围、搜索,最终把信送给了加西亚将军,并且把加西亚的回信圆满地带回给总统。

接着,美国部队和古巴的加西亚将军领导的起义军里应外合,终于打败了西班牙军队。如果没有罗文在信息如此匮乏的情况下凭着对决策的理解,坚决执行的能力,最后把信送给加西亚,再把加西亚的回信带回,那么历史或许就要重写。

这个故事说明了,执行到位是赢得成功的基础。故事中的安德鲁·罗文在接到命令后,他可没有去问上司“为什么一定要我去呢?”“加西亚是谁?”“那个地方在哪里”等诸多问题,而是立刻心领神会的积极执行,并且执行到位。因为执行不到位和不执行,从本质上说是没有任何区别的。然而,现实生活中能够执行到位的人,其实并不多。

有一位总经理急需知道一位名人的故事,于是就吩咐张秘书去帮忙查找。张小姐接到任务后,并没有直接奔向图书室,而是不停地发问道:

“那位名人是美国人吗?”

“需要在哪本书上可以找到呢?”

“您现在很着急知道吗?”

“您想知道他的什么故事呢?”

就这样,张小姐絮絮叨叨地说了大约十分钟的时间。总经理实在气愤不过了,便冲她吼道:“你能不能赶紧找找呀?”

故事中的张小姐就是典型的执行不到位。因为总理经是希望她能赶快地查到有关那个名人的资料,但是她却唠唠叨叨地问东问西。其实,在现实职场中,员工和上司的关系始终处于一种微妙的关系中。

有这样一个故事:

耶稣与他的门徒彼得一起出门远行。途中,耶稣发现一块破烂的马蹄铁,他希望彼得能够把马蹄铁捡起来,不料彼得因为没有听到耶稣亲自对他说,干脆假装没听见。

耶稣笑了笑,自己弯腰捡起马蹄铁。来到集市后,耶稣用它在铁匠那儿换来3文钱,并用这些钱买了十几颗樱桃。

出了城,两人继续前进,经过了一片茫茫荒野,耶稣猜到彼得渴得厉害,就把藏在袖子里的樱桃悄悄地扔掉一颗,彼得一看见,赶紧捡起来吃。耶稣边走边丢,彼得也就狼狈地弯了十七八次腰。

于是,耶稣笑着对他说:“你要是按我想的做,最开始就弯一次腰,我也就不用一次又一次重复地扔樱桃,你也就不会在后来没完没了地弯腰了。”

如果把故事中的耶稣比做职场上司,那么彼得就是众多职员的集中代表。职场中,上司总是希望员工按照自己的意图办事,可是很多人却并不能正确理解上司的意图,从而影响了执行力的贯彻。

根据研究表明,影响执行力的因素是多种多样的。其中,最重要的一点就是——理解有误。理解是执行的前提,倘若理解有误,不仅费时耗力,而且执行效果也会大打折扣。

一家企业的老板命令秘书就全年的工作写一份总结报告,并强调说“越详细越好”。秘书接到命令,立即加班加点地执行该项任务,不到两周,他就完成了一份几万字的报告。

老板看到报告很高兴,但没读几页,脸就沉了下来。原来,他的意思是希望秘书能够就一年的工作写份分析性报告,但秘书却误解了他的意思,把报告写成了一份事无巨细的流水账。老板无奈之下,只好自己写了一份。

这种因为理解不到位而执行不到位的现象,在职场中随处可见。但是一个职员要想赢得职场,就必须具备正确理解上司意图的能力,只有如此才能赢在执行,赢得职场。但是,很多时候,上司只是让我们去做某件事,却不告诉我们要达到一个什么样的结果。这时,就需要我们对工作本身的内涵有深刻的理解。

有一个小和尚担任撞钟一职。虽然撞钟比较单调枯燥,但是小和尚还是认认真真地按时撞钟。然而,主持却突然宣布调小和尚到后院劈柴挑水,原因是他不能胜任撞钟一职。小和尚很不服气地问:“难道我撞的钟不准时、不响亮?”主持说:“你撞的钟很准时,也很响亮,但钟声空乏、疲软,没有感召力。钟声是用来唤醒沉迷的众生的,因此,撞出的钟声不仅要洪亮,而且要圆润、浑厚、悠远。”

很显然,小和尚没有明白撞钟的真正含义,更没有理解为什么要撞钟,所以他撞出的钟声,虽然响亮,却没有感召力。由此可见,在职场中,理解到位不仅仅是对上司意图的真实理解, 同时还包括对本职工作的准确理解。只有理解到位了,才能确保执行到位,这是亘古不变的法则。

然而, 把工作执行到位是每个员工最基本的工作标准。在工作中,只有把工作做到位,才能提高工作效率,才能获得更多的发展机会,否则就是自毁前程。

巴斯是一家装修公司的采购人员。由于他对工作勤勤恳恳,所以深得上司的喜爱,并成为了上司最器重的人。

巴斯主要负责公司的材料购买, 但是他常常觉得那些厂家的材料太贵。有一次他在给公司采购原料的时候,遇到一个卖地板的人,说可以给他算便宜一些。虽然他记得上司一直告诫他,“便宜没好货”“一定要保证质量,用最好的材料,品牌是企业生存的基础”……但是他简单计算了一下,如果购买这家地板的话,这一项大约可以节省 3000 元,再加上其他的材料,可以为公司节省一笔不小数目的支出。他想这也是为公司节省,上司应该不会怪他吧。于是,他在没有和上司沟通的情况下购买了这家公司的地板。

后来,在客户装修过程中,这批地板出现了严重的质量问题,不仅需要重新购买地板,还使得装修工作无法按时完成,使客户蒙受巨大损失,因此客户非常生气,写信到巴斯公司投诉。

经过调查,上司发现问题出在了巴斯的采购上面。正是巴斯没有严格执行上司的指示,从质量有保障的供应商那里购买材料,才给公司带来如此大的物质和名誉损失。

上司看着那个客户投诉的信件,再看看巴斯,痛心疾首地说:"如此执行,你不光辜负了我对你的信任,更是毁掉了自己的声誉和前程啊!"

不久之后,巴斯就被公司开除了。

巴斯虽然是出于好意,为公司节约成本,但是,他却忘了,作为一个员工最重要的工作就是把指令执行到位。如果在执行过程中,出现了偏差,就会像巴斯一样,不仅损害了公司的声誉,同时也使自己失去了上司和客户的信任,最终失去了工作。

执行到位就意味着容不得掺半点假,作为一名员工,面对工作任务的时候如果不严格按照执行标准去做,那么无疑就是自毁前程。因此,在工作中,执行,就一定要执行到位!

聪明的白领爱方法

一位著名的哲学家曾说:"世界上有两种人,一种人每天忙着为自己找借口,另一种人每天忙着找方法。"事实证明了,善于找方法的人,执行力往往更高,而且更容易取得成功。因为思想影响态度,态度影响行动,所以不找任何借口的员工,肯定是一个执行力很强的员工。

巴顿将军在他的战争回忆录《我所知道的战争》中曾写到这样一个

细节：

“我要提拔人时，常常把所有的候选人排到一起，给他们提一个我想要他们共同解决的问题。有一次，我说：‘伙计们，我要在仓库后面挖一条战壕，2.4米长，0.9米宽，18厘米深。’我就告诉他们那么多。仓库有窗户和大节孔，候选人检查工具时，我走进仓库，通过窗户观察他们。我看到伙计们把锹和镐放到了仓库后面的地上。他们休息几分钟后开始议论我为什么要他们挖这么浅的战壕。他们有的说18厘米深还不够当后炮掩体。其他人争论说，这样的战壕太热或太冷。还有军官抱怨他们不该干挖战壕这种普通的体力活。最后，有个伙计对别人下命令：让我们把战壕挖好后离开这里吧，那个老畜生想用战壕干什么都没关系。最后那个伙计得到了提拔。我必须挑选不找任何借口完成任务的人。”

由此可见，每天忙于找借口的人，最终将被竞争惨烈的职场所淘汰。因为他们把心思全都用在了寻找借口上面，那么分配在工作执行上的精力，自然就会大大降低。同时，因为不能勇敢地承认错误，他们在心理层面上也会受到谴责。

卢梭是法国著名的革命家、哲学家。他小的时候，为了生存，经人介绍在一个有钱人家里打工。一天，这家的女主人去世了，家里非常混乱。卢梭乘机偷偷拿了这家小姐的一条绣带，谁也没有看到。卢梭当时只是觉得好玩才拿的，也没有怎么特意藏起来，不久就被发现了。老管家把卢梭叫到跟前，拿着那条绣带问卢梭：“这条绣带是哪里来的？”

卢梭当时非常紧张，支支吾吾了半天，说：“是马里翁送给我的。”

马里翁是家里的厨娘，比卢梭大几岁，不但人长得漂亮，而且乖巧、谦虚、诚实。大家都很喜欢她。听说是马里翁偷了绣带，大家都不相信。

于是，管家又把那个姑娘叫来，让她和卢梭当面对质。卢梭由于做贼心虚，指着马里翁抢先大声地说：“就是她！是她把那个东西送给我的。”

姑娘吃惊地瞪大眼睛看着卢梭，好半天才说：“不是的，管家。我根本不知道这件事。我也没见过这条绣带。”

卢梭仍然硬着头皮说："你撒谎，就是你送给我的。"

姑娘用一双无辜的眼睛看着卢梭，说："卢梭，求你说实话，可不要因为一条绣带断送了我的前途啊！"

卢梭虽然知道这样诬陷他人是不对的，可是又不好意思反悔，只好继续很无耻地指控那位姑娘。

姑娘很气愤，对卢梭说："卢梭，我原来以为你是个好人，想不到你是个爱撒谎的坏孩子。我看错你了。"

她转过头去，继续为自己辩解，再没有搭理卢梭。因为她不屑于和这样不诚实的人争论。

由于卢梭和马里翁都不承认是自己偷拿了绣带，管家只好把两个人都辞退了，并且说："撒谎者的良心会惩罚罪人的。它是会为无辜的人找回公道的。"

老管家的预言果然没有落空，卢梭从此受到了来自良心的强烈谴责。他时常会想起那双无辜而善良的眼睛。一想到由于自己的不诚实，使得她丢掉工作，白白顶上小偷的罪名，并且很难再得到他人的信任，找到合适的工作，卢梭就有说不出的难过，好像千万小虫子在咬他的心一样。

卢梭没有勇气承认自己的错误，反而错上加错，诬陷了善良无辜的马里翁。他逃脱了法律的制裁，却没有逃脱良心的谴责。卢梭终生都得承受着这种痛苦。如果再给卢梭一次机会，他一定会毫不犹豫地对老管家说："对不起，先生，是我拿的。这是我的错，这件事情与马里翁无关。"

这段文字选自卢梭的《忏悔录》，从中我们可以看到，用借口为自己开脱罪责的人，虽然可以逃避法律的制裁，但是却无法摆脱良心上的谴责。当然，在工作中也许我们永远体会不到卢梭的那种痛苦折磨，但是当我们在为自己执行不力而找借口辩护时，当我们因犯了过错而找借口推卸时，殊不知，就在我们寻找借口的那一刻，就已经失去了上司的信任，也永远地失去了晋升的机会。所以要谨记：完美的执行是不需要任何借口的。

那是一个周日下午，风很大，皮特和他的家人驾车行驶在高速公路上。突然，一幅惊人的画面闯入他们的视野：在公路右侧的旷野中，一个中年人正从他的轮椅上扑向一大片报纸。报纸在空中飞舞，狂风将报纸吹得到处都是。他不能站立，只能在地上爬行。他努力想去抓住那些报纸，可风实在是太大了，他的腿又有残疾，转眼间，旷野中到处都是报纸。威尔，皮特的大儿子，在皮特后面喊道："爸爸，我们去帮帮他吧！"皮特迅速地将车停好，然后一起冲出去帮忙。

风实在太大了，他们几个人四处奔跑捡拾着地上和空中的报纸。当皮特抓住报纸，将它们抱在胸前的时候，强烈的好奇心使皮特十分想知道发生了什么事。皮特将报纸都找回来，大家围拢在那个人的周围。这时他紧紧地抓着他费了很大力气才捉住的几张报纸。

皮特的一个孩子问他："发生了什么事情？" 他挣扎着坐回到轮椅上，一只手臂抖个不停，好像是残废了。

他说："老板让我把几捆报纸送给客户，等我到地方的时候发现缺了一捆，急忙回来沿途寻找。当我来到这里时，我简直不敢相信我的眼睛，报纸飘得满地都是。"

皮特未经仔细考虑就问道："你打算一个人把这些报纸捡起来吗？"他很奇怪地望着皮特说道："当然，我必须这样做。这是我的错！"

皮特听完这句话之后，顿时怔住了。因为眼前这个匍匐在狂风肆虐的旷野中，试图抓住漫天飞舞的报纸的残疾人，勇敢地面对自己的过错。虽然他有足够的理由为自己找借口。

这是一个发人深省的故事，对工作的执行，就是要承担起那份责任。即便在执行过程中遇到了困难，也要想尽办法去解决，而不是一味地找借口，为自己推卸责任。因为执行的目的，不是搜罗诸多的理由和借口，而是创造性地完成工作任务。所以一个出色的职场白领，通常情况下，对找方法的偏爱，是大于找借口的。

艾文是一家公司的市场专员。一次，上司让他去一个新的地方开辟市场，那是一个十分偏僻的地方，没有多少人居住。而且，公司生产的产品似乎在当地的用处不大。要想使这些产品在当地取得销路,在许多人看来是十分困难的。在把这个任务分派给艾文之前,上司曾经多次把这个任务交给过公司里其他人,但是,这些人都以这样或者那样的理由把这个任务推脱掉了。他们一致认为,那个地方根本不会有市场,接受这个任务的最终结果将是一场徒劳,不会有任何成效。

艾文在得到上司的指示后什么也没有多说，只带着一些公司产品的样品出发了。其实,艾文在出发之前,他也认定公司的产品在那里没有销路。但是,他坚定地相信,与其找借口选择失败,倒不如想办法,赢得成功。于是,他积极做好市场调研,用尽全力去开拓用户群体,结果最终取得了成功。

半年之后,艾文回到了公司,他带回了令人振奋的消息,那里有着巨大的市场。同事们对他钦佩不已,老板也对他更加刮目相看,比以前更器重他了。

艾文的成功,在很大程度上,可以说是赢在了摒弃“借口”崇尚“方法”上。倘若没有对执行方法的思考,想必他的结果也会和其他同事如出一辙了。

职场中,对工作的执行就像战场上的作战命令一样重要,不管在冲锋的路上有多少损伤,我们的目标就是要抢占高地,赢得战争。在职场中,一旦执行失利,如果再不能想办法解决,那么,一切即将到手的面包、房子、汽车和高职位,恐怕都会烟消云散。

经理因第二天需要出差,就让邓肯去火车站买车票。邓肯接到任务后马上就出去了。一个小时以后,邓肯回到公司,跑到经理面前说:“经理,火车票卖完了!”经理问:“结果呢?”他的回答依然是卖完了。于是,经理把杰福斯叫到办公室,还是让他去买火车票。同样,一个小时以后,杰福斯回来了。邓肯急忙问杰福斯:“杰福斯,火车票买到没有?”杰福斯说:“没有,确实卖完了。”邓肯一听心里非常得意,暗想:“经理,杰福斯不也没买到吗?”杰福斯同样到办公室报告经理。

五分钟后,经理让邓肯进去。邓肯一进去,经理便批评邓肯说:“你要学学人家杰福斯是怎么办事的。”邓肯非常纳闷:“哪里不一样呢?不也是没买到火车票吗?”这个时候,经理说:“杰福斯总共列了四种方案:第一种,从票贩子手里可以买到五张票,不过每张要多一百元。第二种,托朋友关系,可以让列车员同志送上车,但是可能没有座位。第三种,坐豪华大巴每人需要一百元。第四种,可以坐飞机,机票1200元/张。同时,杰福斯建议坐豪华大巴,既经济又实惠。”

这个故事告诉我们,既然要执行,就一定要有结果,否则就是浪费人力资源。经理的目的很简单,就是要顺利出差,所以邓肯和杰福斯执行的就是必须买到车票。然而,车票销售一空已成既定的事实,那么,这是否就意味着经理出差的事情要往后延迟呢?当然不能。所以在工作执行过程中,动脑筋想办法者,则赢得职场;找借口推卸责任者,则被职场抛弃。

差不多就是差得多

很多职场白领在工作执行中经常爱说:“差不多就行了。”每次听到这样的话语时,便不自觉地想起胡适之先生的《差不多先生传》。胡适之笔下的差不多先生,对待任何工作都从不力求完美,只要有个差不多也心满意足了。其实,正是因为差不多思想的存在,才严重地影响了执行力的提高。从某种意义上说,差不多其实就是差得多。

某军需用品生产厂商为空军部队提供降落伞的生产。经过努力,他们使产品合格率达到了99.9%,但是还差一点点。于是,总经理要求技术人员想尽办法使产品合格率达到100%。

可是技术人员却不以为然,他们说:“99.9%差不多就到了100%了,任何产品都绝对不可能达到100%的合格率。除非出现奇迹。”

但是,降落伞 99.9%的合格率,就意味着每一千个跳伞军人当中,有一个因为降落伞的质量问题而做出无谓的牺牲。

于是,总经理想出来这样一个方法:从刚刚生产出来的降落伞中随即挑出一个,让技术人员背着这个降落伞亲自从飞机上跳下去,并说:"你们不是说降落伞 99.9%是合格的吗?不用怕,你们运气不会那么差,偏偏碰上不合格的 0.1%。"

没有人敢拿自己的生命去挑战这个 0.1%。因此,降落伞的合格率也终于达到了 100%。

从这个故事中,我们可以发现,在差不多思想指导下的执行力就是 99.9%的满足和 0.1%的缺憾。乍看上去,似乎这个数据已经显得很完美。但是,现实工作中许多事故的发生,可能就隐藏着这些微乎其微的 0.1%中。而造成 0.1%存在的肥沃土壤就是差不多思想。所以差不多其实就是差得很多。

执行力的实质是在规定的时间内,按质按量地完成工作任务。这就要求对工作的执行,必须力求完美,容不得半点马虎大意,更不能有任何虚伪和掺假。然而,差不多就是马虎大意和虚伪掺假的代名词,所以在实际工作执行中,差不多是万万要不得的。

根据研究表明,差不多思想的形成,是受到以下三个方面的影响和推动。

一、浮躁是酝酿"差不多"的摇篮

浮躁会导致一个人在执行工作时,不能专心致志,从而失去了清醒的头脑,结果就会对任何工作都采取大而化之和差不多的态度,予以草草收场,使得执行力水平大大地降低。所以只有克服浮躁,把差不多思想扼杀在摇篮里,才能稳步迈向成功。

李嘉诚在当堂倌的时候,就表现出了不浮躁的工作态度。在别人看来,当堂馆是个没有出息的营生,但是李嘉诚却不这样认为,在他看来干好堂倌是迈向成功的第一步。因为在茶馆里和三教九流的人打交道,需要练就一身察言观色，见机行事的本领。于是李嘉诚一边当堂倌，一边揣测茶客的籍贯、年龄、职业、财富、性格，然后找机会验证；揣摩顾客的消费心理，既真诚待人又投其所好，让顾客既高兴又付钱。

一段时间后，他进了舅父的钟表公司当学徒，他投师学艺很快学到了钟表的装配及修理的有关技术。其后，他建议开钟表公司的舅父迅速占领中低档钟表市场。结果大获成功，因为香港对低档表的需求确实很大。

1946 年，他 17 岁，辞别舅父，开始自己的创业道路。结果他屡遭失败，几次都陷入困境。但这个时候，他仍然不浮躁，而是踏踏实实地一步一步往前走。

1950 年夏，22 岁的李嘉诚创立了长江塑料厂。

他之所以要创立这个厂，也是他稳健思考和观察的结果。他通过分析，预计全世界将会掀起一场塑料革命，而在当时的香港，塑料市场是一片空白。

在工厂经营到第七个年头的时候，李嘉诚开始放眼全球。一天，他翻阅英文版《塑料杂志》，读到了一则简短的消息：意大利一家公司已开发出利用塑料原料制成的塑料花，并即将投入生产，向欧美市场发动进攻。他立即想到另一个消息，那个消息说欧美人生活节奏加快，许多家庭主妇正逐渐成为职业妇女，家务社会化的需求越来越强烈。他于是推想，欧美的家庭都喜爱在室内外装饰花卉，但是快节奏使人们无暇种植娇贵的植物花卉。塑料插花可以弥补这一不足。他由此判断，塑料花的市场将是很大的。因此他便以最快速度办妥赴意大利的旅游签证，前去考察塑料花的生产技术和销售前景。

就在李嘉诚全力拓展欧美市场的时候，一位欧洲的大批发商在看到了李嘉诚公司的产品样品后，前去与他联系。这位批发商是因为李嘉诚公司的产品价格低于欧洲产品的价格而来找他的。但他通过一些渠道得知长江公司是资金私有制。为保险起见，他表示愿意同李嘉诚合作，但条件是他必须有实力雄厚的公司或个人进行担保。李嘉诚知道这位批发商的销售网遍及欧洲,如果能与他取得联系,是十分有利的。可惜,他竭尽全力都没有找到担保人。但只要有一线希望,就要全力争取,这是他成功的一个法宝。他与设计师一道连夜赶出九款样品,批发商只准备订一种,李嘉诚则每种设计了三款。第二日他来到批发商的商店。批发商望着他因通宵未眠而红的眼睛,欣赏地笑了,答应了谈生意,在李嘉诚没有担保的情况下,签了第一份购销合同。按协议批发商提前交付货款,从而解决了长江公司扩大再生产的资金不足问题。

长江公司很快占领大量的欧美市场。仅1958年一年,长江公司的营业额就达一千多万港元,纯利一百多万港元。塑料花使长江实业迅速崛起,李嘉诚也成为世界"塑料花大王"。

可以说,李嘉诚的成功在很大程度上归功于他的那种稳健、不浮躁的工作作风。因此,在职场中,每位白领在执行工作时都能戒骄戒躁,一步一个脚印地向前迈进,力求把工作做到臻于完美,坚持杜绝"差不多"思想的作祟,那么,成功的距离还会很遥远吗?

二、急功近利是"差不多"的推动者

古人云:"欲速则不达。"但是在职场中,很多白领在执行工作任务的时候,却往往为了眼前的一点蝇头小利,而表现得迫不及待,结果无形之中又犯了"差不多"的老毛病。

著名作家陀思妥耶夫斯基曾说,名利对于那些急功近利者,就好似吊在车把面前的一块肉。车夫总想抓住那块肉,却总是抓不到。无论你把车拉得多么快,那块肉始终在你的车把前面,始终抓不到你手中。你成天绞尽脑汁,时刻想着投机取巧,而且忙忙碌碌,到头来仍然一无所有。

杰克是一家图书公司的编辑,按照公司规定,每出版一本书,就可以获取500美元的奖励。于是,为了赚取更多的奖励,杰克便想方设法地提高编辑速度。结果,原本需要两个月才可以完成的工作任务,他仅20天就做完了。

一日,经理大发雷霆地把一本书稿扔到他跟前,近乎咆哮地吼道:

“以后不要把这种垃圾一样的东西交上来。”

结果是可想而知的，杰克不但没有领到奖金，还差点被扣罚工资了。因为他没有按质按量地完成工作任务。

急功近利者，势必对工作的执行产生偏差，从而降低了工作质量。其实，这一切根源都在于“差不多”的思想。故事中的杰克一心只想赚取更多的奖金，从未想过提高工作质量，所以最后事与愿违，自然也就是情理之中的事情了。

韩国三星集团的董事长在一次高层领导会议中，对生产部门的经理说道：“难道我们的产品质量就不能提高吗？”其言下之意是说，现有的产品质量很差，客户抱怨率很高。

经理站起身子，回答道：“董事长，不是我们不能提高质量，是上级要求出产率太快，我们来不及呀！”

董事长立刻说道：“从现在开始，你们哪怕一天只生产一台洗衣机，一台电冰箱，总之一定要把质量提高上去。”

从这段对话中，我们可以发现，生产速度太快，相应的产品质量就会降低。同样的道理，一个职员在执行工作时，一味地追求速度，那么可想而知，其完成的任务质量，一定不能尽善尽美。因为，在追求速度的同时，他们对产品的质量抱定的信念是“差不多就行了”。所以要想提高执行力，就必须打破“差不多”的思想怪圈。

三、敷衍了事是“差不多”的执行者

敷衍了事和差不多，两者之间是相互辩证的关系。因为有了“差不多”的思想，才会在执行中敷衍了事，也正因为执行中对工作敷衍了事，才会滋生“差不多”的思想。一位成功企业家曾说：一旦对工作敷衍了事，那么执行任何工作都是无效的。

有这样一个故事。

有个老木匠向老板递了辞呈，准备离开他熟悉的建筑业，回家与妻子儿女享受天伦之乐。

他是全国最著名的几位木匠之一，手艺高超。老板舍不得这样的好员工离开，问他能否帮忙建造最后一座房子，老木匠欣然允诺。但是，显而易见，他的心已不在工作上，他用的是废料，出的是粗活。

等到房子竣工的时候，老板亲手把大门的钥匙递给他并对他说："这是你的房子，也是我送给你的礼物。"他震惊得目瞪口呆，羞愧得无地自容。

这个故事告诉我们，无论一个人的能力有多高，如果不能力求完美的做事，那么一切执行都会大打折扣。职场竞争的压力越来越大，要想在办公室中，赢得最后的成功，就必须认真执行每一项工作，切不可敷衍了事。否则，只会自酿苦酒自己品尝，落得个老木匠一样的下场。

其实，要想克服差不多的思想，办法只有一个，那就是脚踏实地地认真执行每一件事。海尔集团的企业文化里有这样两句话："把每一件简单的事做好就是不简单，把每一件平凡的事做好就是不平凡。"

有一天，张瑞敏的一位朋友要买一台冰箱，结果挑了很多台都有毛病，最后勉强拉走一台。朋友走后，张瑞敏派人把库房里的400多台冰箱全部检查了一遍，发现共有76台存在各种各样的缺陷。张瑞敏把职工们叫到车间，问大家怎么办?多数人提出，也不影响使用，便宜点儿处理给职工算了。当时一台冰箱的价格800多元，相当于一名职工两年的收入。张瑞敏说："我要是允许把这76台冰箱卖了，就等于允许你们明天再生产760台这样的冰箱。"他宣布，这些冰箱要全部砸掉，谁干的谁来砸，并抡起大锤亲手砸了第一锤!

在接下来的一个多月里，他发动和主持了多次会议，讨论的主题非常集中："如何从我做起，提高产品质量。"三年以后，海尔人捧回了我国冰箱行业的第一块国家质量金奖。

可见，执行要到位，执行要完美高效，就必须实实在在，脚踏实地地去执行。对一切工作抱有"差不多"思想的员工，其最终的结果，一定是和预期目标"差得很多"。所以要想在执行中赢得胜利，就必须摆脱"差不多"思想的影响。

小事件，大执行

在工作中，任何的行动都是执行力的表现。事实上，没有任何一帆风顺的行动，在行动中，我们总是要随时躲避一些细微的小事情，避免“一着不慎，满盘皆输”。有时候，虽然只是一件微不足道的小事，但是却有可能决定执行的成败。

日本某企业与一家法国大公司商谈合作问题，这家企业花了大量工夫做前期准备工作。在一切准备就绪之后，企业领导邀请法国公司派代表来企业考察。

法国公司代表在企业领导的陪同下，参观了企业的生产车间、技术中心等一些场所，并对日方的设备、技术水平以及工人操作水平等都表示了相当程度的认可。日方企业领导非常高兴，设宴招待法方代表。

宴会选在一家十分豪华的大酒楼，日方企业的众多高层领导，纷纷到场作陪。法方代表以为日方还有其他客人及活动，当知道只为招待他一人之后，感到不可理解，当即表示与日方的合作要进一步考虑。

法国代表在回国之后，发来一份传真，拒绝了与这家日本企业的合作。日方认为企业的各种条件都能满足法方的要求，对代表的招待也热情周到，却莫名其妙地遭到法方拒绝，对此也相当不理解，便发回信函询问。法方代表回复说：“你们吃一顿饭都如此浪费，要把大笔的资金投入进去，我们如何能放心呢？”

由此可见，在执行过程中，对小事情不引起足够的注意，那么必将会“因小失大”，导致最后的结果是功亏一篑。故事中的日方企业对接待工作可以说做足了面子，但是正所谓智者千虑必有一失，他们忽略了“节俭”这个小事情，最终导致了合作的失败。

著名的思想家老子说："天下大事，必做于细；天下难事，必做于易。"所以不重视小事情的人，在执行中注定是要失败的。

一家食品厂，准备引进外资，扩大生产规模。当时，请来了世界著名的拜尔公司来厂考察。

拜尔公司代表来这家食品厂考察。在进行了短暂的室内会谈之后，食品厂的经理便陪同这位代表参观工厂。就在参观食品加工车间的过程中，食品厂经理随地吐了一口痰。拜尔公司的代表清楚地看到了这个场景，便马上拒绝继续参观，也终止了与这家食品厂的谈判。

小事情决定大执行。在拜尔代表的眼中，食品加工车间的卫生应该是非常清洁的。作为食品厂的经理却随随便便地在厂房内吐痰，那么，其他员工的素质就可想而知了，所以拜尔代表毅然决然地终止了谈判。由此可见，小事情在工作执行中所发挥的作用是巨大的。

行政管理学中有这样一则著名的效应——蝴蝶效应。意思是说，一只蝴蝶在巴西扇动翅膀，有可能在美国的得克萨斯州引起一场龙卷风。

在实际工作中，每一次的执行都有可能遇到蝴蝶效应，问题的关键是，如何解决这种效应带来的影响。

有一天，美国通用汽车公司的庞帝雅克部门收到一封客户抱怨信，信中写道："这是我为了同一件事第2次写信给你，与第一次一样，我会陈述一些发生在我们一家人身上的事，当然，这与你们的汽车有关，但这的确是一个事实。"

"我们家有一个传统的习惯，就是吃完晚餐后，都会以冰激凌来当甜点。由于冰激凌的口味很多，所以我们每天都会投票决定要吃哪一种口味，然后我就会开车去买。"

"但自从最近我买了一部新的庞帝雅克后，问题就发生了。"

"每当我买的冰激凌是香草口味时，我从店里出来车子就发动不起来：但如果是其他的口味，车子发动就很顺利。尽管这个问题听起来很不可思议，但我是非常认真的。我想知道，为什么会发生这样的事？"

虽然，庞帝雅克的总经理对此心存怀疑，但他还是派了一位工程师去查看究竟:工程师很快就找到这个人,他惊讶地发现,这封信是出自于一位事业成功、乐观,且受了高等教育的人之手。

工程师与这个人用晚餐后,跃上车,径直往冰激凌店开去。同样的事又一次发生了,当买好香草冰激凌回到车上后,车子又发动不起来了。

这位工程师之后又依约来了三个晚上,结果都是如此。

这位工程师始终不肯相信这个人的车子对香草过敏，所以他记下从开始到现在所发生的种种详细资料,如时间、车子使用油的种类、车子开出及开回的时间……根据资料显示,他发现,这个人买香草冰激凌所花的时间比其他口味的要少。

原来,香草冰激凌是所有冰激凌口味中最畅销的口味,店家为了让顾客每次都能很快取拿，将香草口味特别分开陈列放置在店前端的冰柜中,其他口味则放置在距离收银台较远的后端。

但工程师还是不明白，为什么这部车会因为时间较短就会发动不起来？工程师很快找出了答案,应该是“蒸汽锁”出了问题。当时间较久时,引擎有足够的时间散热,重新发动时就没有太大的问题。但时间较短时,引擎太热以至于还无法让“蒸汽锁”有足够的散热时间。这就是全部症结所在。

看完这个故事,我们不难发现,所有问题的症结都集中在一个小小的“蒸汽锁”上。而正是这个不起眼的小毛病,却带来了巨大的麻烦。倘若没有工程师的细心检查,恐怕永远也不会想到是一个小“蒸汽锁”出现了故障。但是,由此却引发了另一个问题的思考,那就是,汽车在生产时,为什么没有对这个小小的“蒸汽锁”高度重视呢？答案很简单,因为这是小事情！可是,大量的事实证明了,凡是能够赢在执行,取得成功的人,通常都是十分重视小事情的人。

有一年北京的冬天异常寒冷。肆虐的西北风，席卷着飞扬的雪花，像武林高手发出去的一片片寒光闪闪的暗器,让人躲闪不及。

每逢这个时节,北京的火锅店,便是异常的火暴。

一日,我和家人正在一家火锅店用餐。只见一位穿着时尚、气质高雅的女士,推门而入。

此时的火锅店里,早已是座无虚席,处处洋溢着汤浓味美的融融暖意。

她一进门,就找到订餐小姐问道:“还有包间吗?”

“包间已满,您看去大厅可以吗?”

她一听没有包间,就面露不悦之色,意欲离开。

此刻,正在餐厅巡察的主管急忙赶了过来,问明情况后,就立刻和其他服务员取得联系,得知有两个包间的客人基本用餐完毕,还有一个包间虽已被预订,但客人1小时后才能赶到。主管立刻将她和她的朋友们安排到被预订的包间,而她的脸上也露出了满意的笑容。

不久前,我又去那个火锅店消费,突然想起了这个故事,就顺便问及了此事。

“你还记得去年那个着急订包房的女士吗?”

“嗯!你问的是她呀?”服务员兴致勃勃地说道:“她现在已经是我们店里的VIP会员了,经常来这里用餐。一年的消费就高达十几万元呢!”

听完服务员的讲述,我不禁陷入了沉思。倘若,当时那位女士没有遇到巡察的主管,那么是不是,她今天还会是这里的VIP会员呢?还有,同样的一件事情,为什么会产生两个极端不同的结果呢?服务员告诉她没有包间,这本是事实,而她却是一脸不悦,转身就要走开。可是,经过主管的处理,竟然皆大欢喜。这其间究竟蕴涵着什么道理呢?其实,道理很简单,那就是重视小事情。正如俄国著名作家罗蒙诺索夫说:“凡对细节持轻蔑态度的人,在大事上也是不可信任的。”由此可知,在执行工作时,不放过任何一个细枝末节的小事,就能赢得上司的青睐,赢得职场的主动权。

海尔集团在张瑞敏的带领下,逐步走进了世界先进品牌的行列。其实,在张瑞敏入主海尔集团之前,海尔并不是多么不得了的公司。那么,张瑞敏究竟是依靠什么力量,使得海尔集团不断壮大起来的呢?那就是——细节!从每一个细节抓起,并执行到底。

张瑞敏曾亲自制订13条规章制度，其中有“不准在车间内随地大小便”“不准迟到早退”“不准在工作时间喝酒”“车间内不准吸烟”“不准哄抢物资”等。总之，都是一些微不足道的细枝末节，但是却被张瑞敏视为伟大工作实现的第一步。

事实证明了，张瑞敏的做法是正确的。海尔集团在13条规章制度的严格要求之下，焕然一新。不仅大大地提高了每个职员的执行力，而且把海尔集体推上了一个新台阶。所以，职场中的每一位员工，在执行工作的时候，都应该重视小事情。把小事情当做大事、要事、急事来对待，唯有如此，才能确保执行到位，赢得上司的刮目相看。

完美执行始于细节

著名成功经理人余世维说：“中国人想做大事的人太多，而愿把小事做好的人太少。一个做事不追求完美的人，是不可能成功的，而要做事完美，就必须注重细节。”由此可见，注重细节是完美执行的有力保证。

然而，现实职场中，很多人对细节之事，往往嗤之以鼻，一脸不屑。似乎做细枝末节的小事，根本无法展现自己的才能，所以动辄就是大项目。其实，一个做不好细枝末节小事的人，是根本做不成大事的。

朱古力是一家知名公司的职员。她一心只想鹏程万里，不料上班后才发现，每日无非是些琐碎事务。这些事情既不需太多智能，也干不出什么成绩，她的心便渐渐冷了下来。

一次公司开会，部门的同事们都在彻夜准备文件，分配给她的工作是装订和装封套。经理再三叮嘱：“一定要做好准备工作，别到时弄得措手不及。”她却不以为然。同事们依旧在忙忙碌碌，她却只在旁边看报纸。文件终于交到她手里。她开始一件件装订，没想到只订了几份，订书机“喀”地一响，针用完了。

朱古力漫不经心地抽开订书针的纸盒，脑中“轰”一声——里面是空的。翻箱倒柜之后，她才发现，平时满眼皆是的小东西，现在竟连一根都找不到。此时已是深夜11点半，文件必须在次日8点大会召开之前发到代表手中。经理大怒道：“告诉你的话，你就是不听。连这点小事也做不好，你还能做什么啊！”朱古力低下头无言以对。

她没有说话，径直走了出去。凌晨3点时，她找到一家通宵服务的商务中心，终于赶在开会之前，将文件整齐漂亮地发到代表手中。事后，她来到经理办公室等候批评，没想到平时严厉得不近人情的经理，却只说了一句：“记住，最小的事也同样是重要的事。”

是的，正所谓见微知著。在执行过程中，事情没有大小之分，哪怕只是肉眼看不到的小事，小细节，都不可小觑。荀子曰：“不积跬步，无以至千里；不积小流，无以成江海。”只有充分重视每一个细节，认真对待每一个细节，才能把工作执行得完美漂亮。

在西方流传着这样一个故事。

英王理查三世准备与敌军决一死战，因为这场战斗的胜者将统治英国。

战斗进行的当天早上，理查三世派马夫去备好自己最喜欢的战马。

马夫对铁匠说：“快点给它钉掌，国王希望骑着它打头阵。”

铁匠回答：“你得等等，我前几天给国王全军的马都钉了掌，现在我得找点儿铁片来。”马夫不耐烦地叫道：“我等不及了，敌人正在向我军推进，我们必须在战场上迎击敌兵，有什么你就用什么吧。”

铁匠埋头干活，钉了三个马掌后，他发现没有钉子来钉第四个掌了。“我需要一个钉子，”他说，“得需要点儿时间砸出一个。”

马夫急切地说：“我告诉过你我等不及了，我听见军号了，你能不能凑合一下？”

“我能把马掌钉上，但是不能像其他几个那么结实。”铁匠说。

“能挂住吗?”马夫问。

“差不多吧,”铁匠回答,“但我没太大把握。”

“好吧,就这样,”马夫叫道,“快点,要不然我们得挨罚的。”马掌钉好后,马夫将战马牵到国王面前。

两军交锋,理查国王冲锋陷阵,鞭策士兵迎击敌人:“冲啊,冲啊!”

他还没走到一半,突然,一只马掌掉了,战马跌翻在地,理查也被掀倒在地上。

国王没有再抓住缰绳,惊恐的畜生就跳起来逃走了,理查环顾四周,他的士兵们见国王倒下了,便纷纷转身逃跑。敌人的军队包围了上来,俘获了理查,战斗结束了。

从那时起,人们就说:少了一个铁钉,丢了一只马掌;少了一只马掌,丢了一匹战马;少了一匹战马,败了一场战役;败了一场战役,失了一个国家。

铁钉何其小,国家何其大;而一只铁钉引发的后果,竟然导致了一个国家的覆灭。可见细节在执行过程中的作用是何其巨大!

世界第一CEO杰克·韦尔奇说:“不要总是抱怨机会没有垂青于你,只要注意生活中的细微之处,你就会发现机遇无处不在。”这句话表明了,只有注意细节,才能赢取成功;同样的道理,只有注意细节,才能提高执行力。

宝洁公司刚刚推出汰渍洗衣粉时,市场占有率和销售额都以非常快的速度向上飙升。可是,好景不长,这种强劲的增长势头却开始放缓了。这是为什么?宝洁公司的销售人员百思不得其解。虽然他们进行过大量的市场调查,但一直都找不到销量停滞不前的真正原因。

无奈之下,宝洁公司专门邀请消费者前来参加产品座谈会,并且征求消费者的意见。会上,有一位消费者抱怨说,汰渍洗衣粉的使用量太大。参加座谈会的宝洁公司领导忙追问其中的缘由,这位消费者解释说:“你看看你们的广告,倒洗衣粉要花那么长时间,衣服是洗得干净,但要用那么多洗衣粉,算计起来反而更不划算。”

听到这位消费者的话,销售经理赶快把广告片找来,仔细核对了一下展示产品部分中倒洗衣粉的时间，一共3秒钟，而其他品牌的洗衣粉,广告中倒洗衣粉的时间却只用了1.5秒。

宝洁公司的负责人恍然大悟,就是广告上这一细小的疏忽,使得汰渍洗衣粉的销售和品牌形象大打折扣。

在经济全球化飞速发展的今天，竞争的压力越来越大。无论是企业,还是职场职员,为了生存,就必须不断提高执行力,赢得市场和职场。然而,提高执行力的重要手段之一,就是把握细节,赢在细节。

密斯·凡·德罗是20世纪世界四位最伟大的建筑师之一，在被要求用一句最概括的话来描述他成功的原因时,他只说了五个字"细节是上帝"。他反复强调的是,不管你的建筑设计方案如何恢弘大气,如果对细节的把握不到位,就不能称之为一件好作品。细节的准确、生动可以成就一件伟大的作品,细节的疏忽会毁坏一个宏伟的规划。

2003年2月1日,美国哥伦比亚号航天飞机在结束了为期16天的太空任务之后,在返回地面时,突然发生了爆炸,导致航天飞机上的宇航员全部罹难,震惊了整个世界。美国宇航局负责航天的官员迪特莫尔因为这一事件而被迫辞职。

后来,在美国有关当局的事故调查中表明,造成航天飞机爆炸的是由一块脱落的隔热瓦引起的。

对此,美国国家宇航局航天飞机项目负责人迪特莫尔分析道:航天飞机的表面覆盖有2万块隔热瓦和2300块隔热衬垫。由于隔热瓦的技术要求有相当精确的工艺,所以都必须由工人手工一块一块安装上去。哥伦比亚号航天飞机在和地面失去联系之前的几秒钟向左翼倾斜,这种现象表明可能与一到多块隔热瓦的脱落有关。

美国的航天技术在国际上是领先的，在关键性的技术上没有出现任何问题,却因为一块脱落的隔热瓦导致造价惊人的航天飞机爆炸,甚至还让8名宇航员失去了宝贵的生命。这不能不说是令人痛心的事情。同时,这也再次说明了,细节是成功的重要保证。没有坚实而完善的细节做基础，任何执行都将以失败而告终。因此，世界上凡是成功的执行者，无一例外都是关注细节的高手。

卡梅隆是世界上著名的大导演，他执导的《泰坦尼克号》《阿凡达》等作品，都堪称电影史上的典范。而他的作品之所以能够风靡全球的一个重要原因就是：追求完美，对每个细节的执行都力求到位。

电影《泰坦尼克号》里有一个镜头，在船要沉没、船尾翘起来的时候，船上所有的碗、杯子、盘子都散落满地。等拍完这个镜头的时候，导演卡梅隆把盘子拿起来一看，发现这些东西上面都没有商标。而实际上，人们把真实的"泰坦尼克号"从海底打捞起来后，发现原来船上的碗、盘子、杯子都是有商标的。

当卡梅隆发现这个问题后，决定重新拍摄这个镜头。影片投资人说："你疯了，一万多个盘子重新做一套，那得要多少钱啊。"卡梅隆说："那就扣我的薪水吧，即使我不领薪水，我也要把它重新做一遍。"于是，他们又重新做了一套带商标的碗、盘子和杯子，重新拍了一遍这个镜头。

其实，观众是不太清楚"泰坦尼克号"上的盘子是否有标签的。但是，卡梅隆就是要严格执行细节的把握，力求艺术上的完美，所以卡梅隆能成为世界知名大导演。

在上海乘坐过地铁的人，如果善于观察生活的话，一定会发现1号线的每一个室外出口都设计了三级台阶，要进入地铁口，必须踏上三级台阶，然后再往下进入地铁站。很多人也许对这三个台阶并不以为然，其实，却深刻的表现了设计师对细节的把握。

上海地处华东，地势平均高出海平面就那么有限的一点点，一到夏天，雨水经常会使一些建筑物受困。因此设计师就注意到了这一细节，特别设计了这三级台阶，用以在下雨天可以阻挡雨水倒灌，从而减轻地铁的防洪压力。

此外，为了确保乘客的安全，设计师又匠心独运地在靠近站台约50厘米内铺上金属装饰，并用黑色大理石嵌了一条边。这样，当乘客走近站台边时，就会有了“警惕”，从而驻足在安全线以内了。

虽然，上述的种种设计，看似微不足道，其实却起到了重要的作用。因为地铁2号线，没有这些措施，结果每到下雨天，就出现了雨水倒灌的现象。同时，为了提醒乘客注意安全，他们将不得不安排专门人员进行提醒。

由此可见，细节处处显精神。在执行过程中，我们只有善于发现细节，把握细节，妥善地利用细节。只有如此，细节才能为我们的执行锦上添花。

白领生存羊皮卷
BAILING SHENGCUN YANGPIJUAN

第六章 高效工作

当今职场竞争日益激烈，那么，要想赢得上司的青睐，并巩固现有的职场地位不动摇，就必须不断地提高工作效率。兵法有云："兵贵神速。"意思就是说，要想取得战争的胜利用兵贵在行动迅速。其实，简言之，就是快速而高效地作业。职场如同战场，无论是抢占市场，争夺客户，还是积极地表现自己，赢得职场同仁和上司的欣赏，都必须率先完成工作任务。诚如一位成功企业家所说：在工作中不能快速作业的员工，将被职场所抛弃。因此，能否高效工作是你能否赢得职场的关键！

工作有规划，胜利在眼下

通常情况下，很多职场白领在接到一项工作任务后的第一感觉就是千头万绪，不知该从何处下手，就像面对一只张牙舞爪的螃蟹，虽垂涎欲滴，却无从下口。所以有些人，便凭借着一腔热血，在毫无规划的情况下，拼命咬下了第一口，结果不但没有尝到螃蟹的美味，反而被螃蟹所伤。其实，正确的做法应该是先对螃蟹做整体的打量，然后，找出薄弱环节，最后确定第一口的位置，这样就能轻松地分享美味了。

美国通用公司总裁韦尔奇说："做事没有规划是许多公司缺乏效益的一大重要原因。"可见，任何一名职场白领，要想让自己的工作有效率，就必须做好规划。

第二次世界大战名将蒙哥马利就是一位善于规划的人。他擅长阵地战，而阵地战最大的优势，就是精心部署，做好事前规划。然而，对战争的整体规划却是德军北非战场统帅隆美尔所缺乏的。因此，从某种意义上说，从双方对决的第一天开始，就注定了蒙哥马利赢得北非战场的最终胜利。

1942年6月，"沙漠之狐"隆美尔对驻守北非的英军发起了猛烈进攻。英国将军奥金莱克率领的英国第八军团节节败退。7月初，隆美尔又率领意大利和德国的步兵与机械化部队深入埃及，逼近距亚历山大港仅160公里的阿拉曼防线，严重威胁着英联邦军队重要的苏伊士运河补给线。1942年8月，蒙哥马利临危受命，接任英国第八集团军总指挥，在北非战场展开了与隆美尔的生死对决。

蒙哥马利到达阿拉曼前线之后，做的第一件事情，就是鼓舞士气，然后他认真研究隆美尔的作战特点，发现隆美尔把德军的装甲力量几乎全部集中到了北面通道的正面。针对敌人的兵力部署，蒙哥马利制定了一个非常大胆的行动计划：在南面实施佯攻，在北面实施主攻，争取一举歼灭德军主力。同时，蒙哥马利又精心部署了更大规模的歼灭战，计划用12天的时间分“闯入，混战，击败”这三步来取得北非战场的决定性胜利。

1942年10月23日夜，英军集中1000门野战炮和中型火炮对阿拉曼地区的德军实施夜间炮击，随后步兵向敌前沿阵地发起冲击。在主攻方向，第30军右翼澳大利亚第9师和英国第51师、中路新西兰师和南非第1师，进展顺利，突破敌前沿后迅速在雷区为后续装甲部队开辟通路。24日凌晨2时，第10军的第1、第10装甲师奉命从正在开辟通路的雷区进入战斗，迫使德军部分阵地向海岸推进。在助攻方向，第13军对德军防线南段发起进攻。26日，隆美尔在判明英军主攻方向之后，开始将第21装甲师调往北线。英军进攻受挫，27日暂停进攻。但是，蒙哥马利为了牢牢将隆美尔的部队困在预先设定的“包围圈”中，于是，命令第7装甲师北调，加强主攻方向实力，第13军其他部队暂取守势，仅以小分队出击和炮火袭击牵制敌人。29日，德军主力第21装甲师向北部沿海行动，企图阻止英军沿公路西进。蒙哥马利据此改变计划，决定对腰子岭以北德军防御薄弱部位实施纵深突破。31日，澳大利亚第9师进抵沿海地区，切断德国第164师退路。至此，德意军坦克仅剩200余辆，而英军在战线北段尚有800余辆坦克没有投入战斗。1942年11月2日凌晨，英军发起新的进攻。经过炮火准备后，第151、第152步兵旅和第9装甲旅发起冲击，次日夜从德国第15、第21装甲师防线接合部实现突破。4日凌晨，第10、第7装甲师和印度第4师从突破口向纵深展开进攻。而在沿海地区的德国第164师余部，则被澳大利亚第9师歼灭。6日，阿拉曼战役以英军歼敌5.5万人，击毁坦克装甲车350辆的辉煌战绩取得胜利。

事后，军事学家分析道：蒙哥马利的成功，在很大程度上取决于对战争的全面把握,以及对此做出的正确规划。由此可见,对工作任务做出全面而精准的规划,是一个人取得胜利的坚实基础。梅隆美被誉为“沙漠之狐”纵横北非战场,可谓是战无不克,攻无不胜。但是,当他遇到蒙哥马利之后,便彻底地改写了人生命运。然而,这并不能说明,隆美尔能力不佳,指挥不当,而是他不善于对战争做出规划而已。

规划是提高工作效率的强有力保证。伟大数学家华罗庚曾说过这样一个故事:

某人早上起床,急匆匆地先上厕所,然后,急匆匆地跑出去取报纸,最后,急匆匆地烧水冲茶。总之,一切事情都搞得急匆匆的,但是上班还是迟到了。

他的同事却不是这样。他每天早上起床,先烧开水,然后出去取报纸,最后上厕所,看报纸,等上完厕所,水也烧开了。由于他对事情的规划比较完善,所以上班从未迟到过。

由此可见,对事情进行规划,不仅可以提高效率,还能节省大量的时间。然而,现实工作中,不善于规划工作的人,却比比皆是。一位成功企业家说,我经常可以遇到两种人:

一种是看似很忙碌的人,不管在什么时候遇见他,他都表现得风风火火的样子。如果要同他谈话,他只能拿出数秒钟的时间,时间长一点,他会伸手把表看了再看,暗示着他的时间很紧张。

另一种人,与上述那个人恰恰相反。他从来不显出忙碌的样子,做事非常镇静,总是很平静祥和。别人不论有什么难事和他商谈,他总是彬彬有礼。从外表上看不出他有一丝一毫的慌乱,而且做起事来样样办理得清清楚楚,有条不紊。

其实,这两种人的根本区别就在于——规划。不善于规划的人,即便给他最多的时间,最少的工作,也无法保证他能按质按量地完成。相反,善于规划工作的人,不仅每天的时间是充足的,而且工作也会干得完美而出色。

那么,在实际工作中,究竟怎么做,才能保证规划的完美呢?

一、重要且紧急的事情

有些事情是当前最重要的，而且是当务之急，那么，就必须首先去完成它，而且没有任何借口的去完成。当然，在具体工作中，每个人对重要和紧急的理解是不一样的，所以需要根据实际情况，具体问题具体分析。

二、重要但不紧急的事情

重要但不紧急的事情是指那些我们工作中大多数真正重要的事情，但却不一定是最紧急的。比如，读几本有用的书、搞好和上级的关系、培养和同事间的感情、锻炼身体等。这些事情当然重要，它们会影响我们的事业发展和身体健康。但是它们相对于有些事情来说看上去并不十分紧急。所以，这种事情要求我们具有更多的主动性、积极性和自觉性。虽然，暂时可以放一放，往后推迟一段时间，但是，这并不意味着完全不去做。

三、紧急但不重要的事情

这样的事情随时随地会出现。比如，本来你已经准备去见客户，洽谈产品的订购问题。但是，上司突然要召开紧急会议，你又不能不参加。结果，客户对你产生了抱怨，因为你爽约了。因此在这种情况下，聪明的员工通常会跟上司说明情况，争取顺利签单。

四、既不紧急又不重要的事情

这样的事情或许有一点价值，但如果毫无节制地沉溺于此，则是在浪费大量宝贵的时间。比如，某个专业讲座你感觉非常好，常常是一看就到深夜，达到了欲罢不能的地步，从而影响到第二天的工作。那么，可以肯定的是，你所做的就是浪费时间，浪费精力的无效工作。如果长此以往，你将没有丝毫的工作效能可言。所以做好工作规划，是每个员工必要的工作。

对工作进行完善的规划，不仅可以展示一个出色白领的宏观掌控能力，同时，还表现了他们极强的自我约束能力。但是，规划工作是一项重要而艰难的工作，稍有不慎，便会埋下失败的隐患，所以在规划过程中，应该注意以下事项：

一、工作是自己的事情，能自己完成的，就绝不依靠别人

从前有一个人在屋檐下躲雨，正苦于没有办法回家。这个时候，他看到一个和尚撑伞经过。于是很是客气地对和尚说："普度众生的大师，能不能带我一段？"和尚听了以后，说："你在屋檐下，屋檐下根本没有雨，你用不着我度。"这人一听，立即从檐下跳到雨中说道："现在我在雨中，你可以度我了吧？"和尚回答说："现在你在雨中，而我也在雨中。我不被雨淋到，是因为我有伞；而你之所以被淋，是因为你没有伞。所以归根到底不是我度自己，而是伞度我。而你也不必找我，应该去找伞！"说完这些，和尚就离开了。

虽然，当今职场一直在强调团队协作，但是，协作不等于依赖，所以不要随便把工作的负担，规划到其他人身上。

二、认清工作的关键环节

任何事情都有关键环节，必须牢牢抓住。控制了关键环节往往控制了整个局势。如果要做好一件事情，就必须掌握事情的关键环节。就像阿拉曼战役一样，蒙哥马利就是精准地看出了战争胜负的关键，最终才赢得胜利的。

三、预测出可能要发生的问题，并准备相关解救措施

在实际工作中，问题随时都有可能出现，倘若事先不能做好预测工作，那么，必然会对工作的完成进度和质量造成严重的影响。

四、经验可以借鉴，但不可照搬

经验是一笔宝贵的财富。然而，时代在发展，社会在进步。以前的经验只能供我们参考借鉴而已，决不能成为我们照猫画虎的示范。

总之，一个真正懂得工作规划的人，才能快速而有效地完成工作，并且真正懂得分享工作的快乐。

打一场漂亮的“信息战”

当今时代是一个信息“爆炸”的时代，职场如战场这句话对于当下的时代再合适不过，当军事战争开始转入了没有硝烟的战争——信息战的同时，职场上的“信息战争”也在没有硝烟中悄然展开。著名的成功学大师卡内基说：“在高速发展的信息时代，谁最先、最快、最准确地掌握了信息，谁就会率先狂赚一笔，信息无异于就是财富，甚至大于财富。”

那么，信息究竟是何物呢？简言之，信息就是对方的一举一动，大事小情。掌握了信息，就等于做到了“知己知彼”。所以，从某种角度上说，信息是决定一个人胜败的关键。

被誉为世界首富的比尔·盖茨就是善于打信息战的高手。他曾在《未来时速》中写道：“怎样搜集、管理和使用信息将决定您的成败。”有鉴于此，所以比尔·盖茨就在公司设立了一个专门进行市场信息的采集、分析工作的部门。这些专业的信息分析师每天把从市场上采集出来的信息，进行分类、整理，利用相关技术进行专项分析，然后，把分析结果，汇总成研究报告，送给比尔·盖茨，作为比尔·盖茨制定公司发展决策的重要依据。

不仅如此，在微软公司，比尔·盖茨还要求他的每一个员工能够随时注意整个行业、整个市场的发展动态。因为，在他看来，公司是一个大的整体，信息站略的发展是公司每个员工的责任，所以，为了保证公司内部信息的畅通，他专门建立了一个四通八达的公司“内部电子邮件系统”，每个员工都有自己独立的电子信箱，上至董事长，下到每一个员工的邮箱代码都是公开的，无一例外。

从某种意义上说，比尔·盖茨的成功，就是打了一场漂亮的信息战。

如果没有对信息的准确把握，他就不能顺应市场的需求做出正确的决策和发展方向，因此，就更不可能有微软今日之辉煌。

在中国古时候，有人要想谋反篡位，首先做的事情，就是要断了皇上的言路。因为皇上久居深宫，对皇宫以外的事情丝毫不知，而各部官员的奏折，便成了皇上获取信息的唯一来源。因此，一旦言路断绝，就等于废了皇上的眼睛和耳朵。当皇帝成为睁眼瞎之后，他们便可以大张旗鼓地兴风作乱了。

历史经验告诉我们，信息是成功的保证。谁掌握信息，谁就掌握了胜利的机会。反之，谁抛弃信息于不顾，最终必将受到应有的惩罚。

在信息战如火如荼的发展时，美国IBM公司则俨然一副胜利者的姿态，对本行业的有利信息置若罔闻，从而得到了惨重的教训。IBM一直以生产大型商业计算机为主导，但是在20世纪80年代时，小型个人用电脑已初见端倪，但IBM并没有意识到这一点，他们对生产小型电脑不屑一顾。这时候，其他电脑公司已经着手开始了小型个人电脑的研究，当苹果、戴尔等个人电脑大行其道，并改变了人们生活的时候，IBM已经悔之晚矣，远远地被抛到了后面。

此外，吉列也曾吃过不重视信息的大亏。随着不锈钢技术的兴起，很多刀片制造商都纷纷摒弃了传统的碳钢刀片，而选用质地优良，刀锋更加锋利的不锈钢制造刀片。这时候，吉列公司的负责人却满不在乎地说道：我们吉列剃须刀片是世界上最便宜，质量最好的刀片。但结果并非他想象的那样，吉列刀片的市场份额急剧下降。可以说对吉列的发展，带来了重创。最后他们不得不承认，低估了信息就等于自取灭亡。

以上故事告诉我们，任何一个职场白领，要想在职场中有所发展，有所成功，就必须摸准市场信息的脉搏。因为信息不仅是提高工作效率的有力保证，更是迈向成功的坚强柱石。

曾经有人问松下幸之助："请问松下先生，你能否告诉我们你是怎样获得成功的？"松下幸之助微笑着说："我之所以能成功，那是因为我一贯坚持做好两方面的工作。第一方面，我十分专注于自己所从事的工作;第二方面,我时刻关注着行业的发展动态。"

是的,关注行业发展动向,就意味关注市场信息。因为在发展的趋势中,透露着有价值的信息。然而,这种隐藏在背后的信息,绝非一般人可以看得到。因此这就要求每个职场白领,在认真对待每项工作的同时,必须提高市场敏锐度,只有这样才能更快,更准确的捕捉到有效信息。然而,处在"信息爆炸"的时代,信息资源可谓丰富多样,因此,如何搜集信息,选择、利用信息,就成了提高工作效率的重中之重了。

一、需要什么样的信息

在捕捉职场信息之前,我们首先要弄明白,自己究竟需要什么,只有有了目标,才能去寻找对我们有利的信息。

1.市场变化

某些商品原来很畅销,现在忽然疲软、卖不动了;或是过去没人买,突然现在抢手了。这种市场变化,表面看难以解释,其实都有原因可查。不外乎是商品生产量多了或少了、质量变好或变坏了,或是某些经营者实行了促销措施,做了广告宣传,在消费者中间产生积极影响的结果。预先了解到这种情况,就可以预见到市场行情的变化。

2.对手信息

如:竞争对手是满足于现状还是在寻求新的市场;他们可能会采取什么战略和策略;他们的弱点在哪里,以及自己采取什么行动会激起对手最强烈的报复并损害己方利益。总之,知己知彼,才能百战不殆。

3.政策变化

政府根据某种情况,对某种商品提出了调控政策,必然引起市场变化。市场的变化,必然导致对现有工作环境和状态的影响。所以掌握政策变化,就等于把握了市场变化的风雨表。

二、让鼻子变得灵敏起来

世界上许多事物都会隐含着一些决定未来的玄机,职场也是如此。在开展工作之始,如果能对市场走向保持一种悟性,培养一种灵动的触觉，就可以更好地解析市场。

一般来说，职场白领若要仔细捕捉市场变化契机，应先尽可能充分地搜集市场资料，并作为市场预测之用，以建立一个完善的销售预测。一个完整的信息来源，对资料的分析是很重要的。

有人形象的比喻说，运行的市场如同一列不停奔驰的列车，而每一个打算搭乘这列火车的人，要想顺利地攀上它，就要提前活动筋骨，不仅要从精神到身体上做一些必要的准备，还要在列车到来之前先行起跑，以确保列车从身边飞驰时能顺势攀援而上。而事先对市场的调查、了解和预测就是准备工作。

然而，任何信息都或多或少总会带有风险，也就是说，在捕捉任何一个信息的时候，都要根据自身的条件和能力，进行精准的判断，只有这样，才能把信息风险降到最低。

三、分析、判断

所谓分析、判断就是把自己搜集到的各类信息，分一下大类，然后分辨真假。对那些明显虚假的信息剔除出来，把认为是真实的或基本真实的信息留下来，然后再分成优劣、好坏。那些对工作只有好处、没有坏处的信息作为首先利用；对那些既有利益、又有风险的信息，进行一番分析对比，看是利益大还是风险大；对那些危险太大、帮助太小的信息，归为最差、无价值一类。

四、准确预测

俗话说："做事要有三只眼，看天看地看久远。"任何信息，都不是静止不动、固定不变的，而是经常随着客观情况变化而波动。只有站高一点、看远一点，预先有所准备和打算，才不至于走马后炮。

五、大胆选择，小心利用

任何信息都是有风险的，但是我们不能够因噎废食，因害怕有风险就放弃了信息。所以，这时就需要我们大胆选择，小心利用。

当然，利用的过程中，可能会出现失败。

正如闻名世界的大发明家爱迪生所说："有许多我以为对的事，一经试验后，往往就会发觉错误百出。因此我对于大小事都不敢下肯定不变的决定，当我一旦发现自己的判断有些不对时，立刻见风转舵，改变方向。"

因此，在充分利用既得的信息时，最安全的办法就是先作小型试验，依据结果再下决心。这样，既有效的利用了信息，又获取了经验，为下一步的工作效率提升打下了基础。

在工作中，搜集、利用信息的目的是为了提高工作效率，赢得职场，而不被虚假的信息玩弄于股掌，所以对信息的利用应慎之又慎。倘若，我们对掌握的信息，实在难于取舍的时候，还有另外的办法，就是不妨和聪明可靠或对这事经验丰富的知己好友，陈述问题和自己的意见，请他们给予建议。毕竟，稳中方能求胜。

总之，在职场中，详细地掌握一切有利的信息，就能够打一场漂亮的"信息战"，并从此步步高升，平步青云！

机遇是高效工作的保护神

如今职场是一个高度竞争的职场，竞争在职场中的方方面面都表现的极为强烈。可以说，在职场中，不能抓住机遇，就不能提高工作效率，就更不可能赢在职场。

现实工作中，很多人经常抱怨，命运不佳，时运不济。总以为自己是被机遇抛弃的人。其实不然，正如著名成功学家拿破仑·希尔所说："只要你善于观察，你的周围到处都存在着机会。"

有这样一个故事。

一次，某市发生了洪灾。一个神父在教堂里祈祷，眼看洪水已经淹到他的身体了。突然一个救生员开着小艇跟神父说："神父！快!快上来!不然洪水会把你淹死的！"

神父说："不！我要守着我的殿堂！我深信上帝会来救我的！"于是，救生员就很无奈地离开了。

过了不久，洪水已经淹过神父的头了。神父只好勉强站在桌子上。这时又一个救生员开着小艇跟神父说："快！快！快上来！不然洪水会把你淹死。"

神父依然说："不！我要守着我的殿堂！我深信上帝会来救我的！"于是，这位救生员也很无奈地离开了。

又过了一会儿，洪水已经把教堂淹没了。神父只好抓着十字架。这时，一架直升机缓缓开过来，丢下绳梯之后救生员大叫："神父！快！快！拉着绳梯爬上来！不然洪水会把你淹死的！"

神父还是意志很坚定地说："不！我要守着我的殿堂！我深信上帝会来救我的！"于是，直升机也很无奈地离开。

但是，咆哮的洪水还是一直涨。最后，神父被淹死了。

神父上了天堂后，见了上帝很生气地问："仁慈的上帝啊，我对你深信不疑，为什么在危难的时刻，你要离我而去啊？"

上帝无奈地说："我从未抛弃过你啊！为了救你于危难之中，我已经派了两艘小艇、一架直升机去救你了！可是，每一次都被你拒绝了呀！这怎么能怪我呢？"

这个故事告诉我们，机遇其实就在身边，关键是看你能否发现机遇，并紧紧地抓住机遇。在工作中，有了机遇的相助，就等于肋下生双翼，可以起到事半功倍的效果。

有这样一位年轻人，他是某商场的高级业务员。一次天降大雨，一位老妇人走进店里，漫无目的地闲逛。很多销售员一眼就看出了老妇人不打算买东西，于是都没有搭理她。这时，一位年轻的店员走了过来，热情而亲切地接待了她。

"尊贵的夫人，有什么是我能帮助你的吗？"年轻人很有礼貌地问道。

"哦！可爱的年轻人，我只是进来避雨的，并不打算买什么东西。"老妇人回答说。

年轻人并没有因此而离开，而是继续热情地说道："尊贵的太太，我并没有向你兜售任何商品的想法。也许，在这个时候，能喝上一杯香醇的咖啡是件不错的事情。"说着，他就转身走开了。没一会，他又回来了，只是这次手里多了两杯咖啡。他将一杯热腾腾的咖啡送到老妇人跟前，微笑着说道："免费的。"

老妇人很开心地接受了。接着，年轻人又问她离这里有多远，需不需要开车送她回家。一杯咖啡喝完之后，雨停了。老妇人握着年轻人的手说："谢谢你的款待，我相信你会有好报的。"

临走时，老妇人向这位年轻人要了一张他的名片，年轻人说需要什么就和他联系。不久后的一天，年轻人突然被公司老板召到办公室并向他出示了那位老太太的一封信，信中老太太要求这家百货公司派一名业务员前往华盛顿，代表该公司接下一宗大生意。老太太特别指定这位年轻人接受这项工作。原来这位老太太就是美国钢铁大王安德鲁·卡内基的母亲。后来，这位年轻人的事业可谓是如日中天，平步青云。

这个故事告诉我们，机遇就在我们身边，只是我们缺少一双善于发现机遇的眼睛。那么，机遇究竟是个什么玩意呢？有人说，机遇是无心插柳柳成荫的出乎意料；有人说，机遇是求而不得的辗转反侧；有人说，机遇是迎之不见其首，随之不见其后的玄妙。其实，这些说法都只是盲人摸象而已。

所谓的机遇，就是机会，时机，是可以改变一个人命运的客观环境。古往今来，凡是取得辉煌成绩的人，无一例外都是抓住了机遇的人。

19世纪的美国，曾发生过一场汹涌的淘金热潮。人人都想通过淘金成为百万富翁，许多人背井离乡，抛家弃子去寻找金矿，可是淘金生活异常艰苦，最痛苦的是没有水喝。人们都在不停地抱怨，"谁让我喝一壶凉水，我情愿给他一块金币。"

几乎每天都会有人这样地抱怨着，在这种抱怨声中，威尔逊意识到这是个好机会:如果卖水给这些淘金者喝,可要比挖金矿轻松得多,而且赚到的钱也不比挖金矿少,何况到目前为止,真正挖到金矿的又有几个人呢。于是,他果断地放弃淘金,改用挖金矿的铁铲去挖水渠,然后再将水运到淘金者那里,一壶一壶地卖给这些淘金者。刚开始的时候,一起来淘金的伙伴们都纷纷嘲笑他"丢了西瓜捡芝麻,放着大把大把的金子不挖,却去干这种蝇头小利的买卖"。后来,就像威尔逊想的那样在这里真正挖到金子的没有几个人,那些淘金的人大多空手而回,很多人甚至忍饥挨饿、流落异乡,而威尔逊却在这段时间内靠卖水发了大财。

威尔逊先于他们一步实现了发财的梦想,然而,他的发财机遇并不是上天赐予他一个人的,而是上天把发财的机遇,告诉了所有的淘金者,只是他们都没有发现而已。

如果把淘金者比做职场职员,那么淘金就是他们每天的工作。当大家站在同一起跑线上的时候,其实就意味着大家共同面临着机遇的眷顾。那么,为什么在工作当中,有人以高效的工作能力,赢得了上司的赏识,而有人依旧在忙忙碌碌,默默无闻呢?说到底就一句话——没有抓住机遇。

中国有句俗话:"机不可失,时不再来。"意思是说,一旦错过了机会,很可能在很长一段时间里,你都将机遇打入冷宫。因此这就要求在职场的每一位白领必须擦亮眼睛,当发现机遇的身影时,就迅速果断出击,将其牢牢抓在手中。世界著名的石油大王洛克菲勒告诉我们:"压倒一切的是机遇。"换句话说,赢得一切的也是机遇。

1862年,美国南北战争爆发,北方军连连败北,造成了大量的人员伤亡,并且北方的市场一度混乱不堪,美元对英镑的兑换率也逐渐下滑。这个消息对于很多商人来说无疑是个天大的灾难,但是,摩根却不这么认为。他兴致勃勃地说:"发财的机会终于到了。"

于是,他在北方让伦敦匹保提和自己的商行以共同付款的方式先秘密买下500万美元的黄金。一半留下来,另一半先汇往伦敦。然后,他又在华尔街把这一消息泄露了出去。而此时,北方军队在进攻查理斯敦港的战役中又惨遭失利，所以，结果正如他料想的那样，国内的黄金价格立即大幅度上涨，摩根便趁机把手中的一半黄金以高价抛了出去，足足赚了一大笔钱。

摩根小试牛刀之后，他又发现了一个商机。由于北方军队在作战中的连连失败，造成了枪支弹药的严重不足。他想，如果能弄到一批武器，然后卖给北方军，就一定能大赚一笔。想到此处，他立刻找到了海外的军火走私商，购进了5000多支步枪，然后以高价卖给了北方军，这次摩根不仅谋取了财富，而且也让他声名鹊起。

随后，摩根又传奇性的成功完成了美国4亿元国债的销售，和法国2.5亿法郎的国债发行工作，并从此奠定了他在美国华尔街金融巨子的地位。

摩根的成功再次证明了机遇的重要性，同时告诉了我们，机遇不是等来的，而是用自己的双手和智慧创造出来的。正如居里夫人所说："强者创造机遇，弱者等待时机。"

原微软副总裁李开复曾讲过这样一个故事：

"有一次，我收到了一份很特殊的求职申请书。不同于以往大多数求职者，这位申请人的求职资料中包括了他的自我介绍，他对微软研究院的向往，以及他为什么认为自己是合适的人选，此外还有他已经发表的论文、老师的推荐信和他希望来微软做的课题等。尽管他毕业的学校不是中国最有名的学校，但他的自我推销奏效了。我从这些文件中看到了他的热情和认真。在我面试他时，他又递交了一份更充分的个人资料。最后，当我问他有没有问题要问我时，他反问我，你对我还有没有任何的保留?当时，我的确对他能否进入新的研究领域有疑虑，于是就进一步问了他一些这方面的问题。他举出了两个很有说服力的例子。最后，我们雇用了这名应聘者。"

后来，李开复曾感慨地说："能醒目地亮出自己，勇于把握机会的人，才是真正赢得成功机会的人。"

机遇不是天上掉馅饼，也不是遵循万有引力定律，而砸在牛顿头上的那颗苹果。机遇是一种奋发向上的争取和创造。机遇永远只属于有准备的人。在这个充满竞争的时代,每个人的生存都面临着巨大的挑战,那就是竞争。优胜劣汰的职场竞争法则告诉我们,要生存就要比别人更优秀,更具有快速高效的工作能力,而机遇,则是帮助你实现目标的保护神!

从思想上先走一步

提高工作效率,是每个白领经常挂在嘴边的话,可是这个效率应该如何提高,却很少有人进行思考。美国著名管理大师杰弗里说:“创新是提高效率的重要途径。”没有创新,在工作中就毫无作战能力,也根本不可能提升工作的速度。所以,要想提高工作效率,首先就要在思想上先别人一步,也就是所谓的创新。

创新就是要打破旧思想的束缚,寻找更优越的工作办法。因为我们所面对的世界,是一个充满竞争的世界,而争得竞争的胜利,率先完成工作任务,靠的就是创新的思想。

从前,有一个农场主,豢养了大量的牲畜。他曾先后找了好几个放牧人,帮他放养这些牲畜。但是,没过多久,他们便纷纷地辞职了。原因是,这些牲畜经常会趁放牧人不注意的时候,偷偷地跑进邻居的菜园里吃菜,令人防不胜防。虽然,牧场边缘都有铁丝栅栏围着,但是对于这些牲畜来说,根本不起作用。

直到有一天,一个名叫乔恩的放牧人,想到了一个好主意,不仅避免了这种情况的发生,而且大大提高了工作效率。

刚开始的时候,乔恩每天早晨把牲畜赶到牧场,并监视牲畜不越过牧场的铁丝栅栏到相邻的菜园里吃菜, 晚上再把牲畜一只不落的赶回农场就可以了。这些看似很轻松的工作,其实一点也不简单。因为这些牲畜的数量太多了,乔恩必须专心致志的盯着它们。

有一天,乔恩竟然在牧场上不知不觉睡着了。不知过了多久,他被一阵怒骂声惊醒了。只见农场主怒目圆睁,大声吼道:“你这个没用的家伙,菜园被牲畜搅得一塌糊涂,你还在这里睡大觉!”

乔恩闻听此言,吓得面如土色,一语不发。

发生此事之后,机灵的乔恩就想,怎样才能使牲畜不再越过铁丝栅栏呢?他发现,那片有玫瑰花的地方,并没有更牢固的铁栅栏,但牲畜从不过去,因为牲畜怕玫瑰花的刺。

乔恩想到此处,不由得心中掠过一阵狂喜,他高兴地跳了起来,欣喜地嚷道:“如果在铁丝上加一些刺,不就可以挡住牲畜吗?”。

于是,乔恩先将铁丝剪成5厘米左右的小段,然后把它拧在铁丝上当刺。结好之后,他再放牧的时候,发现牲畜起初也试图越过铁丝网去菜园,但每次都被刺疼后,惊恐地缩了回来,被多次刺疼之后,牲畜再也不敢越过栅栏了。

自从乔恩发明了带刺铁丝网之后, 便再也没有发生过牲畜践踏菜园的事情了。由此可见,创新所创造的是一种新思想,只有在新思想的带动下,才能不断地提高工作效率。换句话说,假如乔恩没有从思想上创新,只是一味地刻苦要求自己,对放牧工作,尽职尽责。那么,恐怕他就是再付出十倍的努力,也无法从根本上杜绝牲畜践踏菜园。所以,在工作中, 只有从思想上向前迈进一步, 才能在工作的效率上提高一大步。正如奥列佛·温特·怀斯所说:“人的智慧如果滋生为一个新点子时,它就永远超越了它原来的样子,不会恢复本来面目。”

有这样一个故事。

有个人卖一块铜,喊价28万美元,好奇的记者一打听,方知此人是个艺术家。不过,对于一块只值9美元的铜来说,他的价格是个天价。他被请进电视台,讲述了他的道理:一块铜价值9美元;如果制成门柄,价值就增值为21美元;如果制成工艺品,价值就变成300美元;如果制成纪念碑，价值就应该值280000美元。他的创意打动了华尔街一位金融家，结果那块铜最终制成了一尊优美的胸像——也就是一位成功人士的纪念碑，最终价值为30万美元。

从9美元到30万美元之间的差距就是创造力。古罗马著名演说家西塞罗说：创新和守旧只有一步之遥。在很多时候，只要向前迈进一小步，也许就会出现"别有洞天非人间"的广阔天地。

莱尔·尤里安是英国的一名记者，一天，他在饭店里一边用餐，一边写着稿件。当稿件写完，他买来邮票准备寄出去，这时他发愁了，因为当时的邮票出厂时是连在一起的，得用小刀裁开才能使用。而当时他身上并没带小刀。

这时候，恰巧他看到旁边一位先生领带上的别针，便急中生智，问那位先生："对不起，我能借您的别针用一下吗？"那位先生同意了。于是，莱尔用借来的别针在一枚邮票的四周扎了一排小孔，然后轻轻一撕，邮票便被整整齐齐地撕下来了。莱尔贴上邮票后高高兴兴地走了。

那位戴领带的先生名叫亚瑟·亨利，是一名普通的工人。当他目睹了莱尔用别针在邮票上扎孔的一幕之后，便突然灵光乍现，心想："为什么不能在邮票生产时便打上小孔呢？"

亨利回家后，根据别针扎孔的原理设计出邮票打孔机，并申请了专利。从此，世界各地都使用这种带孔纹的邮票，而亨利也因此获得了很高的报酬。

从这个故事中，我们可以发现，创新是赢得成功的关键，也是提高工作效率的重要保证。在邮票四周扎出密集的小孔，仅仅如此简单的创新，便把人们张贴邮票的效率，提高到了一个新的高度。其实，在人类文明的进程中，每一次的创新，都将改变一个时代，并极大地提高了生产和生活的效率。当然，在职场中的创新，并不能影响到整个人类的进步，但是对提高我们自己的工作执行能力和效率，还是大有裨益的。

纵观那些令人仰慕的成功者，在他们的身上，无不体现着强烈而耀眼的创新光芒。盛田昭夫就是这样的人物。

盛田昭夫于1921年出生在日本爱知县名古屋的酿酒世家，青少年时代，他很喜欢电子产品。日本在二战中失败，战争刚刚结束，他就想去东京发展。

父亲很严肃地批评他说："就凭你们几个毛头小子还想从帝国的废墟上培植出鲜花来？"

盛田昭夫没有听从父亲的话，留守在家中继承祖传的酿酒工艺。他和他的老师一起来到东京，开始了自己的事业。

创业的道路是艰难的，他们以500美元起家，在战争的废墟上成立了东京通讯工业公司。1957年，盛田昭夫在东京的机场上架设了一个写着SONY字样的广告牌子，从此，索尼字样的产品，走进了人们的视野。

盛田昭夫明白，要想在众多通讯公司中脱颖而出，就必须做好两件事。其一，创新，其二，领导市场。

要创新产品，首先就要打破原有的生产模式，生产出市场上没有的产品，只有这样，才能领先市场。

井深大是索尼公司的一个高尔夫球迷和音乐迷，他梦想有一天能生产出一种电器，这样的电器可以边打高尔夫球、边听音乐。这样可让那些出去散步、赶路、乘车的人也可以边听音乐边做其他的事。盛田昭夫得知这一情况后，就迅速把井深大叫到了办公室，并且按照他的想法在一张纸上画了一幅简图，然后拿给实验室的科技人员。要求科研组根据他的构想立即进行研究，在全公司和电子部门的通力合作下，终于攻克了难关，使梦想变成了现实，一种盒式的单放机研制成功了。这也就是后来风靡全球的随身听。

在日本的各个广播电台正在利用录像时，盛田昭夫看到了商机。他想到广播电台使用的大尺码录像机既不方便，又非常昂贵。于是，他设想如果可以把这种机器引进家庭一定会大受欢迎，所以，他马上命令科研组着手此项目的研发工作。很快新产品就批量生产了，市场竟一度出现供不应求的场面，他再次获得了成功。

后来，盛田昭夫又发现，电视机也是可以改进的，所以，他把自己的想法告诉了科研组。他说，如果有一种袖珍的录像带或者是其他的东西可以代替电视机，那肯定是一个不错的新项目。就这样，改良版的电视机问世了。它不仅具有电视机原有的功能，而且，还能回放，录像，因此，新产品再次席卷了全球。

索尼公司在盛田昭夫的带领下，历经数十年的发展，终于成为了举世瞩目的知名品牌。回顾索尼公司的发展历程，可以说，他们发展的每一步都与创新是休戚相关的。没有创新，他们就不可能创造出风靡全球的随身听，没有创新，就不可能生产出袖珍型照相机和录音机。因此，索尼公司的成功，赢在创新！

如果职场的白领们在执行工作的时候，也能时时刻刻以创新为己任，把创新当成赢得职场的有力保证，那么，还会出现墨守成规，办事拖拉的现象吗？所以当我们找尽各种理由和借口，搪塞工作进度缓慢时，敷衍上司的不停追问时，简单地说，就是缺乏创新思想的表现。倘若一个员工真的有创新意识，那么，他就会想尽一切办法，保证工作顺利完成。

在实际工作中，似乎一提及创新，就会被人们误认为，那是高智慧的人摆弄的玩意儿。其实不然，智商和创新两者是截然不同的概念。正如已故的世界经济理论界的泰斗——肖尔米克斯博士所说："创造了不起的经济理论其实不算奇迹，只有战胜自己的智商才真正了不起。"这表明智商不等于创新的道理，也就是说，职场中的每个人都可以培养创新能力，同时在应用中增强这种可爱的能力。下面我们将简单介绍几种提高创新能力的方法。

一、多问几个为什么

如果不问许多"为什么"，你就不会产生创新性的见解。

为了避免这个常犯的错误，成功者总是透过所有的表面现象去寻找真正的问题。他们从来不把任何事情看做是理所当然的结果；他们也从来不把任何事情看做是水到渠成的过程。那些不明确的，看来似乎是一时冲动之中提出来的问题，往往包含着更多的创新性思维的火花。

二、及时记录下来一些创新想法

创新的火花，有时候是稍纵即逝的，如果及时地将这些的想法记录下来，那么，当需要新主意时，就可以从回顾旧主意着手。而这样做，并不仅仅是为了给旧主意以新的机会，更是一种重新思考，重新整理的过程，在这个过程中，可以轻易地捕捉到新的创新性的思想。

三、换一种角度来思考

有人喜欢用比较分析法来思考问题。面临抉择，他总是坐下来将正反两方面的理由写在纸上进行分析比较；也有人习惯于用形象思维法，把没法解决的问题画成图或列成简表。能不能换一种方法去思考，或交替使用各种不同的方法思考问题呢？也许，新思路，就在换角度的一瞬间出现。

四、永远充满着创新的渴望

满足于现状，就不会渴望创造。没有乐观的期待，或者因为眼前无法实现而不去追求，都会妨碍创造力的发挥。

在生活和工作中，随着经历的不断累积，在看待问题的方法上，就会潜移默化地受到经验的影响。经验就好比爬山者绑在腿上的沙袋，因此，在高度竞争的职场中，试着摆脱沙袋的累赘，也许下一步，你将健步如飞，远远地跑在了最前面。

忽视时间是高效率的刽子手

高效工作的人，视时间如生命一般珍贵，于是，他们丝毫不敢懈怠的紧跟着时间的脚步，从而取得了成功。低效工作的人，把时间看成一种多余的物资，于是不顾一切地挥霍浪费，最后断送在无情的时间铡刀之下。

古人云："一寸光阴一寸金，寸金难买寸光阴。"意思是说，时间比黄金还要珍贵，所以我们每个人都要珍惜时间。时间是效率之母，是成功之母。凡是需要提高工作效率的人，无不张开双手，虔诚地向时间索取。

时间对于抢占阵地的战士来说，就是生命；对于运筹帷幄的军师来说，时间就是胜利；对于精明能干的商人来说，就是金钱；对于争分夺秒的职场白领来说，就是效率。

在实际工作中，凡是渴望成功，或已经成功的人，几乎都是热爱时间，珍惜时间的人。伟大的发明家爱迪生，就是惜时如金的人。

爱迪生常对助手说："最大的浪费莫过于浪费时间了。"一天，爱迪生递给助手一个没上灯口的空玻璃灯泡，说："你量量灯泡的容量。"

过了好半天，他看见助手还在拿着软尺在测量灯泡的周长、斜度，并伏在桌上计算。爱迪生走过来，说："怎么费那么多的时间呢？"他拿起那个空灯泡，向里面斟满了水，交给助手，说："里面的水倒在量杯里，马上告诉我它的容量。"

助手立刻读出了数字。

爱迪生说："这是多么容易的测量方法啊，它又准确，又节省时间，你怎么想不到呢？还去算，那岂不是白白地浪费时间吗？"

助手的脸红了。

爱迪生告诫他说："人生太短暂了，太短暂了，要懂得有效管理你的时间，做事要多思考，要学会用最简洁的办法，在最短的时间内多做事情啊！"

爱迪生用一生的时光，践行着对时间的珍惜。正因为如此，他才有更多的时间和精力，在短暂而漫长的一生中发明了留声机、电影机、电灯、电报机、磁力析矿机、压碎机等等总计两千余种东西。被后人誉为"发明大王"。

对时间的珍惜，是每个成功者的习惯。只有懒惰者，才会漫无目的地浪费时间。曾在地铁中听两位乘客聊天:“上班好无聊，上午打打电话,下午看看小说,上网聊天 ,这样一天就过完了。”

另一位接着说:“是啊,这个礼拜,我还迟到了好几次呢,反正去公司也没事干。”

听完他们的对话,不仅感到心头一阵阵的战栗。时间是多么宝贵的东西,很多成功者孜孜不倦地恪守着对时间的珍惜。

著名散文家朱自清,叹息地说道:洗手的时候,日子从水盆里过去;吃饭的时候,日子从饭碗里过去;沉默时,便从凝然的双眼前过去。我觉察他去的匆匆了,伸出手遮挽时,他又从遮挽着的手边过去,天黑时,我躺在床上,他便伶伶俐俐地从我身上跨过,从我脚边飞去了。等我睁开眼和太阳再见,这算又溜走了一日。

伟大的作家鲁迅,每到冬天的晚上,通常是只穿一件单棉袍的。其目的就是保持清醒的头脑,最大限度的争取时间,用以文学创作。

著名的文化学者钱钟书,更是在自家的会客厅中挂着一幅“谈话不超过三分钟”的条幅,用以自勉,珍惜时间。

纵观历史风雨人物,那些伟大人物,之所以能流芳百世,其中最重要的一个原因就是,不浪费时间。他们会善待生命中的每一分钟,甚至每一秒钟。正如鲁迅所说:“时间就像海绵里的水,挤一挤总会有的。”

成功者对时间是极为吝啬的，他们像挤牙膏一样的珍惜利用每一分钟时间,可是,即便如此,他们还是经常大声疾呼,“再多给我一点时间吧,我会创造更大的辉煌。”

据说,世界首富比尔·盖茨对时间的珍惜,更是达到了无以复加的地步。1978 年至 1984 年间,比尔·盖茨只休假 15 天,包括他在附近的一座网球场消磨的那四天。

他与时间争分夺秒地赛跑用三个字来形容:那就是“不要命”。他在电脑实验室工作的时候，几乎到了发狂的境界，经常是 24 小时通宵地干,偶尔睡上一两个小时。当累得实在无法再干下去时,他就趴在电脑台前打个盹。在电脑键盘前干着干着就睡了过去是常有的事情。几分钟之后猛地惊醒过来，又接着敲打键盘。

可见，比尔·盖茨的成功，除了他具有天才般智慧的头脑之外，最重要的因素就是珍惜时间，事事抢在时间的最前头。比尔·盖茨曾对微软员工告诫说："当你清晨开始工作时，描绘一下每天的时间的珍贵价值！如果你知道今天一去不复返，就会好好珍惜每一个今天。想想每一分钟对你的意义，怎样使你的时间过得更有价值吧！要记住，每一秒钟都是弥足珍贵的。"或许，这句话要是被刚才提到的两位乘客听到，想必他们一定会羞红了脸。

在这个世界上，不珍惜时间的人，往往会对各项工作产生敷衍的态度，就像上述中的乘客，上午打电话，下午看小说，聊天。请问，这样的工作态度能把一项工作做得完美吗？工作效率能提高吗？当然不能。所以任何一个职场员工，在执行工作时，必须珍惜利用每一分钟，甚至每一秒钟的时间。因为浪费时间，终究会遭到时间的惩罚。

丹尼斯是一位非常珍惜时间的人，正因如此，他和任何一位客户见面的时候，都特别守时。在他看来，不守时的人是没有工作效率的人，也是浪费时间的人。一次，丹尼斯受到一位客户的再三恳求，同意与这位客户在第二天下午3点在他办公室进行详谈，能够与当地最著名的企业家丹尼斯合作，这是多么绝佳的机会呀，这位客户非常兴奋，精心的准备了相关的资料，期望这次详谈能够取得成功，但是因为第二天他过于精心的准备，结果比约定时间晚了5分钟，当他风风火火地到达总裁办公室时，丹尼斯已不在办公室了。客户很是失望，有一种被愚弄了的感觉。

两天后，客户给丹尼斯打电话希望能够再争取一次机会。丹尼斯问他那天为什么不准时来。客户很委屈地说："尊敬的丹尼斯先生，那天我是3时5分到的。"

丹尼斯马上提醒他："但我是约你3点来的。"

"是的，我知道，可是我只迟到5分钟而已！您看您能不能再给我一次机会……"

丹尼斯却很严肃地说:“在你眼里仅仅是迟到了5分钟而已,但是你要知道,准时赴约是极重要的事情。你不能准时,就意味着失去你向往的那笔业务。因为就在当天下午,我们公司又接洽了另一个公司。现在我要告诉你,你不能认为我的时间不值钱,以为等几分钟不要紧。在那几分钟的时间里,我还预约了两件重要的谈判项目呢!”

高效工作的精髓就是充分利用每一分钟的时间，让每一分钟都变得有价值,所以这就要求在执行工作时必须珍惜时间。在实际工作过程中,上班随随便便地迟到,和客户见面经常爽约,上司交代的任务一直拖拖拉拉,其实这些都是浪费时间的典型。因此当我们抱怨工作业绩为什么不理想的时候,工作职位为什么不上调的时候,工资待遇为什么不增加的时候,试问,此时有没有问过自己,是否珍惜时间,提高工作效率。如果没有,就请闭紧嘴巴。从现在开始,珍惜时间,和时间展开一场竞赛,争取赢在时间的前面。

时间是世界上最珍贵的资源,对时间的有效合理利用,将在提高工作效率中起着十分巨大的作用。然而,实际工作中很多人却嘴上说着有效利用时间,而身体力行的却是盲目的浪费、挥霍时间。全球知名销售训练师博恩·崔西说:“速度越来越快,压力越来越大。无法让时间减速,我们只有改变自己的‘习性’,也就是管理好自己的时间。”可见,对时间的管理是有效合理利用时间的关键,那么,我们应该如何管理时间,才能让时间发挥最大作用呢?

一、时间条理化

所谓的条理化,就是把时间进行细化和量化。说的简单点就是给时间写一份清单。下面我们来看一看,成功学大师卡耐基是如何进行时间管理的。

上午6:00—7:00,起床并去散步或长跑。

上午7:00—7:30,洗漱并吃早点。

上午7:30—8:00,走进办公室并整理办公桌。

上午 8:00—11:30,办公并接待来访人员。

11:30—12:30,下班回家或进快餐店吃午饭。

午休、下午上班,处理事务。

晚上,看新闻、电视节目,读书和写作。

23:00,准时休息。

看完这份井井有条的时间细化表,想必我们对卡耐基的成功,会有一个更加全面和全新的认识。上帝给世界上所有人的时间,都是一天 24 小时,可是,为什么在同样的 24 小时里,有人会把工作做的有声有色,而又轻而易举。有的人却不分昼夜,但劳而无功。其实,最关键的一点就是缺乏时间的管理。

二、和浪费时间的人说"不"

忙碌的人没有多余的时间,如果别人的要求会占用你的时间,你就得跟他说"不"。善于应付客人的人在得知所需要面对的客户是谁时,就已经决定预备出多少时间了。

皮特待客谦恭有礼,他每次与来客把事情谈妥后,便很有礼貌地站起来,与他的客人握手道歉,遗憾地说自己不能有更多的时间再多谈一会儿。那些客人都很理解他,对他的诚恳态度也非常满意。皮特就是用这种方法,赢得了更多的时间。

三、要善于集中时间,切忌平均分配时间

要把自己有限的时间集中在处理最重要的事情上, 切记不可每样工作都抓,要有勇气并机智地拒绝不必要的事、次要的事。一件事情来了,首先要问:"这件事情值不值得做?"决不可遇到事情就做,更不能因为反正做了事,没有偷懒,就心安理得。

总之,时间是创造成功的基础,是提高效率的保证。在工作中,珍惜利用每一分钟的人,时间将把他举得很高很高,而浪费时间的人,将被时间推上失败的断头台!

没有行动等于是零效率

中学课本上，有这样一篇故事：

四川边陲小镇，住着两个和尚，一贫一富。他们有一个共同的志向，那就是去南海。有一天，穷和尚对富和尚说："我想到南海去，你跟我一起去吗？"

富和尚摇了摇头说："路途那么远，等我做足了准备再去把。"

穷和尚不解地问："有一个水瓶和一个饭钵就足够了。你还需要做什么准备呢？"

富和尚说："等我攒够了钱就去买一艘船，然后，乘船去南海。可惜我现在还没那么多钱。"

穷和尚笑了笑，便转身离开了。两年后，穷和尚从南海归来，把路上的经历告诉了富和尚，富和尚满面羞愧。

这个故事告诉我们，没有行动，任何工作的效率都将等于零。在职场中，有目标、有理想、有能力的职员不在少数，但是真正付诸实际行动，并以此赢得上司青睐、赢得职场的人却是凤毛麟角。其最根本的原因，就是缺乏行动。正如故事中的富和尚一样，他渴望着去南海，但是终其一生，从来没有迈开前进的第一步，所以就只能落得个"望南海而兴叹"的份了。

在现实职场中，更多的人往往抱有能拖一天就拖一天的思想，所以不仅严重影响了工作效率的提高，而且将自己置于了万劫不复之地。因为上司从来不会器重和赏识一个办事拖拉的职员。一位成功企业家说：对一切工作心不在焉的职员，是做不好任何一件事情的。

是的，心不在焉就意味着对工作不重视，对工作不重视就意味着不能全力以赴,不能全力以赴就意味着一拖再拖,一拖再拖导致的结果就是效率低下,工作质量太差。而且,在拖拉办公的时候,还会导致很多工作堆积在一起的复杂局面,所以对待工作不能立刻行动的人,最终将被职场淘汰。

爱尔法是一家高级餐厅的大厨师,他们公司要求,每个厨师必须在晚上9点钟把牛肉饼做好,这样才能保证第二天早上公司一开门的时候,就有牛肉饼可卖。但是,爱尔法在工作的时候,一拖再拖,结果10点钟的时候,牛肉饼还没有做好。这样就导致了后期作业一直延误到12点。

于是,餐厅老板就把爱尔法强行开除了。爱尔法心存不满,便找老板理论:“我只是晚1个小时做好肉饼而已,不至于被开除吧!”老板很严肃地说道:“你的工作任务经过我的设计,完全可以按时完成,但是,你足足晚了1个小时,这就说明了你在工作的时候,没有立刻执行。我们公司不需要办事拖拉的员工。这样的员工只会扯公司的后腿。”

确实如此,在激烈的市场竞争中,任何一个工作环节出现问题,都可能对整个公司造成不可挽回的损失。爱尔法虽然只是晚了1个小时做好牛肉饼,但是他却延误了后续作业的进行。在一个公司中,每个人都不再是单独的个体,而是整个团队中的一分子,所以一个团队的发展,需要每个职员彼此间相互配合与合作。所以,提高工作效率,就必须立刻行动。

在职场中的任何拖延都会使你前途黯淡,与晋升无缘。一个上司绝不会容忍部下办事一而再,再而三地拖拉,做不出任何业绩来。上司需要的是强有力的执行者,而不是光要嘴皮子,不做实事的员工。

张小姐在九点钟的时候,走进办公室,她想起上司交代她的任务:着手草拟下半年的部门预算:但她并没有立刻开始草拟预算工作,因为她觉得应该先将办公桌及办公室整理一下,以便在工作之前有一个干净舒适的环境。这个工作共花了她30分钟的时间,办公环境变得有条不紊了,然后,她稍作休息,随手冲了一杯咖啡。无意中,她发现报纸上的彩图照片是自己喜欢的一位明星,于是情不自禁地欣赏起来。这个时间她用了10分钟。这使她有点不自在,因为她已自食诺言。不过她想,身为企业的部门主管的自己,看报纸也是应该的。毕竟是精神食粮嘛!也是重要的沟通媒体呀。这样一开脱,心也就放宽了。

就在她准备埋头工作时,电话铃又响了,一位顾客怒气冲冲地投诉。她连解释带赔罪地花了20分钟的时间才说服对方平息怒气。

挂上了电话,她去了洗手间。在回办公室途中,另一部门的同事又请她享受"上午茶"。她心里想,草拟预算是一件颇费心思的工作,若头脑不清醒,则难以完成,不如先喝点茶,清醒清醒。回到办公室后,她果然感到精神奕奕,这下可以"正式工作了"。可是,时间已经是11时50分了!午休时间就要到了。她想,还是把草拟预算的工作留待下午算了。

职场中有些职员可能都像张小姐一样,对工作喜欢拖延,不能立刻行动起来,先把工作按质按量地完成。然而,事实告诉我们,任何一位成功者都是积极行动的人。正如德国著名诗人歌德说:"要想成功就要想到做到,毫不踌躇。"

曾有一位职场白领,想辞职自己创业,但是他又一直犹豫不决,于是就找了一位资深的企业咨询师询问。他说:"我想创立一家自己的公司,可是我又害怕会失败,您能不能告诉我您有什么绝妙的方法,让我的公司能够迅速地脱颖而出?"

咨询师不假思索地回答说,"要成为大赢家,你必须行动起来,而且立刻行动。"

结果,这位职场白领回到家之后,左思右想了一番,始终迟迟地做不了决定,于是,便一直待在原来的公司,继续干了下去。

看完这个故事,令人不禁想起一则笑话:

从前,一个懒汉整日无所事事,游手好闲。但是,他却一直梦想着买彩票中大奖,所以,他就向仁慈的上帝祷告,希望上帝保佑他中大奖,可是,他一直到死,心愿也没有实现。于是,他死后就怒气冲冲地找上帝来评理。

"仁慈的主啊,我虔诚地信仰着你,可是,你却连我一个小小的要求也不能满足。你实在枉为上帝,你不配端坐在这里,享受人们的祈祷。”懒汉大声地说道。

上帝听罢,莞尔一笑,问道:“你想靠买彩票发财致富,这本也无可厚非。可是,你既然想中大奖,好歹也要先买张彩票啊。不然,我怎么保佑你中大奖呢。”

懒汉闻此,不由得羞红了脸,低着头离开了。

可见,只有好的想法,没有实际行动,就只能用四个字来形容:“白日做梦”。梦虽然是美好的,但是,始终是镜花水月,想得到,却摸不着。这就好比一个神奇美妙的印象,突然闪电一般袭入一位艺术家的心灵。但是他不想立刻提起画笔,将那不朽的印象表现在画布上,虽然这个印象已经占领了他全部的心灵,然而他总是不跑进画室埋首挥毫。最后这幅神奇的图画会渐渐地从他的心灵中消失!一个生动而强烈的意象、观念突然闪入一位作家的脑海,使他生出一种不可阻遏的冲动,想要提起笔来,将那美丽生动的意象、境界移向稿纸,然而,他却迟迟不肯动笔,而是一味地拖延。最终那意象会逐渐地模糊、褪色,终至整个消失!

因此,比尔·盖茨建议员工道:“今日事今日毕。”石油大王洛克菲勒说:“要成功,就赶紧行动,立刻行动!”尤其是在当前充满激烈竞争和压力的职场中,效率的较量、知识和能力的迅速发展,都远远地超过了历史上的任何一个时期。在一些成功的公司,快速行动是每一个员工应有的工作态度。一个职员要成功,就必须拜访非常多的客户,如果他不知道最优秀的职员一天拜访多少个客户,那么他根本就没有成功的机会。如果他无法采取顶尖职员所做的行动,他就无法提高成绩。当其他职员决定放弃的时候,他约定去寻找下一位顾客;当顾客拒绝他的时候,他会细致耐心地问顾客之所以拒绝他的理由,然后他会想尽办法改进和弥补。他们永远在不断地改善自己的行动。他们总是希望知道人们为什么跟他合作、为什么不跟他合作的真实原因,他们还总是希望产生更大的行动力。总之,只有立刻行动起来,才有机会分享成功的喜悦。因为任何没有付出行动的工作,其效率永远等于零!

第七章 团队合作

表现个人英雄主义的时代早已逝去,而今的时代是强调团队合作精神的竞争时代。古希腊哲学家苏格拉底说:“不懂得合作真义的人常视工作为劳役,则其心身亦必多苦痛。”保罗·盖蒂说:“我宁可用 100 个人每人百分之一的努力来获得成功,也不要用我一个人百分之百的努力来获得成功。”张近东说:“如果我用个人的能力,可以赚一个亿,可能 100% 是我的;但我用十个人的时候,我们可能赚到十个亿,可能我只有 10%,我同样是一个亿,但我们的事业变大了。”可见,在任何工作中,只有团结一切可以团结的力量,借助一切可以借助的力量,加强彼此间的合作,才能迅速赢得成功!

善合作者，善借力

21世纪是一个合作的时代，合作已成为职场生存的重要手段。随着科学知识向纵深方向发展，职场分工越来越精细，人们不可能再成为百科全书式的人物。每个人都要借助他人的智慧来提高和发展自己，于是这就迫切的要求，每个职场人员都要学会合作。而通常情况下，“合作”强调的是一个团队之间的互帮互助。其实，真正意义上的合作，是在工作中善于借助一切可以借助的力量，以达到成功的目的。

伦敦一家生意萧条的珠宝店，为了摆脱面临倒闭的困境，老板便利用人们对戴安娜王妃的仰慕心理，把他的珠宝店与王妃黛安娜联系起来。

一天傍晚，这家珠宝店突然张灯结彩，老板衣冠楚楚站在台阶上恭候贵宾。不一会儿，一辆高级轿车在门前戛然而止，黛安娜缓缓地从小车里走了出来，她嫣然一笑，亲切地向行人点头致意。人们见此情景便蜂拥而上，争先恐后地想一睹王妃的风采，久久不愿离去。有的少年还大胆挤上前去吻了她的手。路边的警察急忙过来维持秩序，防止围观者影响王妃的正常活动。

老板笑容可掬，感谢王妃光临本店，随即引王妃向柜台走去。售货员拿出项链、钻石、耳环、胸针等最贵重的首饰任其挑选。王妃面露喜色，爱不释手，连声称好……

预先早有安排的电视录像机将此情景一一摄入镜头，第二天便在电视台广为播放。虽然自始至终没有一句解说词，更没有诱导广告，但珠宝店名、地址却是相当醒目。这家珠宝店立即轰动了整个伦敦。

那些好赶时髦的年轻人，那些“爱屋及乌”的黛安娜迷们，立即蜂拥而来，珠宝店立时门前车水马龙，人们竞相抢购黛安娜王妃所赞赏的首饰。老板满面春风，亲临柜台，应接不暇，仅几天的营业额就超过开业以来的总营业额，而且生意一天比一天好。

事后证明，真正的戴安娜王妃并没有光临这家珠宝店。而所有的一切都只不过是珠宝店老板“借势”的一种手段罢了。

可见，善于利用别人力量的人，是最容易取得成功的人。正如成功学大师陈安之所言：“不会借力者，恒亡。”因为，借力不仅表现了一个人的聪明智慧，同时，也表现了一个人对成功的把握。职场中人，其最终目的无非就是赢得上司的器重，赢得职场生存，展示和发挥个人的能力，而合作就是帮助你实现这一目的的最佳拍档。

优胜劣汰是大自然的竞争法则。很多动物们，为了生存便不由自主地加强了彼此间的相互合作。生活在南美洲热带雨林中的某种蜘蛛和地鼠，就成为了一对“好朋友”。

一天夜里，地鼠正准备外出觅食。恰巧被一只猫头鹰发现了，于是就紧追不舍。地鼠九死一生地逃回到洞穴，躲藏了起来。但是，猫头鹰至死不渝地堵在洞口，等着地鼠的出现。没一会儿，猫头鹰等得不耐烦了，便探着头往洞穴望去，此时，和地鼠“同居”的蜘蛛，迅速地爬到洞口，张开长满细毛的爪子，对着猫头鹰的眼睛就是一通拨弄。飞出去的细毛，宛如一枚枚钢针，刺进它的眼睛。猫头鹰凄厉地嚎叫一声，便扇着翅膀飞走了。地鼠得救了。

在此后的一段时间里，地鼠每每在洞口，以诈死的方式，吸引着猎物的上钩，而蜘蛛则躲在隐蔽的地方，出其不意地捕杀猎物。最后再由地鼠负责把猎物拖进洞里，和蜘蛛一起，共进晚餐。

蜘蛛和地鼠原本是素不相识的动物，但是，它们有着共同的目标，那就是生存。于是，为了这个共同的目标，它们选择了合作。试想，那些生活在大自然中的动物，尚且知道借力合作，那么，在职场中，我们为什么不能如此呢？

当我们翻开尘封的史册，追寻着成功者的足迹，我们不难发现，他们的成功，都在于通过借力，加强彼此间的合作。

有一位记者，曾做过一次有趣的采访。为什么说有趣呢？因为他分别对一位部门经理和公司总经理，问了同一个问题，然而，他们的回答却截然不同：

"你们为何能当上总经理？"记者问。

其中一人回答：

1.能自己做的就不要麻烦别人；

2.能不用别人的钱就不用别人的钱；

3.抓紧一些空闲时间工作。

另一人回答：

1.能让别人做的都让别人做（我是总经理，要是全部自己做，不得要忙死吗？所以必须学会使唤人）；

2.能用别人的钱，就用别人的钱（能借的钱为什么不借，大不了还点利息，让别人的钱为我生钱。还不了大不了破产，顶多把牢底坐穿）；

3.抓紧一切空闲时间休息（既然做到了第一条，为什么不休息。大到国家打仗，小到公司竞争，死的永远是底层士兵，荣誉永远属于将军）。

通过这个故事，我们可以发现，一个在真正意义上懂得合作精神的人，才是所向披靡的成功之士。那些，在职场中，只会苛刻要求自己，凡事事必躬亲的人，注定了就不可能赢得职场。因为一个人的力量终究是有限的，只有依靠大家的共同努力，才能完美地执行好每一项工作，才能真正赢得职场。

《卧虎藏龙》中的贝勒爷说过这样一段话（原文记不清楚了，大意如下）：

玉大人掌管九门提督，这九门之内的事情，上有皇亲国戚，下有各部衙门，打点起来自然方便许多。可是，九门之外往来人等，复杂难辨，光靠衙门中人，恐怕管理不便，因此，唯有和江湖中人打好交道，借用他们的力量，才能保证万事无虞。

由此，我们可以发现，贝勒爷教给九门提督的为官之道，概括起来只有两个字，那就是“合作”。当然，合作也要讲求一定的原则。

现代商场中流传着这样一句话：商场中没有永远的敌人，也没有永远的朋友。这句话的意思，不正与贝勒爷的观念不谋而合吗？

无论是敌人，还是朋友，其最终的目的不就是帮助自己迈向成功吗？为了一个共同的目的，只要是对自己有帮助的任何力量，都可以加以利用，也就是“合作”。当然，我们这里提倡的借力合作，必须建立在遵纪守法的范畴之内。至于那些为了目的可以不择手段，甚至不惜铤而走险，践踏国家法律的人，是坚决不能与之为伍的！

借力合作，是一门艺术。倘若运用得当，自然能深受其无穷妙处，因此，这就需要我们在借力的同时，必须找准和对方的共同目的。因为只有目标相同，才能心往一处想，劲往一处使，才能以最快的速度抢占成功的高地！

向足球场看齐

足球运动是一项十分强调团队合作精神的运动项目。1990 年在意大利举办的世界足球杯比赛中，联邦德国战胜阿根廷队，荣获冠军。当时，一位新闻记者对联邦德国队的主教练采访时说：“太棒了，刚才那个进球太棒了，他简直就是一位了不起的大英雄。”主教练笑了笑回答说：“对不起，我要更正一下，在我们足球队里，没有个人英雄，他们都是英雄。”

教练的话是正确的，那时候，有人专门写文章检讨阿根廷失利的原因，最终得出的结果是——个人英雄主义。

我们知道，在足球赛场上，每一次的胜利，都不可能是某一个人的功劳，而是整个团队相互合作的结果。倘若，我们强调个人的力量，崇拜个人英雄主义,那么最终的结果只能像阿根廷一样,惨遭失败。正如微软的总裁比尔·盖茨说:“单靠个人或者少数人的力量已经不行了,个人英雄的时代业已结束。”所以,只有团队合作才是赢得成功的重要保证。尤其是在当今瞬息万变的市场里,仅仅依靠各自为战的力量,是远远不够的。

一个人纵使有再强的能力,也不可能精通所有的业务,单独完成不了一项巨大而复杂的任务,更不能撑起一个企业的生存与发展。这就需要与其他人组成一个团队,各自发挥自己的潜能和优势,共同来完成工作的目标。

个人和团队的关系就好像是一棵树和一片森林的关系,一棵树长得再高再壮也不可能挡住风沙的袭击,只有和众多的大树组成一片浩瀚的森林,才能挡住风沙侵袭。因此,一棵大树再完美,也只是一棵树,只有融入森林的这个团队中去,才能实现自己的价值。

管理学上有一个著名的“木桶定律”,一只木桶的容量取决定于那块最短的木板。无论其他的木板有多长,它们对于木桶的容量都不会带来丝毫的改变。只有当所有的木板都很长,木桶的容量才会大。从这方面来说,团队就像是一只木板长度整齐的木桶,它并不强调和鼓励个人英雄主义,而是更注重团队合作力量的提升。

所谓的团队合作,就是把职场中固有的 1+1=2 的加法模式,转变成 2×2=4 的乘法模式。只有法则上的改变,才能在执行工作时,起到事半功倍的效果。

因此,很多公司的老总,总是希望自己领导下的团队,能够加强彼此间的合作意识。有一次,某公司的总经理,给策划部的张小姐安排了一项“不可能完成”的工作。张小姐自恃能力出众,在公司里从来不跟任何人合作,而且每次她设计的方案,也绝不允许别人提出不同的意见。为了帮助她清醒的认识自己,总经理给了她一个策划选题,让她尽快完成,午饭之前,必须做出具体可行的策划报告。张小姐不敢怠慢,立刻着手策划,但是这个选题太大了,中间的枝枝节节很多,远远不是她一个人能够在这么短的时间内完成的。规定的时间过去了,张小姐没有按时完成总经理交代的选题，当她生平第一次垂头丧气地来到总经理室的时候,总经理似乎并不生气,好像一切尽在掌握中一样。

总经理不慌不忙地问:“选题策划做出来了吗?”

张小姐低着头说道:“没有。”然后,她就立刻解释说:“任务量太大,我一个人真的顾不过来。自从你把工作安排下来之后,我一上午连杯水都没顾得上喝,就一心扑在策划上。但是,时间又太紧迫了,我实在没办法呀!”她说这些的时候,感觉委屈极了。这时,总经理反问道:“既然你一个人觉得力不从心，那为什么不尝试着和其他的同事合作来完成呢?”

张小姐愣住了。最后,总经理说道:“记住,一个人的力量终究是有限的,学会与同事合作往往会取得事半功倍的效果。”

由此可见,合作是顺利完成工作任务的保证,一个人要想在职场中脱颖而出,首先就要学会和身边的同事合作。因为团队合作不仅是个人谋取发展的有力手段,同时也是企业竞争的核心,如果失去了团队的合作精神,那么再宏伟的目标和愿望也只是空中楼阁。因此,职场中的任何一名员工,都要树立较强的团队意识。在2004年的雅典奥运会上,中国女排的冠军争夺赛就是团队合作的最好明证。

奥运会女排比赛开始之前,意大利排协技术专家卡尔罗·里西先生在观看中国女排训练后很肯定地认为，中国女排在奥运会上的关键人物是身高1.97米的赵蕊蕊。她发挥的好坏将决定中国女排在奥运会上的最终成绩。不幸的是,在中国女排参加的第一场奥运会比赛中,第一主力赵蕊蕊因腿伤复发无法上场了。外界都感叹中国女排的网上“长城”坍塌,实力大减,没有了赵蕊蕊的中国女排不再有夺冠的实力。当时的中国女排确实也很困难,她们只好一场场去拼,在小组赛中,中国队还输给了古巴队,在当时的情况下,很多行家都不看好中国女排夺冠。但是中国女排凭借着优秀的合作精神，在历经了艰难的打拼之后还是杀进了决赛,在与俄罗斯女排争夺冠军的决赛中,身高仅1.82米的张越红一记重扣穿越了2.04米的加莫娃的头顶，砸在地板上，宣告这场历时2小时19分钟、出现过50次平局的巅峰对决的结束。经过了漫长的、艰辛的20年以后，中国女排再次摘得奥运金牌。

中国女排的成功，再次说明了一个问题，实力不是决定最后胜负的关键，团队合作才是百战百胜的有力武器。中国女排较之于俄罗斯队，从身高上就决定了中国队所处的劣势。但是中国女排有着不可战胜的法宝，那就是——合作。因此，与其说中国女排的胜利来自于那股不服输的精神，倒不如说，她们赢在了合作。职场竞争也是如此，如今的微软已是众人仰慕的对象。但是，它在创业伊始的时候，也是名不见经传的小公司。然而，让这小公司，一夜成名，成为同行企业马首是瞻地位的伟大力量则是——合作。

比尔·盖茨在最初创业的时候，就充分认识到团队的力量，运用了团队的合力迅速占领了市场。比尔·盖茨与他的合作人保罗·艾伦都是技术方面的高手，对管理没有多少经验。但是公司的发展和壮大对高级的管理人才却是迫在眉睫。为此，比尔·盖茨想到了他的校友、交际高手史蒂夫·鲍尔默。比尔·盖茨多次邀请鲍尔默来微软工作，并出让了公司25%的股权，1980年夏天，史蒂夫·鲍尔默来到微软公司，鲍尔默的到来让微软开始了一个转折点。他一方面承担了微软公司的全部日常管理工作，另一方面又不断地给比尔·盖茨提出重要的建议，以改变公司的形象和扩大公司的市场。比尔·盖茨听取了鲍尔默的建议，实现了股份上市，股市的集资使得微软公司成为世界级的著名软件公司，并不断开拓了众多的领域。此外，盖茨还请来了很多优秀的人才，其中有很多都不是从事电脑软件开发专业的，而正是这些人的加入，让微软的那些软件天才们如鱼得水，能够集中精力搞软件技术。

1981年底，盖茨请来了肥皂大王尼多格拉公司的营销副总裁罗兰德·汉森来负责公司的广告、公关和产品服务，以及产品的宣传与推销。

汉森对软件开发方面完全是门外汉，但他对市场营销却有极其丰富的知识和经验。汉森一上任就给比尔·盖茨进行了一次生动的启蒙教育:“品牌会产生光环效应。只有让人们对品牌产生联想,产品才会更容易被接受。”“当你用这个品牌推出新产品时。依靠品牌的荣光,它会更容易站住脚,更容易受欢迎。”

在汉森的极力主张之下,所有的微软产品都要以“微软”为商标。于是,所有微软公司不同类型的产品都打出了“微软”品牌。不久以后,这一品牌在美国、欧洲及至全球都成为家喻户晓的名牌。从此,微软实现了从小到大,从弱到强的根本转变。

微软公司的发展, 离不开比尔·盖茨和其他软件设计者天才般的完美设计。但是,公司的壮大,却是全体职工相互合作,共同努力的结果。中国有句俗话:酒香不怕巷子深。意思是说,只要产品质量好,就不愁卖不出去。但是,随着时代的发展和进步,光有好的质量也是无济于事的,就像微软创业初期,产品质量不能不谓之好,但是为什么却不能很好地抢占市场呢？原因就在于他缺乏和市场、品牌之间的相互合作。

古人云:闻道有先后,术业有专攻。在同一个职场中,每个人都有自己的短处和不足,只有在彼此间的合作过程中,才能更好地扬长避短,发挥最大的优势。所以,为了赢得职场生存,从现在开始,就把自己融进团队中去吧!

大河有水小河满

中国民间有句俗话:“大河有水小河满,大河无水小河干。”倘若把公司比做一条大河,那么公司的员工就是一条条的小河。小河要想河水充盈,就需要从大河中汲取。而大河一旦枯竭了,小河沟自然就干涸了。所以,在职场中的员工,必须要弄清楚一件事,你所做的每一项工作,不仅仅是为了公司,同时也是为了自己。要想赢得在公司的晋升机会,首先就要让公司强大起来，而强大的方法就是——加强合作。

然而，在实际工作中，很多人却对团队合作抱有鄙夷的态度。认为只有能力不足的人，才需要得到别人的帮助。就好像社会中被接济和救助的人，往往都是弱者一样。所以，他们为了证明自己是一名真正意义上的强者，于是誓死不愿和团队合作。最终不仅自身的利益得不到保证，也没有给公司带来任何好处。

昆虫世界中，有两种人们习以为常的蜂：一种是采花酿蜜的蜜蜂，一种是偷吃蜂蜜的马蜂。马蜂较之于蜜蜂来说，攻击性很强，但是它们在每次战斗中，几乎都是以马蜂惨败而告终。因为蜜蜂一旦受到侵扰，就会集体出动，把马蜂牢牢地困住，然后通过体内散发的热量，把马蜂活活地烧死。同时，蜜蜂也会因体力枯竭而死。

马蜂的死，从根本上来说，是单独作战的缘故。蜜蜂虽然弱小，但是它们是团队合作，集体出动。所以在职场中，我们应该以蜜蜂为榜样，注重合作精神，否则就会像单独作战的马蜂一样，惨遭失败！

我们曾不止一次地说过，现代社会竞争越来越激烈，企业也越来越重视工作的效率。因此这就迫切的要求，公司的每个员工必须适应紧张而激烈的竞争环境。那么，快速适应环境的重要方法就是——合作。只有相互合作、相互配合，才能把工作完美地完成。

团队的合作，从某种意义上说就是提升自己，因为每个人的工作经验、社会阅历不同，能力也不同，大家相互合作起来，这样就能够在别人的帮助下让自己学到更多东西。尤其是在程序化、标准化极强的职业里，每个人只能完成整个工作中的一部分，因此团队合作在很大程度上又关系着公司发展的命脉。正所谓大河有水小河满，所以无论是从企业发展的角度，还是从个人能力提升的角度，都需要加强团队的合作精神。

有这样一个故事。

有一家医院突然燃起大火，人们纷纷逃出医院外，只剩下一个可怜的盲人和一个瘫痪病人。盲人看不见哪里有火，哪里没火，不知道该向哪个方向迈步。瘫痪病人干瞪着两眼着急,火就要烧到自己身边了,却无法挪动一步。后来,他们想出一个办法,盲人背起瘫痪病人,借助瘫痪病人的双眼看路,瘫痪病人借助盲人的双腿跑路,他们就这样双双逃出了火海。

这个故事告诉我们,在职场中每个人都有自己的优势和劣势,在合作中实现互补,就能够创造出许多意想不到的奇迹。此外,同事之间在协作的过程中,有利于建立起良好的工作氛围,提高工作的效率。

清末著名商人——胡雪岩,自己不读书识字,但他却从生活经验中总结出了一套哲学,归纳起来就是"花花轿子人抬人"。他善于观察人的心理,把士、农、工、商等阶层的人都聚拢起来,以自己的钱业优势,与这些人协同作业。由于他长袖善舞,所以别人也为他的行为所打动,对他产生了信任,他与漕帮协作,及时完成了粮食上缴的任务。与王有龄合作,王有龄有了钱在官场上混,胡雪岩也有了机会在商场上发展,如此种种的互惠合作,使胡雪岩这样一个小学徒工变成了一位执江南半壁钱业之牛耳的巨商。

胡雪岩的成功,从某种意义上说,就是得益于团队合作。一位成功企业家,通过分析世上所有的行业之后,最终下结论说:保险是所有团队中,最具合作精神的行业。因为在保险行业中,各类人群都有。上至达官富豪,下至普通百姓,甚至菜市场摆小摊的人,保险公司都用。

曾听做保险的一位朋友说过这样一件事。

有一次,他去拜访一位客户。这位客户是退役的军人,为人耿直,凡是他决定的事情,就是九头牛也拉不回来。他尽管费尽了唇舌,可客户丝毫不为之所动。于是,他回公司之后,就把这件事情,说给了一名曾当过兵的同事听。

这位同事听完之后,说道:把这个客户让给我吧!

他知道仅靠自己的力量是根本无法说动退役军人的,于是,不假思索地就答应了。可能是因为都当过兵的缘故吧,这位同事和退役军人聊得特别开心,可想而知,签单一定是水到渠成的了。

这个故事说明了，在工作中，我们随时可能遇到形形色色的客户。假如，当自己的力量无法说服客户的时候，那么团队合作就是解决问题的最好办法。事后，为了表示对他的感谢，那名同事也帮他介绍了一名客户。可见，合作让他们都尝到了甜头，同时，也充分地保证了公司的整体利益不受任何损害，可谓是达到了双赢的效果。

职场中的每个人都希望得到晋升的机会，但是，倘若是一家入不敷出、负债累累、资不抵债的公司要提拔你，试问，你会满意吗？当然不满意。因为职员看中的是公司远大的发展前景，只有公司发展了，个人的权益才能得到保证。因此，在职场中，每个员工都要以积极的心态来促进团队的协作，争取达到最后的胜利。

如果一个人为了一己之私而忽视了集体的利益，没有团队合作的意识，那么在职场中就没有自己的立足之地，更不要谈生存与发展了。

有这样一则小故事。

小猴子和小象是一对很要好的朋友。一天它们俩一起到河边玩耍。忽然看到河的对岸有一棵结满了桃子的桃树。望着满树又大又鲜的桃子，它们的口水都流出来了。这时它们俩都在心里打着自己的如意算盘，都想把满树的桃子占为己有。

小猴子首先说："是我先看到桃树的，树上的桃子就应该都归我。"说着就向河的对岸走去。但是由于猴子的个子太矮，当它走到河中央的时候，就被河水冲到了下游的礁石上去了。这时小象在岸上大声对猴子说："桃树是我先看到的，应该归我。"说着也朝对岸走去。虽然小象顺利地过了河，但是它不会爬树，怎么也够不着桃子，只能站在桃树下望着树上的鲜桃，最后无奈之下，只得返回了对岸。

正当它们俩垂头丧气的时候，对岸的桃树对它们喊道："你们要想吃到桃子，就必须改掉你们自私的坏毛病，只有团结起来才能吃到桃子。"

听到桃树的这个建议，它们顿时恍然大悟。于是，小象驮着小猴子过了河，来到桃树下。小猴子爬上桃树，摘了许多桃子，自己一半，分给小象一半。它俩吃得饱饱的，高高兴兴地回家了。

这个寓言故事再次告诉我们，在工作中，如果不能通过合作的方式，发挥各自最大的优势，那么无论是任何工作都不可能做得完美。就像故事中的小猴子和小象一样，只有联起手来一起合作，才能吃到鲜美的桃子。所以职场中的白领们，要想采摘到职场中的鲜美桃子，就必须合作。

总之，当今职场是讲求团队合作的职场，职场老板需要的也是富有合作精神的团队。因此，只有合作才能推动整个公司的发展，才能实现个人能力的提升。在职场中，任何只顾个人利益，而放弃合作，淡忘公司整体利益的员工，都是愚蠢的。正所谓，大河有水小河满，要想保证小河水满，就要先让大河的水量充足起来，而合作就是确保河水充盈的最佳方法！

合作铸就奇迹

有人曾经做了这样一个实验。

把六只猴子分别关在三间空房子里，每间两只，房子里分别放进一定数量的食物，但放的位置高度不一样。

第一间房子的食物就放在地上，第二间房子的食物分别从易到难悬挂在不同高度的适当位置上，第三间房子的食物悬挂在房顶。

数日后，他们发现第一间房子的猴子一死一伤，受伤的猴子缺了耳朵断了腿，奄奄一息。第三间房子的猴子也都死了。只有第二间房子的猴子活得好好的。

探索原因，第一间房子的两只猴子一进房间就看到了地上的食物，于是，为了争夺唾手可得的食物而大动干戈，结果伤的伤，死的死。

第三间房子的猴子虽做了努力,但因食物太高,难度过大,够不着,被活活饿死了。

只有第二间房子的两只猴子先是各自凭着自己的本能蹦跳取食,最后,随着悬挂食物高度的增加,难度增大,两只猴子只有协作才能取得食物,于是,一只猴子托起另一只猴子跳起取食。这样,每天都能取得够吃的食物,很好地活了下来。

这个故事说明了,在激烈的竞争中,合作是生存下去的唯一法则,合作是创造奇迹的根源。各行其是,各自为政的最终下场就是被淘汰。伟大的革命家孙中山先生曾说:中国人是一盘散沙。其根本原因就是缺乏团队合作精神,纵观近百年来的历史,几乎写满了屈辱和挨打,所以要想生存和发展,首先就要团结起来。正如故事中的小猴子一样,为了食物,不惜大打出手,或者干脆各干各的,结果落得个两败俱伤的结局。职场中也是同样的道理,因为合作是成功的缔造者。

曾在一本杂志中,看到这样一个故事。

某市发生洪灾,快到中午的时候,洪水终于撕开了江堤。曾经绿油油的田地顷刻变成了一片汪洋。

受灾的群众三三两两站在堤上,无奈地凝望着水中的家园。忽然,有人惊呼:“看,那是什么?”

只见一个黑球,正顺着洪水的浊浪一沉一浮,慢慢地飘过来,有人说:“像是一个溺水的人!”于是,很快便有人“嗖”地跳下水去,一点一点儿靠近了黑球,但见他只停了一下,就掉头回游,转瞬上了岸。

“是一个‘蚁球’。”那个人说。

“蚁球?”人们不解。

说话间,蚁球越来越近,正缓缓地飘过来,原来是一个足球大小的蚁球!人们发现,黑压压的蚂蚁匝匝紧紧抱在一起,不断有小团蚂蚁像铁器上的油漆片儿剥离开去,被浪头打掉。所有的人都看得目瞪口呆。

蚁球终于靠岸了。蚂蚁们一层层散开,像打开的登陆艇。然而,它们很快便迅速而秩序井然地一排排冲上堤岸,胜利登陆。

只有岸边水中留下的不小的一团蚁球却怎么也爬不上来了，它们最终成为英勇的牺牲者。但它们的尸体，仍然紧紧地抱在一起。

在面临生死考验的时候，蚂蚁选择了合作，它们把身体紧紧地抱成一团，接受洪水的考验。一双筷子轻轻被折断，十双筷子牢牢抱成团，蚂蚁正是用这种实际行动证明了，合作的力量是坚不可摧的，合作创造了生命的奇迹。看到这里，难道我们会没有任何的感触吗？试想在一个团队中，我们也像蚂蚁一样，充分地发扬了合作精神吗？在执行一项工作任务的时候，我们充分地利用了团队的力量吗？当我们抱怨工作压力大，难度大的时候，有没有想过，借助团队的力量呢？中国有句俗话：团结就是力量。试问，倘若面临职场生存大考验的时候，我们能否像蚂蚁一样团结呢？尤其在当今职场中，人的社会属性可以说比以往任何时候都显得更为明显和重要。作为人的社会属性之一的团队精神，其重要性也日益显著。可以说，今天的时代就是一个需要和呼唤团队精神的时代。正如张近东所说："如果我用个人的能力，可以赚一个亿，可能100%是我的；但我用十个人的时候，我们可以赚到十个亿，可能我只有10%，我同样是一个亿，但我们的事业变大了。"

是的，团队就像一个握紧了的拳头，当五根手指紧紧地握在一起时，才能产生无坚不摧的力量。在美国微软公司，曾发生这样一件事情。

迪恩·哈查穆维奇是微软的一名员工，他在为Windows系统重新设计Word时，希望让使用者能够轻易地应用画线功能来画好图表和制图。但是，在冥思苦想了很长时间，依然找不到具体的实施方法，于是他决定寻求同事的帮助。他向同事们解释了自己的意图，他说希望能够让使用者自己来设计段落的格线，或是自己能够很方便地画出各种不同形状的线：粗的、细的、破折号或是等号。他边说边在纸上画着他说的各种线条和符号。他的同事看到他在纸上画的符号后，随口说道："这很简单，你只要把你在纸上列出的这些线条都在Word里面列出来，让使用者能够根据自己的需要随意点击就可以了。"迪恩突然有如醍醐灌顶一般茅塞顿开，他惊异地盯着他的同事说："哦！天呀！这简直太棒了！"没想到与同事的一翻谈话，能够这么轻松地解决了困在他头脑里这么久的问题，就这样，他们把这个绝妙的点子运用到Word里面，取代了原先可能发展成的复杂指令，只要使用者进入菜单的“格式”中选取“边框和底纹”，画面上立即会出现迪恩给同事随手画在纸上的各式线条。

迪恩的做法是明智的，因为在关键的时刻他想起了合作的精神。他敢于向同事请教，敢于大胆而真实地向同事坦白自己的意图，因此，他才能够顺利地完成工作任务。可以说，微软公司的良好发展，离不开所有员工的密切合作。在以上的章节中，我们介绍过比尔·盖茨重视团队的合作效应。从某种程度上说，正是这种上行下效的影响，才造就了整个公司全体职员的合作意识。

然而，现实工作中，很多人强调自我，每天苦行僧一样地工作着，但是却乐在其中。可是，一旦跟他说起团队合作，便一脸的不屑。就像一个大家都耳熟能详的故事一样：一个和尚担水喝，两个和尚抬水喝，三个和尚没水喝。其实，三个和尚本来就是一个团队，但是他们之间相互推诿，谁都不愿意去挑水，最后大家只好没有水喝。企业也是这样的，团队中不仅强调的是个人成功，更强调的是团队的整体业绩。只有团队中各成员共同努力，才能创造奇迹。

积极融入到团队中去

如果把团队看成一个大家庭的话，那么，每个职员就是这个家庭中的一分子，上司和主管就是这个家里的家长。我们都有当过小孩子的经历，爸爸妈妈最喜欢的孩子，通常都是和兄弟姐妹和睦共处的孩子。其实，职场也是如此，只有当自己真正地融入团队这个大家庭时，才更容易受到上司的喜欢。

有这样一则寓言故事：

一只乌鸦在觅食时看见一只猫头鹰飞了过来。大白天见到猫头鹰真是一件怪事，于是乌鸦便问道："猫头鹰老弟，你这么匆忙，要赶往哪里呀？"

猫头鹰说："我呀，正在搬家呢！我要搬到西边的树林去。"

乌鸦感到不理解："好好的搬什么家呀？"

猫头鹰回答说："你哪里知道我的苦衷啊。我喜欢在夜里唱歌，东边的动物都讨厌我。它们嫌我不睡觉，还说我的歌声难听，吵得它们不能安心睡觉。我不跟它们一般见识，所以就主动往西边树林里搬。"

乌鸦一听就明白了，于是对猫头鹰说："你就是搬到西边的树林还会被赶出来。说起来咱俩的遭遇还真有点相似。我以前也是爱唱歌，虽说不像你那样在夜里，但也同样得罪一帮人。后来我想明白了，这不怪别人，而全怪我自己。就拿你来说吧，你本来可以白天工作，晚上睡觉，和其他动物一样。如果尝试后还不行，你还可以不在晚上唱歌，若是一时嗓子痒，想一展歌喉，那就尽量唱一些轻柔好听的歌。如果这三个本质问题都能够改变的话，你就会受到欢迎，而根本用不着到处搬家。"

猫头鹰搬家的根本原因就在于它不能很好地融入团队中去，当别人都休息的时候，它偏偏出来唱歌，而且唱很难听的歌曲，试想，有谁会喜欢它呢？由此，我们不难想象，倘若在职场中，别人向东，你偏偏向西，别人打狗，你偏偏撵鸡，长此以往，你将会被其他同事拒之门外的，那又何谈合作呢？因此，在职场中，注意培养与同事之间的感情，与同事分享对工作的成果，与每一位同事保持良好的人际关系，千万不要成为同事心中的"刺头"，那样的境地是很危险的。

如今，每一项工作的程序化都很强。所以，员工之间的相互合作已经成为一种必备的素质。对员工而言，只有融入团队中，才能实现自己的人生价值。

那么，作为一名职场白领，应该怎么做才能真正地融入集体这个大家庭中去呢？

一、我不是救世主，只是公司的一分子

雷锋说过："一滴水只有放进大海里才永远不会干涸，一个人只有当他把自己和集体事业融合在一起的时候才能最有力量。"一滴水要想使自己永远都不干涸，那么唯一的办法就是让自己融入浩瀚无边的大海之中。这就好像企业的一个员工要想在自己的岗位上干出一番成绩，就必须融入公司的团队中去。

詹姆斯是一家知名企业的部门主管。他业务精深，才华横溢，有极强的组织管理能力。但是，出人意料的是，他在这家公司仅工作了半年，就被解雇了。究其原因，就是他忘记了，自己仅仅是公司的一分子。

有一次例会，总经理让大家在一起讨论公司的计划。詹姆斯总是夸夸其谈，把自己的想法和计划尽最大努力展现给领导，全然不顾自己只是公司的一名新上任领导，对公司的情况根本没有全面的了解。但是，他总觉得，自己能被公司委以重任，就证明自己比其他人强。那么，他们就没有理由不听从自己的安排。

当时，公司里一些经验丰富的老员工所提出的建议，都被他反驳的一无是处。刚开始的时候，总经理还特别欣赏詹姆斯的大胆和勇于表现自己的精神。但是在采纳了几条他提出的建议之后，发现他太过于自以为是了，在整个公司中，除了总经理，他几乎不把任何人放在眼中。结果，导致了他在同事中的口碑极差。终于，有一天，总经理把他叫到办公室，说："詹姆斯，不可否认你确实很有才华，但是我们的公司是一个整体。你自从来到公司之后，所有员工都把你看成眼中钉，肉中刺，我不知道这究竟是什么原因。也许，我们这个公司太小，发挥不了你巨大的才能，你还是主动辞职了吧。"

詹姆斯的故事告诉我们，一个人的能力固然很强，但是面对整个市场竞争的压力来说，这仅仅只是杯水车薪。公司的发展是大家携手并进，共同努力的结果，而绝不是仅仅依靠某一个人的力量。所以，在职场中，要永远记住，你不是救世主，你只是公司的一分子，仅此而已。

二、充满集体荣誉感

集体荣誉感是对集体的热爱、对身边人的关心，这是一种积极的心理品质，是激发人们奋发上进的精神力量。集体荣誉感是集体凝聚力的来源。在市场经济条件下，职场之间的竞争也越来越激烈，每个企业面临的压力也越来越大，所遇到的工作也越来越复杂，而这些复杂的工作，是一个员工根本无法完成的，必须是在职场中很多人相互协作、帮助、相互配合下才能完成，因此，员工之间的团队意识就显得非常重要。而团队合作意识的树立，通常都是先从树立集体荣誉感开始的。

根据研究表明，一个人只有具备集体荣誉感，他才能在工作中，追求完美的工作过程，而要想把每一项工作都做到位，做得完美，那么他就会不由自主地选择合作。所以作为团队中的一员，就要时刻保持着集体荣誉感，以集体的荣耀为荣，以集体的耻辱为耻，集体的利益就是自己的利益。只有心中充满了对集体荣誉的敬仰，你才会积极地工作，努力地提升自己。到那个时候，你更关注的将不再是职位的晋升，也不是薪酬的增加，而是把自己真正当做团队中的一员。

一家大型家电用品公司的老总，把 12 名优秀的业务员聚集在一起，随机分成甲、乙、丙 3 组，要求甲组的 4 个人去调查附近城市电视机市场的需求情况，乙组的 4 个人调查电冰箱市场的需求情况，丙组的 4 个人调查洗衣机市场的需求情况。

老总解释说："这次调查工作很重要，直接影响着公司规模的扩大。所以，你们必须对市场有敏锐的观察力。我已经准备了一份相关行业的资料，大家可以根据这些材料展开调查。"

两天后，12 个人都把自己的市场分析报告送到了老总那里：老总看完后，对丙组的 4 个人祝贺道："恭喜 4 位，你们已被提拔为副经理了！"

其他人面面相觑地盯着老总，不知道他葫芦里卖的是什么药。老总解释说："我出这样的一个题目，其实最主要的目的，是想看看你们的团队合作意识。因此，我给你们每个人的资料都不一样。丙组的 4 个人很聪明，互相借用了对方的资料，补全了自己的分析报告。而其他两组的人却分别行事，抛开队友，自己做自己的。甲、乙两组失败的原因在于，缺少团队精神，忽视了集体荣誉。”

老总的话是正确的，对他们来说，自己已经是优秀的业务员了，至于公司是否要发展壮大，是否要在附近城市开连锁店，这些似乎都跟自己没有任何关系。说白了就是缺乏集体荣誉感。倘若他们当真把自己看成公司的一分子，把公司的荣誉看得比自己的生命还重要，试问，他们会在事先不商量沟通，如何调查，怎样合作，以及调查哪些方面的情况，争取把本次工作做到最完美吗？所以，在职场中执行任何一项工作的时候，都要记住，自己是为公司的荣誉而战！

三、不与团队争功劳

已故相声表演大师马季，曾说过这样一段相声，名为《五官争功》。大意是：他被评为著名笑星之后，脑袋上的眼、耳、鼻、口等器官，纷纷前来祝贺。名为祝贺，其实就是邀功来的。

眼睛说：我是重要的视觉器官，是我帮助你学知识，学文化的。没有我的帮助，你就看不懂相声，所以我的功劳是最大的。

鼻子一听，不乐意了，便立刻反驳说：眼睛重要，难道我鼻子就可以缺少吗？我是你重要的嗅觉和呼吸器官，没有我的帮助，你就分不清香臭，没有我的辛苦工作，你就无法呼吸，所以我的功劳最大。

耳朵闻此，更加不高兴了。他站起身子说：我耳朵是你重要的听觉器官，没有我的帮助，你就听不到美妙的音乐，就听不到观众的掌声，因此我的功劳最大！

嘴巴最后发言，说道：相声是一门语言艺术，靠的就是耍嘴皮子。要是没有我嘴巴，你连相声也说不成，就更别说获奖了，因此我的功劳是第一位的。

在现实工作中，经常可以遇到见功就上，有荣誉便抢的人，其实，这正说明了他们缺乏团队合作精神。因为任何一项工作的完成，从来都是大家共同努力的结果，荣誉当然属于团队。正如迈克尔·乔丹在结束自己的篮球生涯时说:“别人总是说,我站在篮球世界的顶端,每当听到这样的赞美,我都感到恐慌。因为我取得的所有成绩都是和队友们以及教练一起努力的结果,还有赞助商以及支持、鼓励我们的球迷们,荣誉属于我们每一个人,我只是很幸运地作为代表,一次次地领取奖杯。”

是的,一个人的成功,往往需要得到很多人的支持与合作。篮球赛场上,如果没有观众的热情期待和喝彩,乔丹的一切表现都将成为孤芳自赏;如果没有队友的默契合作,那么,便不可能造就乔丹今日之辉煌。所以说每个人都不可能单枪匹马获得成功,只有和别人组成集体,并融入到团队中才能发挥自己的才能,取得最终的胜利。有鉴于此,在巨大的荣誉面前,我们应该先集体,而后个人,唯有如此,距离职场之成功才能更近一步!

白领生存羊皮卷
BAILING SHENGCUN YANGPIJUAN

第八章　职场减压

高速的工作效率，激烈的职场竞争，严峻的生存状态，如同三座大山一般压在了职场白领的肩上。著名心理学家罗伯尔说："压力如同一把刀，在不知不觉的工作中，不仅谋杀了一个人的身体，也埋葬了一个人的健康心理。"可见，压力已经成为职场白领生存的头号"杀手"。然而，可悲的是，许多职场白领对压力缺乏正确的认识。实际上，有些人所承受的压力强度已经非常之大了，但是他们对自己所能承受的压力却知之甚少，结果严重影响了身心健康。正如一名医学专家所说："他们根本就不清楚自己身体垮了，生理机能严重枯竭，甚至发生烦躁、手抖、睡眠不好、食欲不振等都是和压力有着密切的关系。"那么，在面对巨大压力的时候，是该防"压"之"力"甚于防洪一般地堵填，还是像大禹治水，疏导发泄呢？其中的道理，是不言而喻的。

由跳楼事件引发的联想

首先声明,因该事件曾被各大新闻报刊媒体公开报道过,所以我们再次提及此事,并不算涉及该公司的隐私。

前不久,富士康员工频频跳楼的事件,在网络上闹得沸沸扬扬。据统计,到目前为止,富士康共发生 12 起员工跳楼事件。而且,就在 2010 年 5 月 26 日的惨剧发生之后,又传出富士康员工割腕自杀的消息。虽然,经证实,此人被及时抢救,脱离了生命的危险。但是,我们不禁要问的是,为什么这些年轻的生命,会选择用自杀的方式结束他们的人生?

此事发生之后,相关部门立刻组织专案小组,进行深入的调查。在调查中显示,这些不惜生命的轻生者,年龄都在 20 岁左右。有人说,20 岁的年龄是人生中最灿烂的时光。那么,究竟是什么原因,让这些花季青年,走上了不归路的呢?

答案尚在调查中,不可妄加揣测。但是,有一点是可以肯定的,那就是——压力。巨大的生存压力迫使着这些年轻的生命过早给自己短暂的人生画上了句号。

压力就像一柄无情剑,它总是把人逼到生命的边缘,让人来不及思考,便倒于剑下,饮恨而终。两年前,一位朋友打来电话,告诉了我一桩不幸的事情。

电话中他说:“小慧死了。”

我听到这个消息,顿时怔住了,只觉得脑袋轰然作响,仿佛成千上万只苍蝇在嗡嗡地叫。小惠是我研究生同学的女儿。我与他父亲关系要好，所以便把她当成自己的亲生女儿一般看待。她生性执拗，凡是想要的东西，就一定要得到手，不管花费多大代价。

我问："她是怎么死的？"

"猝劳死。"朋友回答说。

听到这个回答，应该是属于意料中的事情。她大学毕业后，去日本留学，之后就在日本的一家银行做事。由于她工作能力突出，所以在她32岁的时候，就被破格提拔为副经理了。有一年，她回国探亲，我们在一起吃饭。

我问："工作还好吗？"

她面带微笑地说："好，一切都好。"

但是，她每次说完这句话之后，总会补充一句，说："就是压力太大。"

每逢此时，我都会劝她，干工作不要那么太拼命。她笑了笑，回答说："刘伯伯，只有拼命才有晋升的机会呀！"

是啊！拼命才有机会，然而，她却忘记了，把命都拼掉了，要晋升何用。

其实，无论是富士康员工的跳楼事件，还是小惠猝劳死的事件，归根结底，都是因为压力太强烈。为了生存，他们不得不默默地承受着这份巨大的压力。正如小惠所说过的，我每天都要工作十五六个小时。其实，她之所有付出那么多的时间来工作，目的只有两个：第一不被职场淘汰；第二荣升更高的职位。

我们知道，现今的职场是一个科技发达、物质丰富、充满竞争的职场，要想在职场中立于不败之地，那就必须不断地膨胀个人欲望。因为俗话说："有压力才有动力。"而这种所谓的动力，在很多情况下，其实就是不断膨胀的欲望。正如，对于富士康那些死难者来说，赚取更多的钱，就是他们所谓的工作欲望：对于小惠来说，提升到更高的职位，也是她的工作欲望。但是，一旦当这些欲望成为一种沉重压力的时候，他们就必须为此付出巨大的代价。

上帝在创造蜈蚣时，并没有为它造脚，但是它仍可以爬得像蛇一样快。有一天，它看到羚羊、梅花鹿和其他有脚的动物都跑得比自己快，心里很不高兴，便忌妒地说："哼！脚多，当然跑得快。"于是它向上帝祷告说："上帝啊，我希望拥有比其他动物更多的脚。"

上帝答应了蜈蚣的请求，他把好多好多的脚放在蜈蚣面前，任凭它自由取用。蜈蚣迫不及待地拿起这些脚，一只一只地往身体上粘，从头一直粘到尾，直到再也没有地方可粘了，它才依依不舍地停止。

它心满意足地看着满身是脚的躯体，心中暗暗窃喜："现在我可以像箭一样地飞出去了！"但是等它开始要跑时，才发觉自己完全无法控制这些脚。这些脚各走各的，它非得全神贯注，才能使一大堆脚顺利地往前走。这样一来它反而比以前走得更慢了。

这个故事告诉我们，强烈的欲望必然造成相等的压力。蜈蚣虽然心满意足的实现了有很多脚的欲望，但是，它在每向前迈一步的同时，就必须忍受着拖动其他条腿的痛苦。

而且，欲望就像一个无法填满的黑洞。所以著名哲学家尼采说：欲望乃痛苦之根源。因为欲望得不到满足，就会产生求而不得的空虚寂寞感；欲望得到了满足，就会滋生下一个欲望，期待着去满足，总之，一旦有了欲望就注定了摆脱不了痛苦。所以职场白领们，只要适当地削减自己的欲望，才能减轻工作的压力。

放手是削减欲望最好的手段。在很多时候，学会放手是一种解脱，放手是一种量力而行，明知得不到的东西，何必苦苦相求，明知做不到的事，何必硬撑着去做呢？拿着鸡蛋去碰石头，不是自取灭亡吗！

据说，有一种鱼叫马嘉鱼，长得很漂亮，银肤燕尾大眼睛，平时生活在深海中，春夏之交溯流产卵，随着海潮漂游到浅海。

渔民捕捉马嘉鱼的方法挺简单：用一个孔目粗疏的竹帘，下端系上铁，放入水中，由两只小艇拖着，拦截鱼群。马嘉鱼的"个性"很强，不爱转弯，即使闯入罗网之中也不会停止。所以一条条"前赴后继"地陷入竹帘孔中，帘孔随之紧缩。竹帘缩得愈紧，马嘉鱼愈激怒，它们更加拼命往前冲，结果就会被牢牢卡死，最终被渔民所捕获。

其实，我们又何尝不是如此。在职场中为了前途的发展，一路上不断地给自己加重负荷，轻易不肯放下，结果负荷越来越沉，就像齐天大圣背着的金角大王。初时只有轻飘飘地不以为然，随后，则骤然加剧，最后就变成了一座大山，欲罢不能了。

然而，我们所说的放手，并非是提倡大家完全放弃自己的本职工作，而是在巨大压力面前，适当地做出取舍。正如菲尔丁所说，做出一个令人满意的舍弃，对于我们来说是十分重要的！世界文豪罗曼·罗兰在他的房间失火时，没有顾及家具、财产、衣物，甚至没有顾及生命，却从熊熊大火中救出了几箱书。舍弃了凡夫俗子眼中的财富，守住了那些启迪心智、净化心灵的真正的财富。而有些人，终生抱着“人为财死，鸟为食亡”的信条，追逐着金光闪闪的财宝。为了生不带来，死不带去的阿睹之物，每天在生活和工作中，承担着巨大的压力，结果耗尽了一生的心血，却从来没有体验过人生真正意义上的快乐，实在是可惜呀！

当然，放手时需要勇气的。在职场中，为了晋升到更高的位置，我们可以忍辱负重，甚至不惜一切代价，可谓是勇气可嘉。但是，如果要放弃所得的东西，那无异于剜心割肤一般，畏畏缩缩了。然而，适当地放手，才能体会到人生的快乐，才能将所有的压力，在快乐的心境中，化为乌有。

从前有一个富翁，家中的财宝堆积如山，富可敌国。但是，他每天都忧心忡忡的。忠实的管家问道：“老爷，您拥有这么多的财宝，难道还不快乐吗？”

富翁皱了皱眉头，叹息道：“我虽然有这么多财宝，可是，我却每天忍受着财宝所带给我的压力。”

管家不解地问：“财宝有什么压力？”

“财宝的压力，就是防止它被小偷偷了去，所以我必须每天看护着它。只有当我每天能看着它，摸到它的时候，我的心才能获得片刻的安静。但是，为此我却失去了外出游玩的机会，难道这些不都是压力吗？”

管家笑了笑，回答说："既然如此，你为什么不尝试着放下呢？"

富翁沉思了一会儿，反复地说道："放下。"

那一刻，富翁真的放下了，同时，他也收获到了平生从未有过的快乐。在现实工作中，倘若也能在感到压力的时候，不失时机地放一放手，难道不是一件很好的事情吗？

有一次，李先生去山西开会，路过五台山。于是，便拨冗去了趟悬空寺。他进香之后，突然闻听一僧人，高声喊道："放下——放下——"

李先生以为僧人是喊他放下，便不解地问道："大师让我放下什么？"

僧人回答："和尚我并没有让施主放下，只因敝寺有只狗，名叫放下。"

李先生不解地问道："别人家的狗，都是叫皮特、亨利之类的。贵寺为什么给狗取这么个奇怪的名字？"

僧人笑着说道："难道你还真以为我是叫小狗放下啊！我只是提醒自己，放下！放下！"

就在这时，果然一条毛茸茸的小狗，从不远处跑了过来。

这件事，给了李先生很大的触动。他身为一家证券公司的经理，每天忙于工作，经常倍感压力巨大，但是他从来没有想到，自己是否该放下些什么。

元代著名书画家赵孟頫曾写过一首渔夫词："人生贵极是王侯，浮名浮利不自由。怎得似，一扁舟，吟风弄月归去休。"

浮名浮利终将是过眼云烟，所以在职场中，辛勤奋斗的同时，不妨适当地放一放手，也许将收获更多的快乐。

曾有人问过大家这样一个问题，假如你还有一天的生命期限。请问，你最想做的事情是什么？结果很多人的回答都是——享受生活。由此可见，对生命的珍惜，对生活的热爱，是每个人最大的追求。那么，既然如此，为什么在高速运转的职场中，每每遇到巨大压力的时候，不能削减一下欲望，适度地放一放手呢？

当然，如果你真的狠不下心放手的话，不妨试着将压力传递给别人,这也不失为一种好的方法。有人说,快乐和别人分享,就变成了两个快乐。痛苦和比人分享,就变成了半个痛苦。同样的道理,压力和别人分享,也就变成了半个压力。

诸葛亮在国人的心目中,是智慧的化身。但“智者千虑,必有一失”。诸葛亮最引以为豪的一句话就是:“鞠躬尽瘁,死而后已。”其实,害死他的也是这句话。他为了报答刘备的知遇之恩，也因为害怕因过失而后怕,所以他就事无巨细,事必躬亲。把什么事情都揽在自己身上。在蜀营中,士兵因犯错而打二十军棍时,他都要亲自讯问,结果搞得自己身心疲惫。

诸葛亮六出祁山,北伐中原,想与魏军决战。但司马懿始终稳守营垒，诸葛亮几次三番向他挑战都没有用，双方在五丈原相持了一百多天。

为了想办法激怒司马懿，诸葛亮就派人给司马懿送去一套妇女的服饰,意思就是这样胆小怕战,还是回去做个“闺房小姐”吧。

孰料,司马懿不但不生气,反而当着蜀军使者的面,把衣服穿在了身上,而且镇定自若地和使者聊天。

司马懿装做很关心的样子问道:“你们丞相公事一定很忙吧。近来身体可好？胃口怎么样？”

使者觉得司马懿问的都是些客套话，也就老实回答说:“丞相的确很忙,军营里大小事情都要亲自抓,他起得很早,睡得很晚,只是近来胃口不好,吃得很少。”

使者走了以后，司马懿就跟左右的将士说:“你们看，诸葛亮吃得少,事务又那么繁重,能支撑得长久吗？”

果不其然,诸葛亮由于过度疲劳,终于在军营中病倒了,最后死在了五丈原。

诸葛亮的故事说明了,一个不懂得传递压力的人,最终将被压力所累。诸葛亮位居武乡侯,执掌蜀国军政大权,那么,可想而知,他所面对的压力是何其之大。但是，他却坚守着“鞠躬尽瘁，死而后已”的人生理想，而不愿将压力分给众人承担，结果积劳成疾，命丧五丈原。因此，从某种意义上说，诸葛亮也是被巨大的压力压死的！

当今的职场压力之大，是各位职场白领有目共睹的。那么，面对这些巨大的压力，又该何去何从，最终还得自己拿主意。

压力来自不适合

谈过恋爱的人都知道，对方不适合自己的时候，就要赶快分手，否则即便勉强在一起了，也会每天感到巨大的压力。职场也是同样的道理，无论是公司，还是工作性质，如果不能跟你合拍，势必会对你产生巨大压力。

著名豫剧表演艺术家马金凤在《花打朝》中，有这样两句唱词：“皇后娘娘我不想当，金交椅坐的我腰酸疼，绣花针太小我捏不住，我好抡棒槌和铁弓。”可见，王氏诰命不想当皇后的原因很简单，那就是，她知道自己适合干什么。试想让一位巾帼英雄，每日习以针织女红，并母仪天下，那将是多大的压力，所以她宁可不做皇后，也不要每天对着针头线脑，描画秀柳，走路做扭捏状。

以前，常听父亲说一件事情。抗战争时期，祖父辈的一位亲戚，一腔热血地投身到革命中。他斗大的字不识一箩筐，但是，打起仗来却毫不含糊，因此屡立战功。后来，当上了师长。战争结束后，部队安排他回原籍当省委书记。这下可把他吓坏，他连忙找到上级，说：感谢组织对我的信任，但是，我不能服从。上级原以为他挑肥拣瘦，嫌官阶小，于是便批评他说：为人民服务，没有官职的大小。

他憨厚地笑着说：你误会我了。让我带兵打仗，冲锋陷阵，咱行！可是，让我当干部搞文职行政工作，我可干不来。说罢，就挂冠而去。

后来，上级经过认真考虑，决定满足他的愿望，回老家耕田种地。

其实，无论是《花打朝》中的程七奶奶，还是我的这位远方亲戚，从他们的事迹中，都不约而同地反映了一个问题，那就是，不做自己不适合的事情。心理学家研究表明，一个人在从事自己不适合的工作时，所承受的压力，要比其他人大的多。

此话是正确的，带兵打仗，冲锋陷阵，在许多人的眼中，那可不是闹着玩的，弄不好小命就不没了，但是，他们却等闲视之。反而将别人眼中视为珍奇宝贝一样的东西，看做蔽履一双。试想，皇后娘娘，省委书记，这是多么大的官职和荣誉。但是，他们的选择是明智的，因为选择了不适合自己的事业，就意味着你将承受双倍的压力。所以，在职场中，要想不被压力所累，就必须认清自己适合做什么。

然而，实际工作中，很多人往往为了高职位，高薪待遇，不惜削足适履，真可谓可悲，可叹！

从前，有一个老铁匠，临死的时候把两个儿子叫到床前说："我打了一辈子铁，没有什么东西留给你们，只有两块上等的好铁……"话还没说完，老铁匠就咽了气。

老铁匠的两个儿子，老大长得魁梧高大，喜欢习武弄剑；老二长得瘦小孱弱，平时做点针头线脑的小生意。老大用父亲留给自己的那块铁打了一把宝剑，终日不离身，每天刻苦练剑，闻鸡起舞，风雨无阻。老二把那块铁磨成了一把犁子，给人耕田种地，赚点小钱，补贴家用。哥哥不满弟弟的安于现状，不思进取，对弟弟说："我将这块铁打磨成了一把锋利的宝剑，今后必定成为国家的栋梁，而你却将自己的那块打磨成了一个整天与土地打交道的犁子，你只能成为一个只贪眼前小利的农民。"弟弟听了不置可否，继续埋头耕地。

不久，异国入侵，老大背着剑，走上了战场，在千里边疆，他意气风发，挥剑劈敌无数，立下赫赫战功，班师回朝后，被皇帝赏识，成了国家栋梁，荣华富贵不请而至。老二的妻子见了便埋怨丈夫，当初何不将那块铁铸了宝剑，也不至于生活得像今天这样贫穷了，可是老二却说："我天生就是做农民的命，你让我挺剑上战场，岂不是白白送死。"

几年之后，一些奸臣看不惯老大仅凭武夫之勇而居高位，于是在皇帝面前屡进谗言陷害他，而皇帝也觉得天下太平了，犯不着为了一个武将而惹得众臣不高兴，于是就把老大革职查办，打回原籍了。老大回到乡里，受到了乡邻的白眼。他每天对着那把宝剑，独自叹息道：你本就是一块废铁，何须被打造成宝剑。说完就刎颈自杀了。而老二依然靠着犁子耕田种地，养家糊口，虽然日子过得清贫，可也是其乐融融。

这个故事告诉我们，不合适自己的职业，只能徒增烦恼和压力。老二从一开始就对自己有着清醒的认识，所以当老大纵横沙场，荣誉等身的时候，他也不曾为之心动。古人云：人贵有自知之明。因为自知，所以知道自己适合干什么，也正因为知道自己适合干什么，所以才没有更大的压力。老大的饮恨而终，其实，从某种意义上说，就是对自己缺乏正确的认识，从而导致了巨大的压力。一个在战场上叱咤风云的人，结果却落得个削官罢职，灰头土脸地回到原籍老家。这种心理落差形成的压力是巨大的。当他无力承受的时候，便选择了愚蠢的方式，结束了生命。因此在职场中，我们应该时常自我反省，自己的能力如何？自己能否胜任更高的目标？如果反省的结果是，我适合，我能胜任，那么，毫无疑问，压力对你是不起作用的，同时你也将会把工作做得更加完美。

有人曾在互联网上搞了一次测试，题目是：你认为塞万提斯的一生很糟糕吗？最后共有467432人参加了测试，结果是这样的：92.3%的人点击了"否"，5.6%的人点击了"是"，2.1%的人点击了"不清楚"。

这一结果大大出乎主办者的预料。大家都知道，塞万提斯一生坎坷，他曾为了生活颠沛流离。

他曾参军当兵，抵抗土耳其军队，结果在战争中失去了左手，此后即有"勒班多的独臂人"之称。他也曾因交不上税款而多次入狱，就连那部伟大的著作《堂吉诃德》也是他在狱中完成的。

就是这样的一个人，世界上竟有那么多人认为他的生活并不糟糕。

难道这些点击者的生活还不如当时的塞万提斯吗？显然不是，那么，为什么他们会羡慕塞万提斯呢？

为了搞清原因，他们首先访问了一位商人，商人回答说："我从小就喜欢印象派大师们的绘画，我的愿望就是做一位画家，可是为了挣钱，我却成了画商，现在我天天都有一种莫名的压力感。塞万提斯不一样，他喜爱写作，就义无反顾地从事写作，他应该是幸福快乐的。"

接着他们又访问了一位作家，作家说："我天生喜欢写作，现在成了作家，我非常满意。塞万提斯也是这样，所以他的生活不会有太大的压力。"

后来他们又访问了其他一些人，比如银行经理、饭店厨师以及牧师、学生和政府职员等，其中一个人是这样留言的："别说塞万提斯的生活，就是其他诗人的生活，也比我现在的生活值得羡慕，因为他们没有违背上帝的意旨，他们都活在自己适合的领域，做自己喜欢做的事，他们是自己真正的主宰。而我却为了过上某种更富裕的生活，在烦躁和不情愿中日复一日地忙碌，承担着巨大的生存压力。"

是的。塞万提斯的生活艰辛，在历经千百年之后，人们早已忘记，而忘不掉的却是，他从事了自己适合的职业，感受着这份职业和工作带给他的快乐兴趣，所以在大家的眼中，他是值得羡慕和崇敬的。因此在职场中，每个人都应该清楚知道，什么东西适合你，你适合做什么。如果你是一只鸡，你就从土里刨食找乐趣，如果你总是羡慕苍鹰在天空翱翔，结果不仅对自己现有的这点工作失去了乐趣，还将被另外一种求而不得的痛苦和压力所折磨。

然而，在实际工作中，这样的人大量存在。只不过他们想了一个貌似很好的方法，那就是——降低标准。

其实，降低标准就是一种掩耳盗铃的骗人把戏而已。就像鲤鱼跳龙门一样，一些鲤鱼明知道自己不可能跳过龙门，于是，干脆就把龙门的标准降低。虽然它顺利地跳过了龙门，可是，它依然还是一条鲤鱼。

《伊索寓言》中有这样一则故事。

城市老鼠和乡下老鼠是好朋友。有一天,乡下老鼠写了一封信给城市老鼠,信上这么写着:“城市老鼠兄,有空请到我家来玩。在这里,可享受乡间的美景和新鲜的空气。过着悠闲的生活,不知意下如何?”

城市老鼠接到信后,高兴得不得了,立刻动身前往乡下。到那里后,乡下老鼠拿出很多大麦和小麦,放在城市老鼠面前。城市老鼠不屑地说:“你怎么能够老是过这种清贫的生活呢?住在这里,除了不缺食物,什么也没有,多么乏味呀!还是到我家玩吧,我会好好招待你的。”乡下老鼠于是就跟着城市老鼠进城去。

乡下老鼠看到那么豪华、干净的房子,非常羡慕。想到自己在乡下从早到晚,都在农田上奔跑,以大麦和小麦为食物,冬天还得在那寒冷的雪地上搜集粮食,夏天更是累得满身大汗,和城市老鼠比起来,自己实在太不幸了。

聊了一会儿,它们就爬到餐桌上开始享受美味的食物。突然,“砰”的一声,门开了,有人走了进来。它们吓了一跳,飞也似的躲进墙角的洞里。乡下老鼠吓得忘了饥饿,想了一会儿,戴起帽子,对城市老鼠说:“乡下平静的生活,还是比较适合我。这里虽然有豪华的房子和美味的食物,但每天都紧张兮兮的,倒不如回乡下吃麦子来得快活。”说罢,乡下老鼠就离开都市回乡下去了。

由此可见,只有适合自己才是最好的。其实,职场也是同样的道理。如果把大的公司和高职位比做繁华的城市,那么,处处充满危险的环境,则是我们所要面临的巨大压力。所以,要想减轻压力,就要选择适合自己的职位。

工作不是压力包袱

把工作当成沉重包袱的人，就注定了要给工作当奴隶。因为工作带给他的不是快乐的享受，而是巨大的压力。这些压力就好似高高举起的皮鞭，只要稍不留神，就要受到鞭笞。然而，聪明的职场白领，却是把工作当成恋人，他们把每次的工作都当成一次次亲密的约会，在工作中感受曼妙的幸福和快乐。因此压力对他们而言，也就荡然无存了。

那么，如何才能把工作当成享受呢？首先，就要具有初恋般的热情。因为热情是工作的第一需要，任何困难和压力，在热情的面前都要俯首称臣。热情可以唤醒一个人蓬勃的朝气和活力。举例说明：倘若在办公室上一天的班，可能下班的时候，你会感到筋疲力尽，头脑发胀。如果在网吧情况就不一样了，很多人往往通宵达旦，乐此不疲。那么，这究竟是什么原因呢？答案就是——热情。在网吧上网冲浪，可以不用担心在聊天的时候被上司发现；不会在打游戏的时候战战兢兢，心不在焉。总之，一切都凭着热情的发挥，而丝毫不受上司的管束。因此，在热情的放肆下，压力也就自然变成了享受。

曾有人说：“人生的最大生活价值，就是对工作有热情。”做同一件事，有人觉得做着兴趣盎然，有人觉得做着寡然无味，其中有天壤之别。对工作没有热情就会感觉到痛苦和压力，仿佛置身在地狱中。对工作充满热情的人，就会感到两腋之下，习习生风，妙趣无穷，如登天堂。所以，要想减轻职场工作所带来的压力，就永远不要让自己失去那份应有的工作热忱。如果你能每天保持一颗热忱之心，那么可以肯定地说，压力是不会自动找上你的。

一个浓雾之夜，当井藤纯一和妻子从东京乘船渡江到北海道的时候,妻子兴奋道:"这是多么令人惊心动魄的情景啊!"

"有什么出奇的事情呢?"井藤纯一问道。

妻子依旧充满热情:"你看呀,那浓雾,那四周若隐若现的光,还有消失在雾中的船带走了令人迷惑的灯光,那么令人不可思议。"

或许是被妻子的热情所感染,井藤纯一也着实感觉到厚厚的白色雾中那种隐藏着的神秘、虚无及点点的迷惑。井藤纯一那颗迟钝的心得到了一些新鲜血液的渗透,不再没有感觉了。

妻子注视着他:"我从来没有放弃过给你忠告。无论以前的忠告你接受不接受,但这一刻的忠告你一定得听,而且要永远牢记。那就是:世界从来就有美丽和兴奋的存在,她本身就是如此动人、如此令人神往,所以,你自己必须要对她敏感,永远不要让自己感觉迟钝、嗅觉不灵,永远不要让自己失去那份应有的热情。否则,你会被巨大的压力,所吞噬掉的。"

井藤纯一一直没有忘记妻子的话,而且也试着去做,就是让自己保持有那颗热忱的心,有那份热情。此后,他每逢被繁重的工作压得透不过气来的时候,总会想起妻子说过的话——不要失去热情!

可见,热情是战胜压力的法宝。在职场中,谁失去了热情的庇佑,谁就将成为压力的俘虏。然而,热情的火焰要想一直燃烧,不熄灭,就需要注意以下两个方面。

一、兴趣

心理学家曾经做过这样一个实验。他把18名学生分成两个小组,每组9人,让一组的学生从事他们感兴趣的工作,另一组的学生从事他们不感兴趣的工作,没有多长时间,从事自己所不感兴趣的那组学生就开始出现小动作,再一会儿就抱怨头痛、背痛,而另一组的学生正干得起劲呢!以上经验告诉我们:压力往往不是工作本身造成的,而是因为工作的乏味、焦虑和挫折所引起的,它消磨了人对工作的活力与干劲。

我们都有过这样的经历:比如在一个假日里你到湖边去钓鱼,整整在湖边坐了10个小时,可你一点都不觉得累,为什么?因为钓鱼是你的兴趣所在,从钓鱼中你享受到了快乐。

可见,兴趣是疲倦和压力的抗生素。在浓厚的兴趣下工作,不仅不会感到压力,反而会感到无限的快乐。

某年过春节的时候,在火车上,听得两人对话。其中一名是从事考古挖掘工作的,另一位是典型的商人模样。

考古工作者,头戴一顶灰不拉几的帽子,横跨一个脏兮兮的小包,里面塞满了考古作业所需的工具。

商人模样的乘客瞅了他一眼,语气生硬地问道:“很辛苦吧?”

考古工作者十分纳闷地问道:“考古挖掘是一项多么有趣的工作啊!为什么会辛苦呢?”

商人反驳说:“成天日晒雨淋的,有时候连口热饭都吃不上,还不辛苦啊。”说罢,就朝他身上打量了一番。意思是说,看你一身穿戴,灰头土脸的,还说不辛苦,简直就是自欺欺人。

考古工作者没有回答他的发问,而是自我陶醉地说道:“当你打开一座尘封了上千年的古墓时,当你和距今千年的古人面对面地‘谈话’时,当你欣赏着来自遥远的千年之前所创造的艺术辉煌时,那种无上的快乐,又岂是你所能体会到的。”

从他们的对话中,我们可以发现,一个人对痛苦和压力的区分,并不在于工作的性质,而在于你对工作的心态。倘若对工作感兴趣,那么即便是日晒雨淋,也是喜在眉梢的。倘若没有兴趣,那么无疑就是近乎折磨的煎熬,其中的压力自然也是不言而喻的。

然而,实际工作中,真正对工作抱有兴趣的人并不多。对他们而言,工作仅是谋生的手段,所以并不存在兴趣之说。其实不然,阿伯拉罕·林肯所说:“只要心里想快乐,绝大部分人都能如愿以偿。”

是的,只有当一个人在心中播种下兴趣的种子,兴趣才能在工作中生根发芽。如果从一开始的时候,你就从来没有想过兴趣的问题,那么又何来享受兴趣的恩惠呢?其实,兴趣就在身边。只要换个角度去看待工作,那么,工作中便无处不充满了乐趣。

1.工作不是谋生的手段,而是艺术性的创作

有一次,一位画家指着一位在附近挖排水沟的工人,说:“你是一个真正的艺人。看着那些污泥竟能以铁锹上的形状飞过空中,恰好落到想让它落下的地方。”听到画家的赞赏之后,那名工人开心地笑了笑,工作得更加卖力了。其实,每一次的工作,对我们来说,都应该把它当成一次艺术性地创造。就像厨师用各种食材,烹制出美味的佳肴;建筑工人,用各种建材建成壮观的建筑;音乐家用各种音符谱写出最动听的华丽乐章。总之,不要把工作当成谋生的手段,而是像对待艺术一样地尊重它,热爱它。只有这样你才能保持对工作的热情和兴趣,只有这样才能化解工作的压力。

2.把工作看成是自我满足

人们只有在自我满足的情况下,才能产生浓厚的兴趣。所以在工作中,我们要把每一次任务的完成都当成一次自我满足的机会。喜欢足球运动的读者都知道,进球的一刹那,是最引人入胜,最激动人心的时刻。因此,把工作当成一次完美的进球,盎然的兴趣便会不请自来了。

3.工作娱乐化

娱乐最大的优点就是制造轻松舒服的环境,让人沉浸其中,而不知疲倦。把工作娱乐化,正是基于当今职场竞争压力太大,而创造性提出的口号。其实,在实际工作中,早已有很多新潮之士,把工作和娱乐联姻了。当然,把工作娱乐化,并不是降低对工作的认真负责度,而是在工作过程中,添加娱乐的因素,通过改善办公环境的方法,降低职场压力。

二、喜欢

有一次,逛街途中,偶见两青年发生口角争执。其中一名指着对方嘻哈的装扮,以不屑地口吻说道:“瞧你这身打扮。”言下之意是说,你的装扮太另类,不是好青年。听到这话,对方本该火冒三丈,大打出手。孰料,嘻哈青年白了他一眼,说道:“我喜欢!你管不着!”此事,结果如何,暂且不论。就嘻哈青年的那句“我喜欢”却令人印象深刻。

我们知道,现在的年轻人往往缺乏压力,敏感度比较迟钝。也许,这种情况的发生,和他们心里那种“我喜欢”有着密不可分的关系吧!

在现实工作中,很多职场白领,往往顾虑太多,而缺乏了对自己“喜欢”的考虑。似乎他们干工作就是为了家庭、孩子、父母,甚至爱人,唯独没有自己。所以从某种程度上说,他们是压力最爱光顾的对象。因为不能按照自己喜欢的方式做事,就必然徒增烦恼。当烦恼不断地膨胀时,就变成了令人厌恶的压力。

美光子非常喜欢小孩。大学毕业后,就在一家幼儿园当老师。每天和孩子一起唱歌、跳舞、做游戏,十分的惬意。然而,有一天,同事跟她说了一番话,却彻底颠覆了她当老师的梦想。

“美光子,你有这么高的学历,人又长得漂亮,随便到哪个大企业也能找个不错的工作,何必留在这个幼儿园当老师呢?我真为你感到惋惜。”

美光子如醍醐灌顶一般,顿开茅塞。心想:是啊!我寒窗苦读的目的,不就是出人头地,挣大钱吗?我怎么可能继续留在这里当幼儿园老师呢?想到此处,她便立刻找到园长,递呈了辞职报告。

果不其然,美光子很快在一家外企公司找了份秘书工作。从此后,她就跻身于白领阶层了。虽然收入丰厚了,但是沉重的工作压力,使她失去了往日的欢歌笑语。她现在最喜欢做的事,就是每当夜幕降临的时候,独自站在窗前,默默地回想当幼教老师的那段日子。

对高薪的追求是每个职员共同的愿望,然而,古人云:有所得者,必有所失。在追求高薪职位的同时,必然会失去一些自己真心喜欢的东西。正如故事中的美光子一样,她虽然爬到了人生的高位,却不得不为此失去了最喜爱的孩子们,每天面对繁重的工作任务和沉重的职场压力。孟子曰:鱼和熊掌不可兼得。究竟你是喜欢鱼,还是喜欢熊掌,那就只有你自己知道了。

财富不是人生的全部

早在很久以前，人们对钱就有着某种特殊的偏爱。例如“有钱能使鬼推磨”“一分钱困死英雄汉。”等。可见，钱确实具有通天彻地之功效。因此，在工作中许多人为了钱，便不惜一切代价的付出，似乎有了钱就拥有了人生的全部。其实不然，钱固然是个好东西，有了钱可以改善生活质量，有了钱可以做自己想做的事情。但是，钱绝不代表人生的全部价值。像吝啬鬼严监生，临死前看到点燃了两根灯芯，就迟迟不肯闭眼的做法。纵然拥有巨额财富，又有何用呢？而且，钱乃是滋生压力的工厂。倘若一个人在工作和生活中，被金钱所奴役着，那么就会使得财富心理压力不断地上升，从而失去心理平衡，结果每天都生活在繁重的压力之下了。

从前有位富翁，可谓是富甲一方。但他仍然整天忙忙碌碌，不停地赚钱，好像赚钱是他唯一的嗜好，而轻松快乐的生活则与他无缘。

他有位穷邻居，整日都很悠闲自在，不时从他那陋室里传出欢乐的琴声。

富翁感到很奇怪：自己这么有钱，居然没有那个穷小子活得快乐。他问仆人这是什么原因。

这位仆人很聪明，说道：“你的邻居之所以快乐，是因为他安于清贫。你若想要他变得不快乐，也是能办到的。”

“怎么做？”富翁问。

仆人说：“只要你拿10万元钱给他，他从此就拉不出这么快乐的琴声了。”

富翁根本不信，说：“世上的人都离不开钱，哪有人有了钱反而会不高兴的？”

仆人接着说：“如果你不信，我跟你打赌好了：要是我输了，就一辈子给你白干活，不要一分钱。”

富翁乐坏了，他认为仆人输定了，仆人将一辈子免费为自己工作。退一步说，即使仆人赢了，自己不过损失10万元钱，也当一个月没挣钱罢了。于是，富翁怀着必胜的把握满口应允了：“好吧！今天我跟你赌定了，咱们立字为据。”

后来，富翁和仆人一起把10万块钱送给了他的穷邻居，还告诉他说，这钱随他怎么花都行。为让穷邻居放宽心，还给他留了一张字据。

这位穷人意外地得到一大笔钱，不禁欣喜若狂，他简直不敢相信这是真的。富翁与他非亲非故，平时几乎没有任何往来，怎么会送这么多钱给自己呢？

他首先想到的是，那个富翁是否有什么阴谋诡计？但从富翁的态度和仆人的表情来看，根本不像是在算计他。更何况，他们还给自己留了字据呢！随后，他又想，莫非这些钱是假的，富翁想拿来愚弄自己吗？他仔细查验了一遍，发现钞票全是真的。

这位穷邻居左思右想，百思不得其解。弄得一夜没睡着觉。这些钱应该放在什么地方？存银行吧，现在利息太低，不划算；拿去投资呢，自己又没经验，亏了岂不可惜！要不就去买房子、买家具？

但想了想又不太够，全花了，手上又没钱了，况且还需要自己添钱，这也不太好。

那该怎么办呢？他整个晚上想来想去，还是想不出来一个稳妥的好办法。

第二天，他哪儿也没去，怕钱被人偷了。

第三天，他想应该去买些好酒、好肉来享受一番。于是，他去了一家大商场，挑选了一大堆东西。看着他犹豫不定的样子，一个店员始终密切注视着他，像防贼似的。平时他去这家商场只是闲逛，或只买点非常便宜的东西，这一次一反常态，更让那位势利的店员对他“另眼相看”

了。

当他发觉店员用怀疑的目光盯着自己时，原本愉快的购物变得让他很不舒服。他匆匆付完款就走了。回到家里，心中还有余气，而且又为如何保存或花费这笔钱开始犯愁了。

从那以后，他再也没有心思拉琴了，更别说拉出原来那种快乐的琴声。

由此可见，如果不能怀着健康积极地心态对待钱财之物，那么，一定会被钱财劳役，生活在巨大的压力之下。就像故事中的穷人，在他一穷二白的时候，小日子过得倒是逍遥自在。在他得到10万元巨款之后，生活却一反常态，过得有压力了。因此，在职场中，对钱的渴望，一定要有个正确的心态。千万不能因为赚钱，就不惜竭泽而渔，做出一切有损身体健康的事情。

我们知道，当今职场竞争压力大，很多白领为了生存和发展，经常夜以继日的工作，结果严重影响了人体健康。

一位资深医生曾说："现在的人，四十岁之前，拼命地赚钱。四十岁之后，拼命地住院。"这句话虽然有点耸人听闻的味道，但是，却深刻地揭露了一个事实，那就是——把钱看得太重了。有些人为了钱，就可以不顾身体的健康与安危。正如老子所问："身与货孰多？"恐怕答案只有他们才知道的。

有这样一个故事：

桑先生是一家大型门户网站的内容策划和监制，在公司有"拼命三郎""骆驼祥子""驴先生"之称。桑先生作为公司的骨干，他经常忙到一天只上一次厕所的地步。每天在电脑前，盯着白花花的荧屏，一刻也不敢放松。

每当节假日，同事都外出旅游时，他总是申请加班。目的就是为了赚取高于平时两倍的加班费。而且，他每天晚上都要忙到12点钟才离去。

有同事劝他说："身体是革命的本钱，别为了赚钱连身体也不要了。”

桑先生笑着回答道:“我的身体结实着呢!”

就这样,桑先生每天都在透支着自己的体力。结果没多久,他的生物钟就完全被打乱了,睡眠严重不足,情绪也变得非常烦躁,常常因为一些小事和同事大发雷霆。虽然他工作很努力,但是由于身体原因,工作成绩每况愈下。最后,上司决定收回提拔他部门主管的通知书。然而,他却收到了医院住院治疗的通知书。

其实,金钱和健康相比,是多么的微不足道啊。也许是很多白领没时间去医院的缘故吧,所以对那些病危者的呼声,他们通常是听不到的。然而,我却真真实实地听到过几次。

某夜,父亲突发心脏病,被紧急送往医院抢救。那一刻,父亲躺在抢救室里,我和家人徘徊在门外,心里糟糕透了。我克制着自己不要去胡思乱想,可是我没办法抑制自己的思想。我想到了最坏的结果,也想到了从前的种种经历。

记忆中的父亲,身体很健壮。从我记事起,就很少见到父亲生病。即便偶尔感冒发烧了,他也是不曾用药的。他最常说的一句话就是:“就凭咱这身体,还用得着打针,吃药?”可是,生存的压力,迫使着父亲过度地消耗了他的健康。

我大学毕业后,就一直留在外地工作,很少回家探亲。只有春节的时候,才回去一次,这也是父亲的命令。他说,春节是团圆的日子,我不希望看到自己的孩子在这个时候孤身在外。所以无论如何,每年我总要回去的。

去年,我刚一到家,就发现父亲再也不是记忆中的那么健壮了。吃团圆饭的时候,父亲略有感触地说道:“你们都年轻,别为了那几个钱,糟践了自个的身体,不值得。”

后来我才知道,这是父亲用了一生的时光,领悟到的。饭后,父亲像个听话的孩子,乖乖地走到书桌前,按时吃药,这在以前是很难想象的。

父亲被抢救了过来,可是身子很虚弱,需要住院观察。那些日子,我经常出入医院，在病房中，时常听到一种声音：求你们救救我吧！要多少钱都行！

也许，只有当健康不复存在的时候，才能唤起他们的醒悟吧。不过，从他们身上，我学会了淡定和从容。从此后，我不在浪费自己的健康，我不会透支自己的体力，虽然我会努力地工作，因为我知道在“身与货孰多”问题中，正确的答案是，身体健康比财物重要！

所以，在职场中，那些不珍惜健康的人，尽快地醒悟过来吧！正如拿破仑·希尔所说：“金钱永远仅是金钱，而不是快乐，更不是幸福。”可见，金钱不仅不是生命的全部，还将成为通往快乐和幸福之路的拦路虎。因此，要想在工作中，减少压力的产生，就要试着打破金钱的铁索，从金钱的牢笼中大胆地走出来，珍惜现在的生活，享受平淡的快乐。

曾读过这样一个故事：

有这么一对夫妻，从结婚开始就为以后的生活操心，当同龄人都生了孩子，安享天伦之乐时，他们觉得不能要孩子，因为他们觉得让孩子出生在一个经济条件较差的家庭中，是对孩子的不负责任，于是他们拼命挣钱、攒钱，等有了房，有了车，再想要孩子时，却发现女方已经累出了一身的病，不但无法生育，更重要的是从此她要和医院不断地打交道了。这也就意味着他们不得不将先前拼命攒下的钱用来买她的健康，从此忧郁和愁闷就长久地笼罩着他们的心。

而他们的朋友，和他们同一年结婚，没有积蓄，居住在破旧的小房子里，但他们生活得很惬意，特别是有了孩子之后，虽然经济依然拮据，但是他们每逢节假日都要带着孩子去旅行，坐火车时，不管多近的路都要买卧铺；住宾馆时，从不住便宜的房间，他们说他们无法使孩子一直住在舒适、宽敞的环境中，所以他们应该偶尔让孩子体会一下生活的舒适。等孩子长大了，他们发现孩子在绘画方面很有天赋，就为孩子请了有名的美术老师做家教，今天他们的孩子在艺术领域已经小有成就了，在国外留学的孩子写信回来说：“虽然我们家一直过着清贫的日子，但是我一直生活得很快乐，我怎么也忘不了小时候去旅游坐火车、住宾馆时的快乐，更无法忘记当年在老师的引导下初次进入艺术领域的那种兴奋，谢谢爸爸、妈妈，你们让我的人生缤纷多彩。”

可见，只有当一个人在生活和工作中，不被金钱所累，才能不为压力所迫，只有做金钱的主人，才能享受人生的快乐。

孔子曰：“不义而富且贵，于我如浮云。”在此，我们不妨把这个“不义”的富贵，理解为，凡是影响健康的，给人们带来无尽压力的富贵，就是与我如浮云的富贵。只有参透了富贵钱财的真谛，才能压力自解，快乐自来。

逃避非良策，拒绝最上乘

在这个世界上，从来就没有无压力的工作。在任何一个公司任职，都意味着需要承担相应的压力。然而，在现实工作中，有些人在面对工作压力时，往往选择跳槽，企图以此来缓解压力。其实不然，因为用跳槽的方式，不是最终地缓解压力，而是在自欺欺人地逃避压力。况且，跳槽所去的公司，未必就比上一家公司的压力小。并且在反复的跳槽中，也会无形之中增加压力的重荷。

琳达是一家心理诊所的医生，她在这家诊所工作了近10年。经她治疗康复的病人，不计其数。然而，在这10年当中，她几乎每天都在承受着巨大的压力。终于，有一天她走进了所长办公室，说道：“所长，请批准我辞职吧。”

所长不解地问道：“你在这里做得很出色，为什么要辞职呢？”

琳达说：“我在心理治疗这个岗位上工作了10年。每天面对的都是患有心理疾病的病人，每当我给他们治疗的时候，我总是在想，如果有一天我也患上了同样心理疾病，那该怎么办呢？已经整整10年了，我每天都在和自己作斗争，我开始害怕这个工作了，我怕我再不辞职的话，自己会疯掉的。”

所长爽快地批准了她的请求。

琳达辞职后，找了一份推销保险的工作。刚开始的几天，她感觉工作很有趣，每天大家聚在一起，开会，聊天。然后，打电话、跑业务。总之一切都是那么新鲜，起码不用每天面对那么多不健康的病人。想到这里，琳达很高兴。

可是工作总要承担压力的。三个月转瞬即逝。琳达的工作毫无起色，因此在每次例会中，经理都要点名批评，这让琳达感觉难堪极了。

最后，经理向她发出最后通牒：再给你一个月的时间，要是还拉不到客户，你就卷铺盖走人吧！

起初的新鲜感，已经荡然无存了。琳达失去了往日的欢笑，每当她走进办公室的一刹那，就会情不自禁地想到经理的最后通牒。以至于在约见客户的时候，她总是显得很紧张，生怕客户会偷偷地溜掉。

正是源自于这份紧迫的压力感，琳达最终还是没有完成任务。不得已之下，她再次选择了辞职，又找一份工作。

在面试中，经理问她：“既然你有10年心理治疗的临床经验，为什么要辞职呢？”

琳达不假思索地说：“压力，压得我喘不过气来。”

经理失望地摇了摇头，说道：“我们公司也有压力，假如有一天，你也觉得压力太大而一走了之，我们公司该怎么办呢？”

琳达无语，陷入了沉思。

虽然，这件事情发生之后，琳达又面试了其他几家公司，但是，每次在参加面试时，她总是小心翼翼，心中充满了恐惧和压力。

通过这个故事，我们可以发现，辞职并不是缓解压力的最佳选择。琳达原本是能力出色的心理治疗师，但是，这份特殊的工作性质，给她带去了很大的压力。于是，她寄希望于跳槽，希望辞职可以给她带来好运。孰料，压力无孔不入，任何工作都难逃压力。最后，在反复的跳槽中，琳达不仅没有改变现状，反而一次又一次地承担了比以前更大的压力痛苦。

所以,在职场中切不可认为山外就是天。其实,很多时候,山外仍然是山,也许景色还不如自己现在所栖息的山好。因此,面对压力时,跳槽是最下策,只有和工作中的一切压力大胆地吼一声“不！”才能不战而屈人之兵。

在很多公司，加班是常有的事情。虽然许多人对加班颇有微词,但是迫于对上司的威慑,只能敢怒而不敢言了。

张小姐是一家图书公司的文字编辑。工作虽然很辛苦,可是她却做的有滋有味。她常说,做编辑是最幸福的事情。朋友不解地问,区区一个文字编辑,有何幸福可言。

张小姐回答说:文字是有感情和生命的,每天和它们在一起,分享文字中的喜怒哀乐,岂不是最幸福的事情吗?

然而,这样的幸福,没有持续很久。

一日,张小姐给朋友打电话,暴跳如雷地吼道:“我再也不想干编辑了。”

朋友不解地问:“编辑不是天下最幸福的职业吗？”

张小姐无助地说道:“可是，公司天天加班，月月加班，谁能受得了！”

原来,张小姐所在的公司,为了赶进度,便强行要求员工每天晚上加班到 10 点,而且连续 4 个月都没有休息过了。可见,员工有一半的工作压力,是来自于加班。正如故事里的张小姐,在公司没加班之前,她把编辑工作看成神圣而幸福的。虽然,那个时候她也要承受着稿子的质量和完稿进度等各方面的压力,但是,这仍然是在她所能承受的压力范围之内。然而,无休止的加班,却成了她不能战胜的巨大压力。

其实，加班并不是一个公司的企业文化。加班除了生活质量降低、黑眼圈增大、心理严重失衡等明显的伤害之外,还有就是造成巨大的压力。

经过研究表明，长期加班有两个容易被忽视的坏处，是被普遍忽视掉的。

第一，你用你的实际行动接受了上司给你的不合理工作量。作为一个职场员工，最难的也是如何向上司说不，很多人都觉得上司是操控员工经济命脉的人。然而，人在屋檐下，不得不低头，于是就默默地承认了加班。以为言听计从的员工，就一定会讨得上司喜欢。但是，事实果真如此吗？其实不然，在任何一个公司中，员工和上司之间的关系，都是相互依附的。上司希望员工心甘情愿地为他卖命干活，而员工的希望则是，努力干活，挣更多的钱，坐更高的位置。所以，员工要学会跟上司博弈，偶尔的加班，要当做甜头给他尝，让他感恩戴德，而不能变成他任意驱使的奴隶。

第二，长期加班将招致别人的讨厌。

曾听过这样一个故事。

欧文是一家公司的部门负责人，他最大的优点就是喜欢鼓动员工加班。有一次，他组织会议，说道：工作是一件光荣的事情，我希望每个员工都能把这一光荣的使命发扬光大。一个人只有在工作的时候，才能发挥人生的最大价值。总之，从今天开始，每天加班 1 小时。

欧文是个说到做到的人。每天下班之后，他都要在公司加班到很晚的时候才回去。很多员工迫于上司的压力，与其说不能不加班，倒不如说，不敢不加班。

可是，欧文虽然晚上加班，但是，他每天早晨却 10 点才来上班。于是，员工就在私下议论。欧文这种做法是牺牲广大职员的利益，为他个人的升迁铺平道路。从此后，欧文成了公司最讨厌的人。

其实，欧文作为公司的中层管理者，说白了，也是公司众多员工中的一分子，然而他冒天下之大不韪，强力推行加班政策。结果导致了民怨四起。自己也成为了众矢之的。这又何苦呢？由此可见，在职场中，加班是人所共弃的。因此，在面对加班等不合理的要求时，应该鼓足勇气，予以拒绝，反之，将遭受压力的痛苦折磨。

有一次，公司领导忽然把凯伦叫去谈话，先是表扬了凯伦最近的工作．说当初升凯伦做中层是没错的，之后话锋一转，说凯伦是公司的重点培养对象之一，以后上升空间很大。为了让个人和公司更加密不可分，希望凯伦能买百万元的公司股票，说机会来之不易，应该珍惜和把握。当时，领导的脸上写满了希望，凯伦没当场拒绝，说回去想一想。他就让凯伦一周内答复他。凯伦回到家之后，躺在床上，辗转反侧，难以入睡。因为他觉得领导的要求很无理。

当然，鼓励员工购买公司股票的事情，也无可厚非。毕竟股权算是新兴公司给员工的福利。但是，凯伦觉得，自己只是公司的员工。多年来，辛辛苦苦挣点钱不容易。再说，股票有风险，投资需谨慎，这是人人都明白的道理，所以让自己倾囊购进股票，实非本意。更何况，还是被上级领导逼迫着买。但是，倘若不按照领导的要求购买公司股票，势必会惹领导不高兴，那么，必定也会影响日后的晋升。于是，在思来想去的过程中，凯伦感到了一股厚重的压力，笼罩着自己，以至于不能自拔。在买与不买之间，他失去了主张。

后来，凯伦把此事告诉了妻子，妻子教给他一个好主意。

一个礼拜后，领导再次找到了凯伦。凯伦从文件包里取出一份借款合同，上面写道：因家庭财政危机，导致经济入不敷出。特向公司申请低息贷款××××××元，三年内付清本息。借款人：凯伦。

领导看着借款合同，便一切都明白了，但是，他又不便再说些什么了。凯伦的做法是明智的，他巧妙地把密切个人和公司的关系，转化为个人和公司的借贷关系。这样不仅满足了领导的要求，又不动声色地拒绝了购买股票的希望。同时，还将挽救自己免于压力的旋涡，可谓是一举两得。

在职场中，任何一名员工，都有可能会遭受到上司不合理的要求。倘若此时不能委婉地予以拒绝的话，就注定了要吃压力的苦，所以，学会艺术地拒绝，也是化解压力的有效方法。

释放是最好的解压药

在老家的时候，每次感冒生病，家中的老人就会吩咐说："喝一碗姜汤，蒙着被子捂一宿，保准明天就好。"起初，还心存质疑，心想喝姜汤，抱被子睡觉就能把病治好，那还要医院和医生做什么。但是，碍于老人的至爱关怀，最终还是按照要求喝姜汤，捂被子睡觉。

果然，第二天身体就轻松了很多。

后来，在一本介绍苗医的杂志上，有一种很特别的医疗方法，那就是——刺血。当病人腹内积食时，医生就会取银针一枚，在特定的地方，缓缓插入，引血流出。至于流多少血，已经记不清了。但是，通过刺血治疗，病人不腹胀难耐了，这却是事实。

再后来，认识了学医的朋友。我将此事告诉了他，并问他是何道理。他说，这些都是发泄治疗。原来喝完姜汤，再蒙着一床被子，呼呼大睡地目的是将体内的寒气逼出来。用银针刺血，目的也是将某些有碍的物质放出来。说得简单点就是释放、发泄。

由此我们可以得出，在职场中，倘若遇到巨大的压力时，最好的疏解方法，就是释放。通过研究，压力有两种：一种对人有益，另一种则有害。当压力变成动力，刺激一个人努力奋进的时候，这就是有益的压力。反之，则是有害的。

下面，我们将简单介绍缓解压力的方法。

一、休息

当你被紧张的工作压得喘不过气来，可以考虑放慢一下工作速度。最好立即把工作放一下，轻松休息一下。呼吸一下新鲜空气，放松大脑，防止压力情绪的形成。或者泡一杯咖啡，临窗远眺，这样都可以获得短暂的休息，有助于提高精力和工作效率。

除此外，休息还包括睡眠。对于那些长期通宵达旦地工作的人，很容易使身体产生疲劳感。这时候，他需要的就是良好的睡眠了。因为只有让身体有张有弛、劳逸结合的工作，才能持之以恒，才能可持续发展。

有人曾做过这样一个实验：两只同样健壮的狗，一只让睡不让吃，坚持了 30 多天；另一只既不让吃又不让睡，仅 10 天就死了，可见睡眠是多么重要。

所以，睡觉是排遣压力的头等大事，对于职场白领来说，合理的睡眠与休息也是大脑有效工作的重要保证。要保证自己足够的睡眠时间。

然而，很多人在巨大的工作压力下，患上了失眠症。下面我们就将介绍几种治疗失眠的小方法。

1.自我催眠

所谓自我催眠，即指自己诱导自己进入催眠状态，利用“肯定暗示”促使潜意识活动，从而达到缓解压力，治愈疾病、调节身心的目的。

自我催眠时，心中默默地从 1 数到 10，然后规定在数到 10 的时候突然觉醒，并自我暗示醒来后感到轻松振奋。在数数的过程中两手张合确认力量恢复。数到 10 时，两手上举，果断而坚决、突然地伸直背肌。经常训练此法，可有效治疗失眠。

2.呼吸导引

在休息的状态中，一般正常的呼吸数是一分钟 14~16 次，但调整呼吸并进入催眠状态后，次数会逐渐减少到 10 ~ 12 次。呼吸训练也和其他训练一样，注意不要过分地去意识它，尽量自然、缓慢、顺畅，只要用鼻子轻松地呼吸即可。长期坚持这种调整呼吸的训练，可使全身感到温暖、轻松，具有减轻心理压力的作用。

3.腹部温暖

把手放在胸骨与肚脐之间，也就是胃的附近。手要轻轻地放在上面，不要有压迫感。在自己心中想象：“从手掌中发出的热气，通过衣服深入到皮肤里面,到达腹的深处,胃的周围感到很温暖……”与此同时,实施安静暗示:“心情非常平静,感觉舒爽轻松……”大约经过两周时间的训练,就可以感觉到腹部有某种温暖感在自然扩散。有了这种温暖感,就表明你已经进入催眠状态了。总之,只有保证有个好睡眠,才能精神振奋、心情愉快,战胜压力。

二、休闲

休闲是释放压力最好的办法之一。忙完了一天紧张而劳累的工作之后,不妨让自己轻松片刻。这样不仅舒缓了疲劳,还有效地防止了压力的形成。下面,我们介绍几种休闲方式。

1.桑拿

桑拿可让人全身放松,增加血液循环,进而精神振奋、精力旺盛。原因是,由于长期生活在工作压力之中,人的神经末梢处于紧张状态,经常会有头昏脑涨的情况出现。这个时候,洗个热水桑拿,会使血液流通全身,神经倍感松弛。

2.SPA

SPA,是种很好的放松手法。它可以减缓压力,放松焦虑的心情,减慢心跳的速度。走进SPA的理疗间,闻着芳香油精散发的味道,先来一杯热饮,让身体温暖起来,把老化的皮肤角质交给牛奶、燕麦和海盐,在宽大的按摩浴缸中放松每一根神经,把压力和污垢一并赶出体外,是一种不错的减压方式。而且深受当代职场白领青睐。

3.酒吧

提到酒吧,人们就会情不自禁地想到,五颜六色的鸡尾酒,动感十足的摇滚乐,还有激情四射的舞姿。总之,在这样一个空间环境里,最大的享受就是尽情释放。

4.购物

很多职场白领在工作之余,最喜欢做的事情,就是尽情地购物。因为在购物的时候眼花缭乱的商品会不断地吸引你的注意力,让你心无旁骛,从而暂别烦恼,在一定程度上缓解了压力。然而,购物虽然是释放压力的重要方式,但是切不可走上“购物癖”的歧路。因此,我们的观点是:购物对缓解压力还是有帮助的,只要不是大大超越个人经济能力的疯狂购物行为即可。

5.打麻将

打麻将是很好的一种休闲娱乐活动。著名学者胡适之在工作之余,经常以打麻将来舒缓压力。作家林语堂,有时也会花费许多时间在赌城里打麻将。他说:赌博不是什么好事,但我并不反对,我只是反对赌得流连忘返,赌得忘记工作。所以,适当地打麻将也是放松压力的好办法。

三、运动健身

运动是消除大脑疲劳,减缓工作压力的最佳选择。在运动过程中,不管你的运动水平如何,只要你专心投入,就会进入宠辱皆忘的境界。比如说,一场篮球,会让我们的心情得到一次放飞。一场足球,可以让紧张的压力,尽情宣泄。诚如一位运动专家说:运动不仅最大限度地减轻人们的压力,同时,也提高了人们的抗压能力。

当然,运动是一门科学,要考虑运动的强度和项目,不要在疲劳情况下进行大强度运动,否则有害而无利。下面我们将介绍几类运动项目,供参考。

1.慢跑快走

慢跑、快走对保持骨骼健康有很大帮助。有专家指出,慢跑和快走能提高“性”趣。同时,慢跑快走也是一种缓解压力的好办法。

2.球类运动

球类运动项目丰富,有羽毛球、篮球、足球、乒乓球等。球类运动是合作性很强的运动项目,尤其是篮球和足球。在玩球类运动的时候,不仅可以增加团队合作精神,还能获得极大的乐趣,有助于压力的释放和缓解。

3.极限运动

极限运动,是一种充分地表现自我、挑战自我的运动。每当到达顶点时，那种超越自我的快感是一种难以忘怀的乐趣，在挑战自我的同时,工作中的压力也会随之被超越。由于极限运动的风险大,所以一定要注意安全防范措施。

4.登山

登山是最受广大登山运动爱好者喜欢的运动项目。当登临高山,感受大自然的那份纯真、质朴和宁静的时候,人们内心的压力就会不自觉地被疏解和净化。一位著名的画家,每次在画不出作品,备受煎熬的时候,他都会登上高山,从而汲取创作的灵感,并以此缓解压力。

5.瑜伽

人们只知道瑜伽对减肥、美容、护肤有帮助。却很少有人知道,瑜伽最大的作用是放松身心,缓解各种工作压力。

现代科学研究表明,在练习瑜伽时,练习者的身心是完全处于放松状态的,然后配以平缓的呼吸,在这一呼一吸之间,使得交感神经系统的兴奋性下降,机体耗能减少,从而使得身心达到愉悦的状态。

由于瑜伽放松的方法繁多,不能累述,暂且简单介绍几种,以供参考。

(1)训练法

训练法又称为放松训练或松弛训练。做瑜伽摊尸式，身体平躺,处于紧张的状态,从脚尖到腹部、胸部、四肢、头部绷紧,然后松弛;或者绷直抬起,自然落体,反复训练直到完全放松。

(2)诱眠法

使受术者静卧微闭双眼,深沉吸气,慢慢呼气,注意呼吸节律;施放松暗示指令,从脚尖开始,然后逐渐循着身体自上延伸,一直上升到头部、脸部,自我暗示也在同时进行,暗示的信息被逐步送达身体的内部器官,体验全身肌肉放松后的无力舒适感。

(3)意境法

意境法是静卧之后,心里幻象出现各种美丽、恬静的画面,从而在诗情画意中,感受心旷神怡,从而忘却压力的存在。

(4)呼吸法

当出现压力的时候,进行2～3分钟缓慢、有节奏的腹式呼吸或者清凉式呼吸,可以使身心完全处于放松状态,那么,压力自然也就不存在了。

四、艺术陶冶

当深受工作压力之累时,不妨静下心来,听一曲音乐,赏一幅字画,这样不仅体现一种修养,满足一种情趣,而且还能起到减压的效果。

有人说,音乐是有声的书画,书画是无声的音乐。可见无论是书画艺术,还是音乐艺术,都具有相通之处。研究表明,经常受艺术熏陶的人,对压力具有某种特殊的抵抗能力。而且,在欣赏艺术作品的时候,身心处于放松状态,这样也有助于缓解压力。

五、网上冲浪

21世纪是网络的时代。不仅工作中离不开电脑网络，就是释放压力,同样也离不开网络的帮助。当工作压力巨大时,不妨上网打一把CS、玩一会儿大型网游,在虚拟的网络世界中,尽情的发泄内心的压力和不满。倘若不喜欢玩游戏,不妨找一群网友,天南海北的调侃,这样都是有效释放压力的好办法。

总之,压力如同滚雪球,倘若不能很好地予以发泄和释放,只会越来越大,最后严重影响人们的身心健康。然而,压力也并非洪水猛兽,让人谈之色变，只要在平时的工作和生活中，注意及时缓解和释放压力,那么,压力就必然不复存在了。

当然,释放压力的方法繁多,不能一一赘述,仅以上述五种方法,做抛砖引玉之资,并希望通过以上方法,能给广大职场的白领朋友们缓解和释放压力提供帮助。

白领生存羊皮卷
BAILING SHENGCUN YANGPIJUAN

第九章 永怀感恩

感恩是一种积极的心态，常怀感恩之心，则能达到“不以物喜，不以己悲”的境界。在工作中感恩将能深刻地感受工作的乐趣，并从此更加积极而努力地工作；感恩是迈向成功的重要保证，常怀感恩之心，则能在通往成功的道路上，撷取更多成功的机会。诗经曰：“投我以木桃，报之以琼瑶”，因此，在职场中，常以感恩之木桃，赠予身边的人，收获到的将是无价之琼瑶。

感恩照亮职场路

有位诗人说，“感恩是夜空中最亮的星子，它以无限的光明，照耀着人们前行。”那么，由此我们也可以说，在职场中，多一份感恩之心，就多了一份成功的把握。

然而，在实际工作中，许多职场白领却是抱怨之心大于感恩之心。在他们看来，自己的付出就必须得到与之成正比的收获，否则就是不公平。

曾听一位朋友抱怨说：我每天勤勤恳恳地工作。上班在人前，下班在人后。某人却什么活也不干，他凭什么和我拿一样的工资。这也太不公平了。

其实，无论在生活，还是在职场中，绝对的公平是不存在的，因此，这就需要我们在面对貌似不公平的时候，能以一颗感恩之心对待之。

詹姆斯是一家电脑公司的程序设计员，他来公司已经三年了，但是，他仍然是一名普通的程序设计员。和他一起进公司的同事，几乎都被提拔为主管了。为此，詹姆斯经常抱怨，一会儿说老板没眼光，一会儿又说同事们都挤对他，总是愤愤不平。

有一次，詹姆斯的朋友到他所在的公司里看望他。詹姆斯放下手中的工作和朋友聊天，非常开心，而且还兴致勃勃地向朋友展示了最近研发的程序。詹姆斯开心的笑声打扰了隔壁的同事，于是，同事就向他递了个眼色，示意他小点声音。可是，詹姆斯视而不见，还不屑地说道：“想安静，自己找个没人的地方呀！你又不是公司的老板，凭什么管我？”

同事见他不理不睬，便默默地忍住了。又过了一会儿，和他共同负责这个项目的同事，找他要程序草案。他又若无其事地说道："我又不是主管，找我要什么草案呀！"

同事没辙，只得无奈地离开了。詹姆斯望着他离开的背影，愤愤地说道："拿我当冤大头啊，凭什么让我设计草案。有本事，你自己做呀！"

后来，过了几个月，这位朋友又去公司里，发现詹姆斯不在了。在询问一位同事后，才知道詹姆斯已经被解雇了。这位朋友对此并没有感到吃惊。因为上次她看到了詹姆斯的工作态度后，就感觉詹姆斯被解雇是迟早的事。

因为詹姆斯没有丝毫感恩之心。他对公司、老板、同事、工作统统都不感恩，他总觉得在公司中受到了不公平的待遇，所以他消极怠工，疏远同事，敷衍工作。

著名学者易中天刚刚出名在接受记者的采访时，曾这么说过："我走上'百家讲坛'，成了'名人'，对往事的回忆，我的看法是'三多三少'：多一点感恩，少一点抱怨；多一点宽容，少一点挑剔；多一点理解，少一点争执。"

此话堪称至理名言。多一点感恩，少一点抱怨。倘若詹姆斯能提前听到这句话，也许就不会落得个被解雇的下场了。所以在工作中，时常怀着一颗感恩的心，是每个职员赢得职场，创造成功的保证。

有一位成功人士说："是感恩的心态改变了我的人生。当我清楚地意识到我没有任何资格要求别人的时候，我对周围的点滴关怀都怀有强烈的感激之情。我竭力要回报他们，我竭力要让他们快乐。结果，我不仅工作得更加愉快，所获得的帮助也更多，工作也很出色，我很快就获得了加薪升职的机会。"

可见，成功是留给有感恩之心的人的。没有一颗感恩的心，就不能正确的对待工作，就不能在工作中全力以赴，因此没有感恩之心，最终将被职场永远地扫地出门。

爱因斯坦说："每天我都要无数次地提醒自己，我的内心和外在的生活，都是建立在其他人的劳动的基础上。我必须竭尽全力，像我曾经得到的和正在得到的那样，作出同样的贡献。”

莎士比亚在《李尔王》中写道：“一个不知感恩的孩子比毒蛇的牙还要尖利。”

世界首富比尔·盖茨，从2008年6月27日下午起卸任微软执行董事长，自己连“人”带“钱”投入到慈善事业。他把80%的时间用于做慈善事业，将580亿美元的个人资产悉数移交至“比尔和梅琳达·盖茨基金会”账户名下。盖茨曾在声明中说：“伴随巨大财富而来的是巨大责任，现在是把这些资源回报社会的时候了，而帮助困境中的人们是回报社会的最好方式。”

从这些成功者的身上，我们可以发现，感恩是促使他们迈向成功巅峰的巨大力量。那么，当我们在职场中不断地抱怨，感叹世事不公的时候，是否想到感恩；当我们面对工作中的困难时，是否想到感恩；当我们渴望成就职场高峰时，又是否想到感恩。倘若你怀有一颗感恩的心态，面对职场，那么成功终究是属于你的。

有时候，感恩就是无心插下的那棵垂柳，假以时日以后，就一定能欣赏到杨柳依依，柳絮飞花，花满城的一派胜景。

鲍威尔是一家钢铁公司的经理。在他没当上经理之前，只是一名普通的员工，那时，他并不知道什么是感恩，只晓得真诚对待每一位客户。

有一天，一家刚开始营业的小店主，找他买钢材。虽然他们的订购量很小，但是鲍威尔每次和已经年岁很大的小店主山姆接触时都很友善，态度很好，协助对方处理票据，和他亲切交谈。后来，尽管他们的业务合作关系结束了，鲍威尔从中也没挣到几个钱，但两人之间却建立起了牢固的友谊，并不时地保持联系。

一次两人见面时，山姆带着鲍威尔来到一片建筑工地，鲍威尔觉得很奇怪，不知道山姆要玩什么新花样。

鲍威尔不解地盯着山姆，山姆回答说：“很久以来，尽管我只是一家不起眼的小店主，而且人又老迈，你却依然尊重我，乐意和我结识交谈，我一直很感激。我的儿子是这家建筑公司的负责人，当我得知他们需要采购一大笔钢材的时候，我第一个想到的就是你。我已经向他们推荐了你，你现在就可以和他们去谈谈……”

鲍威尔最终做成了这笔大生意。出众的业绩使他很快得到提升，进入了公司的管理阶层。向公司的新人介绍经验时，鲍威尔总是告诫他们：“做工作一定要心存感恩，只有真正懂得了感恩的真谛，才能出色地完成工作任务。”

鲍威尔是幸运的，他的幸运正是来源于感恩。倘若没有老店主山姆的极力推荐，那么，鲍威尔很可能还是一名普通的钢材推销员。但是，他用自己的真情换来了山姆的感恩，并促使他获得了职场的胜利，成功地坐上了经理的宝座。同时，也让他深刻地领悟到了感恩的巨大力量。

在工作中，我们可能每天会面对形形色色的客户。那么，当面对他们的时候，我们是否心存感恩。俗话说：“顾客是衣食父母。”“顾客是上帝”。试问，倘若失去了这些可爱的“衣食父母”和忠诚的“上帝”，我们还何谈迈向成功，赢得职场，到时候，恐怕连生存都成了难题。

曾看过香港的一个电视科教节目——《生命的起源》。该节目介绍了人的生命体的形成：男人负责播种，女人负责选择。

男女交媾时，一次大概有几十亿个精子沿母体子宫往上想与卵子结合，但母体内会分泌一种酸性液体，对精子进行筛选。绝大部分行动力不强、比较弱的精子，因为承受不了母体内酸性液体的侵蚀而被杀死。只有极少数健康、强壮的精子能到达卵子那里，最后只有一个最成功的精子能穿破卵子的外膜与卵子结合，形成一个胚胎。当然如果有两个卵子穿过去了，那就是双胞胎。也就是说，当我们这个胚胎诞生的时候，同时就宣告了你有几十亿个可能的兄弟姐妹牺牲了。那真是非常难得，几十亿个可能性中只有我们成为胚胎存活。所以，我们没有任何理由不学会感恩。感恩生命，感恩生活和工作中的每一天！

我们经常可以看到这样的场面，一个职场白领，在早晨赶时间去上班的时候，总是一脸愁容，没有一点喜悦之色。到了办公室，刚打开工作文件夹,又是满脸的不高兴。好不容易到了午餐的时候,他们又开始挑剔味道不纯正了,缺乏营养搭配了,总之就没有一刻是开开心心的。其实,他们之所以不开心,其最重要的原因就是——缺乏感恩。

一次,美国石油大王洛克菲勒家里被盗,被偷去了许多东西。家里被盗对任何人来说都是一件非常气愤的事情,但是洛克菲勒恰恰相反,他不但没有责骂小偷,而且还找出三个感恩小偷的理由。

在给安慰他的朋友的回信中,他这样写道:“亲爱的朋友,你不必为我担心,我现在很平安。感谢上帝,因为第一,贼偷去的是我的东西,而没有伤害我的生命;第二,贼只偷去了我的部分东西而不是全部。第三,最值得感谢的是,做贼的是他而不是我。”

洛克菲勒的大度和宽容,不得不令人佩服,但是,最让人敬佩的还是他那份对小偷的感恩。因为感恩,所以他快乐。在职场中,你感到不高兴的时候,不妨想一想洛克菲勒的故事,也许一切不开心,都将会烟消云散。

有诗人说:含着眼泪做出的馒头都是苦涩的。同样的道理,含着眼泪做出的工作,也必定不会是最出色的,而要想在职场中站稳脚跟,并取得长足发展,就必须把工作干得出色,而感恩则是帮助你完成出色任务的开始。

像蜜蜂感恩花朵

印度著名诗人泰戈尔说:“蜜蜂从花中啜蜜,离开时营营地道谢。浮夸的蝴蝶却相信花是应该向他道谢的。”正因为蜜蜂怀着感恩之心,感恩赐予它花蜜的每一朵鲜花,因此它被人们写成诗歌,赞美和传颂。其实,在职场中,也是如此。每一个员工都应该像蜜蜂一样对自己所从事的公司企业，心存感恩。正如一位成功企业家所说："企业给员工以机会，员工还企业以忠诚。只要你带着感恩的心情，快乐地工作，任何一家企业都愿意为你敞开大门！"

日本三菱公司的总部工厂里有一位临时雇佣的清洁工，在整个工厂上千名员工里，他是工作量最大、拿薪水最少的人。而且，他也是唯一没有任何学历的人，可他却是整个工厂里最开心的人！每一分钟，他都在快乐地工作着；见到任何一个人，他都面带微笑；对任何人的要求，他都欣然应允，有时虽然明知自己帮不上什么忙，但是总要上前尽一份力才行。

周围的同事也很快被他感染，没有人在意他的工作性质和地位，有很多人都愿意和他交朋友。在他的带动下，整个工厂里渐渐地形成一种轻松愉快的氛围。

有一次，董事长来工厂检查，突然感到工厂的气氛和以前不一样了。于是就问身边的人，总经理便如实地说明了情况。董事长听完之后，非常惊讶，就派人把那名清洁工找来，问道："能否告诉我，是什么让您如此开心地面对每一天呢？"

"因为我在为世界上最伟大的企业工作！"清洁工自豪地说，"我没有什么知识，我很感激公司能给我这份工作，让我有不菲的收入来继续我儿子的治疗。而我唯一可以回报的，就是尽一切可能把工作做好，一想到这些，我就非常开心。"

董事长被他的那种感恩的情绪深深打动了，他动情地说："那么，您有没有兴趣成为我们当中正式的一员呢？我想你是三菱最需要的。"

"当然，那可是我最大的梦想啊！可是我没有学历呀！"清洁工睁大眼睛道。董事长给了他学习和发展的机会。此后的几个月里，清洁工被安排用工作的闲暇时间学习汽车知识，而公司里的任何人都乐意帮助他。他真的成了三菱公司的一名正式员工！

故事中的清洁工，就是怀着一颗感恩的心，去认真对待自己的工作。虽然，他工作很辛苦，收入很微薄，而且，还有躺在医院需要接受治疗的儿子,可想而知,他是最有权力抱怨世事不公的人。然而,他没有那么做,在他的心中,熊熊燃烧的只有感恩。感恩公司为他提供了生存下去的机会。所以,无论在任何工作中,我们都应该怀着感恩的心,为公司的发展贡献力量,唯有如此,才能真正地赢得职场。

听过大戏的读者都知道,演员要想在观众面前展示自己的才华,就必须借助演出舞台。倘若没有舞台的承载,不管演员有多出色的能力,都无法尽情施展,也就更得不到观众的认可和欣赏了。

著名哲学家马斯洛说:人生最大的价值,是实现自我。然而,在历史舞台上,一生锦袍未曾开的悲剧是频频发生的。究其根源,则是没有实现自我价值的舞台,最终只能在历史的长河中,慢慢地被淹没了。

其实,公司和员工之间的关系,就是舞台和演员的关系。公司提供了展示员工人生价值的舞台,那么,员工没有道理不对公司感恩戴德的。

有这样一个小故事:

三个证券公司的职员在盯着各自的电脑看。

有人过来问:“你们在干什么?”

第一个员工无精打采地说:“难道你没看见吗?我在看电脑。”

第二个员工抬头笑了笑,说:“我在看大盘涨幅。”

第三个员工边看电脑边哼着歌曲,他笑得那么开心:“我在建设一个美好的新生活。”他在心中憧憬美好的未来。

10年后,第一个员工在另一家证券公司,无精打采地盯着电脑看;第二个员工坐在办公室中盯着电脑,他成了公司的经理;第三个员工,更厉害了,他成了证券公司的总负责人,负责某一大区的证券运营。

从这个故事中,我们可以发现,三个员工因为对公司的感觉不同,最终造成了职场严重的两极分化。第一个员工对公司毫无感觉,在他看来,公司的发展好坏和自己没有关系,反正自己只是一名员工,到月领薪水,所以碌碌无为。第二个员工对公司少存感恩,首先他知道自己是公司的员工,那么,就应该为公司的发展谋利,所以他关心大盘涨幅。因为感恩，他被提拔成为经理。第三个员工，已经达到了个人和公司融为一体的境界，他不是在为公司工作，而是为了美好的将来在奋斗。当然，美好将来，自然也包括公司的美好未来。所以他会想珍惜自己的美好人生一样，珍惜在公司工作的机会。所以他成为了大区负责人。说到底，还是感恩造就了他们各自不同的人生。

然而，在工作中还有些这样的人，他们总是错误地以为，公司的发展是靠着自己的力量在支撑，一旦自己离开了公司，公司就会轰然坍塌。其实，事实情况并非如此。因为一滴水只有融汇在大海里，才是一滴水，一旦离开了海洋，就什么都不是了。

《史记》中有这样一段记载。

赵惠文王时，赵国得到楚国的和氏璧。秦昭王听说这件事，派人送给赵王一封信，说愿意用十五座城交换赵王的和氏璧。赵王跟大将军廉颇及许多大臣商量，想把这块宝玉给秦国，又怕得不到秦国的城，白白受欺骗；想不给吧，又担心秦兵打过来。主意拿不定，想找个可以派遣去回复秦国的人，又找不到。宦官缪贤说："我的门客蔺相如可以出使。"赵王问："您根据什么知道他可以出使呢？"缪贤回答说："我曾经犯有罪过，私下打算要逃到燕国去。我的门客蔺相如阻拦我说：'您凭什么知道燕王会收留您？'我告诉他，我曾跟随大王与燕王在边境相会，燕王私下握着我的手说'愿意交个朋友'，凭这个知道他会收留我，所以打算去他那里。蔺相如对我说：'当初赵国强，燕国弱，您又受赵王宠幸，所以燕王想跟您结交。现在您竟从赵国逃奔到燕国，燕王害怕赵国，这种形势下燕王一定不敢收留您，反而会把您捆绑起来送回赵国的。您不如袒胸露臂，趴在斧子上请罪，可能侥幸得到赵王赦免'。我听从了他的意见，幸而大王赦免了我。我私下认为蔺相如是个勇士，有智谋，可供差遣。"

从这个故事中，我们可以发现：一个人不管有多大的权势，多高的职位，一旦脱离了赖以生存的大环境，就变得什么都不是了。缪贤在赵国当差时，凭借着赵国强大的军事实力，所到之处无不对其礼敬三分。然而，诚如蔺相如分析的那样，别人所看重的并不是你缪贤本人，而是缪贤背后强大的赵国。

狐假虎威的故事,相信大家都是耳熟能详的。其实,离开了公司的员工,就像那只失去了老虎的狐狸一样可怜。有公司为依靠的时候,每次出差和客人谈判,对方都会热情洋溢,嘘寒问暖,招呼的无微不至。难道对方这么做,就真的是为了你个人的利益考虑吗?当然不是。因为你还没有那么重要,重要的是你身后的公司。古人云:背靠大树好乘凉。实在是至理名言。在很多时候,我们只不过是乘了公司这棵大树的阴凉,而自己并不知道罢了。

古代臣子完成任务,向皇上交旨的时候,总是这样说:"此次胜利,全靠仰仗我朝国威和皇上的英明决策,臣子奉天行事,不敢冒领天功。"虽然这是谦逊的说辞,但是却也说明了,个人的成功是依靠整体的力量来实现的。尤其在当代职场中,任何一个项目的成功实现,都不可能是一个人的功劳,而是整个公司的功劳。只不过,你比较幸运,代替公司摘取了成功的桂冠。所以在职场中,每个员工首先感恩的就是公司!

李先生拥有十年以上工作经验,分别在知名国企、外企、民企服务和战斗过,见多识广。最近他辞退了工作,打算另起炉灶。

有人不解地问道:"你现在已经是公司的副理了,为什么还要辞职呢?"

李先生回答说:"我讨厌那个公司了。"

但是,当李先生把自己的创业计划说给朋友们听时,他们都不约而同地说:"不靠谱。"

李先生是一位在世界五百强企业做到中级经理的人,其工作能力决不可小觑。更何况他在市场中摸爬滚打了数十年,积攒了丰富的经验。可是为什么当别人听到他的计划后,都说不靠谱呢?

原来,在公司中当差,一切责任由公司全权负责。李先生即使能力出众,也不过是个优秀的将才。可是,当他要另起炉灶时,性质就完全不同了。所以大家自然也就不相信他的能力了。

当然,这只是个案,并不代表所有打算另起炉灶的人,都会被认为“不靠谱”。但是，通过这个故事，却告诉了我们一个道理：感恩公司是每一个员工应尽的责任和义务。离开公司，你也许就真的什么都不是了。

知遇之恩不可弃

懂得感恩是一个职场白领优良品质的重要体现。一个职场白领如果连最起码的感恩都不知道，又怎么能够珍惜工作、热爱工作呢？心怀感恩会使心中充满美好，心怀感恩之人会感激一切给过他帮助和支持的人和事。

作为职场白领，就要懂得如何感恩上司，同时不要把你和上司的关系看成纯粹的商业交换关系。上司除了提供你工作、锻炼的机会，还努力的促使着你迈向职场高峰。因此，从某种意义上说，上司对你有知遇之恩。

古人云：“士为知己者死。”意思就是说，为了报答一个人的知遇之恩，宁可舍弃自己的生命。

豫让就是这样的一个人。

豫让最初给范中行氏做大臣，但并未受到重用，于是他就投效智伯，得到宠信。后来韩、赵、魏三国瓜分了智伯的土地。其中赵襄子最痛恨智伯，把智伯杀死后，又把他的头盖骨拿来做饮器。这时豫让逃到山里说：“义士为了自己的知己而牺牲，所以我一定要替智伯复仇。”

为报智伯的知遇之恩，他隐姓埋名化装成一个受过刑的人，潜伏到王宫里洗刷厕所做掩护，以便趁机杀死智伯的仇人赵襄子。不久赵襄子入厕，忽然觉得心跳，就下令把洗刷厕所的人提来审问，才知道是豫让化装行刺。

豫让临危不惧，掏出匕首说："我要为智伯报仇！"说罢就向赵襄子冲了过来，可是，却被侍卫擒下了。

有人建议说，豫让以下犯上，按律当斩。赵襄子却回答说："豫让是一位义士，我只要小心躲开他就行了。因为智伯死后没留下子孙，他的臣子中有肯来为他报仇的，一定是天下有气节的贤人。"于是赵襄子就把豫让释放了。

可是豫让继续图谋为智伯报仇。他全身涂漆，化妆成一个生癞的人。同时又剃光了胡须和眉毛，把自己彻底毁容，然后假扮乞丐乞讨，连他的妻子都不认识他，看到他以后只是说："这个人长得并不像我的丈夫，可是声音却极像，这是怎么回事？"于是豫让就吞下炭，为的是改变自己的声音，他的朋友看到他时对他说："你这种办法很难成功，如果说你是一个志士还可以，如果说你是一个明智之士就错了。因为凭你这种才干，如果竭尽忠诚去侍奉赵襄子，那他必然重视你和信赖你，待你得到他的信赖以后，你再实现你的复仇计划，那你一定能成功的。"豫让听了这话笑了笑说："你的意思是为了旧君主而去杀新君主，这是极端败坏君臣大义的做法。今天我所以要这样做，就是为了阐明君臣大义，并不在乎是否顺利报仇。况且已经委身做了人家的臣子，却又在暗中阴谋计划刺杀人家，这就等于是对君主有二心。我今天之所以明知其不可为却要这样做，也就是为了羞愧天下后世怀有二心的人臣。"

不久，赵襄子要外出巡视，豫让埋伏在赵襄子所必经的桥下。赵襄子骑马走在桥边时，马忽然惊跳起来，赵襄子说："这一定又是豫让。"经派人搜索之后，果然是豫让。因此赵襄子就责备豫让说："你不是曾经侍奉过范中行氏吗?智伯灭了范中行氏，你不但不替范中行氏报仇，反而屈节忍辱去臣事智伯。如今智伯身死国亡已经很久，你为什么还要替他报仇呢？"豫让回答说："当我侍奉范中行氏时，他只把我当做普通的人看待，所以我也就用普通人的态度报答他；而智伯把我当做国士看待，所以我也就用国士的态度报答智伯。"于是赵襄子用怜惜的口吻感叹说："唉！豫让啊，由于你为智伯报仇，已经使你成为忠臣义士了。而寡人对待你,也算是仁至义尽。你自己想一想吧,寡人不能再释放你了!”于是赵襄子就下令卫士把豫让再次擒获。

这时豫让对赵襄子说:“据臣所知,一个贤臣不阻挡人家的忠义之行,一个忠臣为了完成志节不爱惜自己的生命。君王以前已经宽恕过我一次,天下没有不为这件事赞扬君王的。今天我到这里行刺,按理您应在这里将我处死。不过我想得到君王的王袍,准许我在这里刺它几下,我即使死了也没有遗憾了。不知君王能否成全我的愿望?”赵襄子为了成全豫让,就当场脱下自己的王袍由侍臣交给豫让。豫让接过王袍以后拔出佩剑,奋而起身,然后用剑刺王袍仰天长叹:“我豫让总算为智伯报了仇!”豫让说完话就自杀而死。

豫让的行为,堪称忠义之典范。他不惜漆身吞炭,忍辱负重,目的只为报智伯的知遇之恩。倘若用现代职场的标准而论,那么豫让绝对是忠于上司,感恩上司的最佳员工。

楚汉争霸时期,齐王韩信是决定战胜胜负的关键力量。当时,齐王麾下有一谋士蒯通。他曾多次建议韩信拥兵自重,等待时机,奠万世之基业。然而,韩信却回答说:“我韩信曾在项羽麾下当差,官不过郎中,位不过执戟,我出的主意他不听,我做的策划他不用,所以我才离开项王的。我来到汉王这边,汉王刘邦授我上将军印,封我做三军总司令,给我那么多的人马,让我驰骋疆场,建功立业,我才有了今天的成就。而且,汉王待我甚厚,载我以其车,衣我以其衣,食我以其食。我听说,乘人之车者载人之患,衣人之衣者怀人之忧,食人之食者死人之事。所以,我不能背信弃义,应该滴水之恩,当涌泉相报。”

可见,对上司的感恩是每个员工应尽的职责。正如杰克·韦尔奇所说:“一个人的成功当然跟个人的努力有很大的关系,但也缺少不了别人的帮助。在你努力工作的时候,总有老板的帮助,在你从普通到优秀的时候,你最应该感谢的是曾经帮助过你的老板。”当然,感恩是员工忠于责任的重要体现。可是,要想让员工对上司心存感恩,首先就要让员工对上司有恩可感。倘若上司对员工,仅当做普通人对待,那么,结果就会像豫让所说的那样:“他们只把我当做普通的人看待，所以我也就用普通人的态度报答他们。”俗话说,种瓜得瓜,种豆得豆,只有对员工多施恩惠,员工自然就会对上司感恩不尽了。

同事情义永相存

在职场中,同事是我们重要的合作伙伴。古人云:“金无足赤,人无完人。”意思是说,一个人不可能是什么都会的完美型人才,因此这就决定了,在工作中需要得到其他同事的帮助。所以对同事心存感恩,也是不可或缺的。

感恩不仅可以促使彼此的合作关系朝着良好的方向发展，而且还能充分享受合作所带来的愉快心情。

有这样一个故事:

某人死后,其灵魂被使者带往地狱。他战战兢兢地紧随其后。没多会儿,使者停住了脚步,指着不远处的一座石屋说:那里将是你灵魂的归宿。

他远远地看着,屋里有一张巨大的石桌,桌子上摆满了各种美味佳肴,周围是一圈争着抢食的恶鬼。但只见,每个恶鬼手中都拿着一双又细又长的筷子,他们都只顾拼命地用筷子夹取食物往自己的嘴里送。可是,因为筷子太长,他们怎么也吃不到食物。于是,他们就你争我抢,乱哄哄地,浪费了食物。作为对他们浪费的惩罚,站在他们身后的鬼差,就抡起鞭子把他们一顿毒打。

他看得心惊胆战,颤巍巍地说道:我不要和他们住在一起。

使者沉思了一会儿说:你生前做了不少好事,既然不愿留在地府,那就送你去天堂吧。说罢,就带着他的灵魂到了天堂。

可是,让他感到疑惑的是,为什么天堂和地狱一般模样呢。也是一张巨大的石桌,桌子上摆满了各种美味佳肴,周围是一圈手持又细又长筷子的灵魂。唯一不同的就是,他们并没有各自争抢食物,而是秩序井然的用自己的筷子夹取食物送到对面的人的嘴里,然后,再由对面的人用筷子夹取食物送到自己的嘴里。而且,他们没吃完一口之后,都会面带微笑地向对方说一声"谢谢"。就这样,他们每个人不仅享受了美味,还得到了上帝的赞赏。

这个故事就告诉了我们,要想吃到美味佳肴,仅靠个人力量是远远不够的,只有和同事相互合作,才能吃饱肚子。但是,在吃饱肚子之后,千万不要忘记,是同事帮助了你,所以天堂中那一声声的谢谢,则是发自肺腑的感恩之情。诚如著名数学家华罗庚所说:"人家帮我,永志不忘。"

因此,在职场中,凡是有恩于自己的同事,都要时刻谨记。

被誉为浙商之首的胡雪岩,在他未成功之前,就很清楚地认识到了这个道理。

胡雪岩从小家贫,在杭州的一家钱庄当学徒。他天性聪明,能说会道,招人喜爱。由于出身低微,到青年时期,他仍然是这家钱庄的小伙计。一介小小的钱庄伙计,一无门路,二无资金,三无背景,在能人辈出、恃强凌弱的封建时代的商界,哪里会有出头之日?

但是,胡雪岩不甘寂寞,他要奋起自强!由于他在商界混迹多年,对社会积弊了如指掌。他深深知道,只有找到官府做靠山,才能无本起家,一本万利,凭空生出许多银子来。

于是,他在闲暇的时候,就常常到梅花碑茶馆去喝茶、聊天,在众多茶客中,他发现一个名叫王有龄的人。此人是个读书人,但穷困潦倒,郁郁不得志。

后来,胡雪岩了解到:此人的父亲原是做官的,到浙江省候补,官还没做上,就不幸病故,王有龄便流落在杭州。他还了解到:王有龄的父亲曾经给他捐了一个官(晚清时,政府为了敛财,规定可以花钱买官做),只是因为缺路费和进京打点的钱，没有取得候补的资格。

胡雪岩想到此处，便灵机一动，决定自己筹集资金帮他进京求取功名。从此，胡雪岩便有意接近王有龄。

终于有一天，胡雪岩耍用手段，筹集到了盘缠，帮助王有龄进京求得了官职。王有龄进京之后，官运亨通，可是胡雪岩却没那么好的运气了。因为他是耍用手段得到盘缠，后来东窗事发，胡雪岩就被掌柜的辞退了。

王有龄当上官回到杭州以后，就到处寻找恩人胡雪岩，帮他还了债务，恢复了声誉，并将之奉为上宾，事无巨细，言听计从。

当时，太平天国起义军攻克武汉，直逼南京，清政府正调兵遣将围剿，军粮任务紧，如不按时运到，作为"延误军机"处理。王有龄的工作则是把"漕米"运到上海去。由于漕运过程中，风险极大，稍有不慎，便会因误期而丢掉脑袋。

王有龄深知胡雪岩办法多，往往出奇制胜，所以就找他来商量。胡雪岩听罢，呵呵大笑道："这有何难，米总归是米，到哪里都一样，只要米到了上海就算完成了任务。既然运输途中阻力这么大，何不在上海买米交差呢？"

一句话提醒了王有龄，他不禁抚掌大笑："真是妙计！"

但是，王有龄是读书人出身，对跑江湖、做生意不十分熟悉，而胡雪岩在这方面是高手，于是，他便全权委托胡雪岩负责此事。

胡雪岩不负众望，果然把事情办得井井有条。此外，在督办漕米的过程中，经王有龄的介绍，胡雪岩认识了许多朝中显贵。这为他今后的发展奠定了坚实的基础。

后来，王有龄的官做得越来越大，在他的帮助下，胡雪岩的钱庄也越办越红火。而"王胡关系"也在官场商界广为流传。

胡雪岩的成功，除了他个人的聪明才干之外，最重要的就是他充分利用了感恩的作用。俗话说，人非草木，孰能无情。既然有情，就一定懂得感恩。因此，他不惜耍用手段筹集资金，资助王有龄进京求官。如果说，人生如博弈的话，那么，毫无疑问，胡雪岩赢得了博弈的胜利。王有龄求官成功之后，没有忘记胡雪岩的帮助，而是顷尽全力，报答胡雪岩当年的赠银之恩。

从这个故事中，我们可以发现，只要永存感恩之心，就一定可以成功。职场也是此理。但是，讲到感恩，有人也许会问，感恩是不是一定要重金酬谢呢？当然不是。

下面我们看一则故事。

管仲青年时经常与鲍叔牙交往，鲍叔牙知道他有贤才。后来鲍叔牙服侍齐国的公子小白，管仲服侍公子纠。最终小白立为齐桓公，公子纠被杀死，管仲也被囚禁。鲍叔牙极力向齐桓公保荐管仲。管仲被重用以后，全力为齐国掌理政事，齐桓公因此而称霸。

就在管仲位极人臣的时候，有人故意在他面前说："自从你当上宰相之后，鲍叔牙就经常说你坏话。"

管仲回答说："当初我贫困的时候，曾经同鲍叔牙一起做生意，分财利往往自己多得，而鲍叔牙不认为我贪，他知道我贫穷需要。我曾经代理鲍叔牙经营生意，结果反而赔了钱，鲍叔牙不认为我愚笨，知道时机有利和不利。我曾经三次做官又三次被国君逐走，鲍叔牙不认为我无能，知道我没遇上好时运。我曾经三次打仗三次逃跑，鲍叔牙不认为我怕死，知道我家中有老母需要奉养。公子纠争王位失败，我的同僚召忽自杀殉职，而我宁愿被囚受辱苟活，鲍叔牙不认为我无耻，他知道我不会为失小节而羞，却为功名不曾显耀于天下而耻。生我的是父母，了解我的却是鲍叔牙。他不会在背后说我坏话的。"

后来，管仲身染重病，就在临终之前，齐桓公问他："亚父病殁之后，谁人可以代替你的职位呢？"管仲不语。

齐桓公知道他与鲍叔牙要好，便问道："鲍叔牙素有战功，他可以取代宰相职位吗？"

管仲回答说："鲍叔牙可以做大将，但是不适合做宰相。"

后来，这句话传到鲍叔牙耳朵里，大家都以为他会十分气愤，结果大失所望。鲍叔牙不仅没有憎恨管仲，而是大笑道：“知我者管仲也。”

这个故事中，虽然管仲和鲍叔牙之间，看似没有明显的感恩之情，但是，当我们仔细思考之后，便不难发现，管鲍之间的感恩之情，乃是溢于言表也。因为他们的感恩是建立在彼此相互信任的基础上。辅佐齐桓公成为一代霸主，乃是鲍叔牙的最大心愿，但是他深知自己能力有限，不足以堪此重任，于是他极力推荐管仲。管仲不辱使命，可以说，是他帮助鲍叔牙实现了心愿，难道这不是一种莫大的感恩吗？因此，感恩有时只需彼此间的一点信任，一点力所能及的相助，仅此而已。但是，感恩所带来的巨大回报，却是无可估量的。如果在职场中，每个职场白领都能像管仲和鲍叔牙一样彼此信任，彼此心存感恩，试问，还何愁不能赢在职场，何愁不能取得人生的辉煌。

不能忘却的感恩

管理行销学上，有个法则就是：向对手看齐。为什么要这么说呢？因为一个人能够取得多大的成绩，在很大程度上取决于你有什么样的对手。对手是衡量你差距的重要标尺。

电视剧《康熙大帝》中，有这样一个片段；

康熙皇帝六十大寿时，他把盏临风，慷慨陈词地说道：鳌拜、吴三桂、葛尔丹，你们都是英雄，我敬你们一杯。是你们成就了我的丰功伟业。

此话是正确的。当敌人强大的时候，你才能感到压力。因为压力会让你变得比敌人更加强大。所以康熙说，是他的敌人成就了他。

武侠小说中，经常描写道：一位剑客为了赢得天下第一的名号，于是他们勤奋练剑，并不断地找武林高手比武。但是，真正等他们成为天下第一的时候，才恍然发觉，原来世间上根本就没有“天下第一”。因为“天下第一”只是不断向你发出挑战，并不断完成自我超越的一种概念。从某种意义上说，“天下第一”也是你的敌人，是它成就了你成为“天下第一”的美称。

孟子曰：无敌国外患者，国恒亡。意思是说，一个国家没有强大的竞争对手的话，这个国家的命运就不会很长久。同样的道理，一个职场白领，如果没有竞争对手的话，恒亡！

有位动物学家在对生活在非洲奥兰治河两岸的动物考察中，发现了一个奇怪的现象：生活在河东岸的羚羊繁殖能力比西岸的强，后代也更健康。更奇怪的是，两岸羚羊的奔跑能力也大不一样，东岸羚羊的奔跑速度每分钟要比西岸的羚羊快 13 米。如果两岸的羚羊相同的处境下被敌人追赶，那么，显而易见，东岸的羚羊会存活下来，而西岸的羚羊则可能会处于危急当中。

人们一直很疑惑，仅仅间隔一条河，两岸的羚羊差别就这么大？人们一直百思不得其解。后来，造成这些差别的原因最终被动物学家找到了：东岸的羚羊之所以强健，是因为它们附近生活着一窝狼群。东岸的羚羊为了生存，天天生活在一种竞争气氛中，时刻要提防狼群的袭击，而在狼群追赶的时候，更是锻炼了自己的奔跑能力，在天敌的“威迫”下，它们因而越活越有战斗力。而西岸的羚羊之所以弱小，恰恰是因为它们缺少天敌，没有生存的压力。

由此可见，这个世界的竞争无处不在，无时不有。优胜劣汰，适者生存，这就是要战胜对手的根本原因。只有有了对手，才能使我们拥有更强大的动力，才能激励我们赢得更大的成功。正因为有了对手，才使得我们的生活不至于死气沉沉，不像一杯白开水一样平淡无味，而是时而像烈酒一样浓烈，时而像咖啡一样浓香；正是有了对手，我们才不会像温室里的花朵那样弱不禁风，而是像旷野中的小草一样坚忍顽强。所以，我们要感谢他们，有了他们才有了自己的强大。所以，当我们抱怨对手太凶悍的时候，抱怨对手无孔不入的时候，我们应该像高傲的海燕大声疾呼:让对手来的更猛烈一些吧!

英国哲学家培根说:“真正的对手会灌输给你大量的勇气。”对于每个的功者来说,对手带给你的勇气,都会让你在纷繁的环境中找到属于自己的坐标,并以你的对手为标准,努力前进。

雅典奥运会跳水男子三米板冠军彭勃在赛后接受记者采访时说:“我特别感谢两个人,一个是队友王克楠,一个是对手萨乌丁。如果今天没有王克楠到场给我鼓舞,我的金牌就不会拿得这么顺利。我之所以要感谢萨乌丁,是因为没想到他今天发挥得这么出色。他这么大的年龄还那样拼搏,这刺激了我更努力地去比赛。”

可见,对手就像一针强心剂,刺激着我们在工作中,努力拼搏,尽自己最大的力量,争取成功!因此,在某种程度上,成功的奖章,往往也有对手的一半,所以我们要感恩对手。

法国科学家普鲁斯特和贝索勒为探讨定比定律,进行了长达9年的辩论。最后,普鲁斯特发现了定比定律,成为这场大辩论的最后胜利者。

普鲁斯特并不因此而趾高气扬,得意忘形。他对贝索勒倾吐了衷心的感恩之情,说:“要不是你的责难,我是难以深入地去研究定比定律的。”他向人们宣告,发现定比定律,贝索勒有一半功劳。

有人说,对手是一个人迈向成功道路上的陪衬品。因为只有通过与对手的相比,才能体现出你的优势。就像在商场买东西一样,总要货比三家之后,才能最后定夺。

西楚霸王项羽和汉王刘邦是一对生死冤家,双方都将对方视为自己一统天下的最大对手。刘邦始终不忘奋进,他对自己的谋臣们说:“当今天下,和我势同水火的对手是项羽。项羽性格急躁,所以我将学习宽和的心态;项羽对待百姓很残暴,所以我要仁慈对待百姓;项羽对人狡诈奸猾,所以我时刻提醒自己要以忠义为本去待人接物。我做每件事都和项羽相反。”

终于,垓下会战,刘邦战胜项羽,开创了西汉王朝,一统天下。他的成功源于他拥有了项羽这样的强大对手,而且清楚地认识了自己的对手,并将其作为自己的标尺,用来警示和提醒自己,并最终促使着自己迈向成功。

其实,对手并不可怕,可怕的是,你没有好好地利用对手。有人说,对手是一柄双刃剑,倘若利用得当,则能成就丰功伟业,反之,则坠入万劫不复之地。所以要想在职场永远立于不败之地,就应该永存感恩之心,感恩身边所有的人,包括我们的对手。因为是他们共同铸就了你的职场辉煌!